DU MÊME AUTEUR

Aux Éditions Gallimard

INTELLIGENCE AVEC L'ENNEMI, 2001 (« Folio », *n° 3908*).
L'INTERPRÈTE, 2007.

TROIS AMÉRICAINES À PARIS

ALICE KAPLAN

Trois Américaines
à Paris

*Jacqueline Bouvier Kennedy,
Susan Sontag, Angela Davis*

*Traduit de l'anglais (États-Unis)
par Patrick Hersant*

nrf

GALLIMARD

Pour Florence, Sylvie, François,
et pour « l'équipe ».

INTRODUCTION

En ce 23 août 1949, le paquebot *De Grasse* vient de quitter
le port de New York. Voilà un an que la ligne transatlantique
a été rétablie : plusieurs *liberty ships*, ces cargos naguère
affectés au rapatriement des GI, ont été réaménagés à cet
effet et accueillent désormais des passagers. Un groupe de
jeunes étudiantes de Smith College se trouve à bord ; c'est la
troisième fois depuis la fin de la guerre que des étudiantes de
cette université s'embarquent pour Paris, et la presse a fait le
déplacement. Le consul de France à New York a organisé un
déjeuner en leur honneur, et toutes ont posé pour les photographes aux côtés de la chroniqueuse mondaine Hedda
Hopper. Pendant la traversée, les jeunes filles bénéficient
d'une attention spéciale ; ainsi, durant la dernière soirée de
la traversée, le capitaine les invite à chanter *La Vie en rose*,
qu'elles savent par cœur et dont les paroles simples éveillent
de doux rêves d'un bonheur qui, dans une autre langue,
n'aurait pas tout à fait la même saveur. Mais voici que l'une
d'elles est priée de chanter un couplet en soliste. Est-ce parce
qu'elle porte un nom français ? Ou parce qu'elle exhale un
charme particulier, tout empreint d'élégance ? Quoique inscrite à Vassar College, elle a voulu participer au séjour parisien que Smith offre à ses meilleures étudiantes de troisième
année, les *juniors*, et sa candidature a été retenue. Ses camarades n'ignorent rien de ses débuts éclatants dans la haute

société de Newport, et savent même qu'un chroniqueur mondain de New York l'a sacrée « reine des débutantes ». Mais déjà la côte française est en vue, et tout cela semble loin[1]...

Jacqueline Bouvier avec des étudiantes en troisième année de Smith College, à bord du paquebot *De Grasse* (1949). *De gauche à droite* : Elizabeth Curtis, Mary Snyder, Jacqueline Bouvier, Mary Ann Freedman et Hester Williams.

Le voyage à Paris de Jacqueline Bouvier en 1949 apparaît aujourd'hui comme un avant-courrier annonciateur d'un âge d'or des études à l'étranger qui, inauguré au lendemain de la Seconde Guerre mondiale, se prolongea trente ans et permit à des milliers d'étudiants américains de découvrir les universités françaises et les Français eux-mêmes. Elle est la première de trois Américaines exemplaires dont la vie a été transformée par cette année en France et qui, en retour, ont exercé une forte influence sur leur pays natal. Que doivent Jackie Kennedy, Susan Sontag et Angela Davis à ce séjour ? Comment leur gloire américaine a-t-elle, par contrecoup, rejailli sur la France ? Ces questions sont au cœur du présent essai, tout à la fois triptyque consacré à la vie culturelle, universitaire et sociale de trois jeunes femmes et étude d'influences croisées. Contrairement aux expatriées les plus célèbres du siècle dernier, telles Djuna Barnes, Gertrude Stein, Joséphine Baker, celles-ci ont vécu en France en tant qu'étudiantes, en amont de leurs carrières respectives. Chacune d'elles a franchi le seuil de la Sorbonne entre 1945 et 1964, pendant la période dite des Trente Glorieuses — cette longue quête de modernisation et d'opulence qui, glorieuse pour certains, violente et réactionnaire pour d'autres, s'étend de l'immédiat après-guerre jusqu'à l'année 1975[2].

Deux de ces femmes étaient venues suivre un cursus de français à l'université, et c'est par goût personnel que la troisième s'était imprégnée de littérature et de cinéma français. Chacune avait sa beauté propre, chacune avait du monde une vision très singulière, et chacune avait su s'approprier Paris.

Jacqueline Bouvier passa l'année universitaire 1949-1950 à Paris dans le cadre du programme français de Smith College, puis devint première dame des États-Unis et, plus tard, éditrice à succès. Susan Sontag débarqua en France en passant par Oxford, en 1957-1958, grâce à une bourse de l'Association américaine des femmes universitaires ; devenue romancière et essayiste prolifique, cette intellectuelle new-yorkaise controversée se rendit dès lors chaque été dans la capitale française. Angela Davis, enfin, effectua sa troisième année d'études en France dans le cadre du programme de Hamilton College, en 1963-1964 ; philosophe et militante, elle survécut à la réclusion carcérale et à un procès pour meurtre avant d'obtenir une chaire de professeur d'université. Pour peu que l'on s'en tienne à leur étiquette identitaire, ces trois femmes donnent à voir l'âme même de la diversité : la débutante catholique, l'intellectuelle juive, la révolutionnaire noire, respectivement originaires de la côte Est, de la côte Ouest et du Sud profond. On les a bien souvent réduites à leur image : robe fourreau et collier de perles à deux rangs, crinière noire zébrée de blanc, coupe afro et poing rebelle. Sujets de conversation à l'échelle nationale, objets de fascination, toutes trois ont donné lieu aux interprétations les plus divergentes.

Résidence provisoire pour ces jeunes filles pourvues de leur carte de séjour, la France connut une profonde évolution entre l'arrivée de Jacqueline Bouvier en 1949 et le départ d'Angela Davis en 1964. Éreintée par l'occupation allemande, la France de Jacqueline Bouvier était hantée par le souvenir des camps. C'était un territoire accidenté dont l'économie se relevait peu à peu, avec l'aide des fonds américains injectés par le plan Marshall. Lors du séjour de Susan Sontag à Paris, en 1957-1958, la France fut secouée tour à tour par la question de l'indépendance algérienne, la fin de la IVe République et le retour au pouvoir de Charles de Gaulle. En 1963, Angela Davis découvrit un pays qui venait de perdre l'Algérie ; cette France gaulliste, postcoloniale de fraîche date, allait bientôt ravaler les monuments noircis du Paris qu'avaient connu Jacqueline Bouvier et Susan Sontag.

Les trois femmes rêvaient de France bien avant d'avoir franchi l'océan. Paris et la langue française occupaient une place de choix dans leur imaginaire, voire dans celui de leurs parents : elles firent donc le voyage avec leurs ombres ancestrales et l'écho de conversations anciennes. Jacqueline Bouvier avait des relations mondaines ; Susan Sontag, qui allait se réinventer en Européenne, avait des opinions tranchées ; Angela Davis, enfin, apportait avec elle une soif de justice et une belle audace. À vingt ans passés, elles entraient dans cette phase existentielle où l'on envisage son rapport au monde — et l'empreinte qu'on souhaite y laisser — en fonction de ses talents et de ses désirs. La France leur offrait l'occasion de se réaliser, mais aussi de se prémunir contre ce qu'elles refusaient de devenir : le pur produit de leur lignée ou de leur monde.

Leurs années parisiennes offrent un aperçu de Jacqueline Bouvier, de Susan Sontag et d'Angela Davis avant qu'elles ne deviennent des personnages publics. Ont-elles toujours été des jeunes femmes extraordinaires suscitant les plus grands espoirs ? Les épisodes de leur jeunesse ont-ils été remaniés à l'aune de leur gloire ? Il est touchant d'imaginer leur vie avant que leur image ne se fige dans l'imaginaire national, avant qu'elles n'apprennent à prendre la pose ou à éviter les photographes, en un temps où elles pouvaient encore s'offrir le luxe de l'insouciance. Non qu'elles fussent des étudiantes ordinaires : Jacqueline Bouvier avait un œil infaillible pour repérer la beauté des choses, Susan Sontag emplissait des carnets entiers de listes, d'observations, consignait les dizaines de titres de livres ou de films qu'elle avait récemment découverts, Angela Davis était riche de ses outils analytiques, de sa finesse politique, de son intelligence du langage. Comment eussent-elles deviné ce que leur réservait l'avenir ?

En quête d'indices, j'ai parcouru les archives de la radio et de la télévision et j'ai pu les entendre toutes trois parler français — rien qui remonte à leurs années d'université, mais de nombreux documents sonores datant de l'époque où elles étaient devenues célèbres. Jacqueline Bouvier, devenue Kennedy, dans un entretien accordé à la télévision française en qualité de première dame, s'exprime dans un français de lycéenne sage, détachant chaque syllabe en un lent murmure mélodieux et presque plaintif. Quand la grammaire vient à lui faire défaut, elle masque ses carences avec une grâce conquérante. Susan Sontag, intellectuelle de renom et grande habituée des émissions culturelles, se montre d'abord hésitante dans ses entretiens en français, puis, ayant appris à le parler couramment, discourt avec une belle assurance et avec le plus parfait mépris pour l'inflexion et l'intonation autochtones : son sens de la langue est devenu inébranlable. (Elle affolait ses traducteurs, persuadée que sa maîtrise du français valait bien la leur.) Enfin, des images d'archives montrent Angela Davis à

Paris dix ans après son premier séjour, à l'occasion du lancement d'un de ses livres ; entourée d'interprètes, elle finit par leur souffler elle-même la traduction voulue. Elle manie le lexique et la grammaire avec une parfaite aisance, contrôle ses intonations, choisit ses inflexions ; quand elle cherche à convaincre, la voix se fait aiguë, le débit rapide, le ton pressant. Comme toute personne s'exprimant dans une langue étrangère, chacune d'elles devenait, en parlant français, une traduction de son identité américaine.

Les hommes n'étaient pas en reste. Norman Mailer, Chester Himes, William Styron, Saul Bellow, Richard Wright, Arthur Miller, S. J. Perelman, James Baldwin, Art Buchwald, James Jones, Irwin Shaw et George Plimpton ont tous fait le voyage en France, financés par les subventions pour anciens conscrits dites du *GI bill*, par une bourse Fulbright ou par une bourse Guggenheim ; ils venaient affronter leurs démons, embrasser (ou ignorer) les mœurs locales, faire fortune ou simplement survivre dans une mansarde ou dans un hôtel borgne. Ils ont produit une œuvre et inventé la littérature des exilés de l'après-guerre : ordurière, irrévérencieuse, machiste, souvent éthylique, aussi éloignée que possible de l'expérience vécue par leurs consœurs à l'étranger. De Hemingway à Richard Wright, l'odyssée de ces Américains à Paris nous est devenue aussi familière qu'une promenade en bateau-mouche. Les étudiantes de cette génération, quel qu'ait été leur destin par la suite, ont laissé moins de traces dans les mémoires. On les associe parfois à l'univers raffiné d'Edith Wharton (résidences de luxe et intrigues matrimoniales), parfois à la vie domestique poétisée par Gertrude Stein dans *Tendres Boutons*. À l'instar de Patricia Franchini, l'étudiante américaine qui trahit son amant criminel dans *À bout de souffle* de Godard, elles brûlaient d'apprendre le sens de « dégueulasse »[3]. Car ces jeunes femmes venaient non pas profiter à Paris d'une totale irresponsabilité — « une chose que l'on accorde [ici], selon James Baldwin, aux étudiants de n'importe quel pays[4] » — mais acquérir une langue nouvelle et maîtriser des usages complexes. Jacqueline Kennedy Onassis évoquera ces jeunes « expatriées à la silhouette mince [...], en pull-over et bas de laine, rédigeant leurs devoirs sur des cahiers d'écolier[5] ». On peut aussi les définir par ce qu'elles n'étaient pas : en ces années d'après-guerre, elles n'étaient pas ces anciens conscrits profitant du *GI bill* pour faire leurs études en Europe, revenus de tout, inquiets, vieillis avant l'âge par l'expérience des combats. Pour la plupart, ces jeunes filles en troisième année d'études à Paris avaient moins de vingt et un ans au moment de quitter le confort sécurisant de leur université. Peut-être les trouva-t-on bien sages et disciplinées dans leur pays d'accueil, mais cette expérience fut pour elles un bouleversement. L'œuvre qu'elles ont laissée moisit aujourd'hui dans d'innombrables greniers : lettres à la famille ou aux amis, listes de vocabulaire, photos jaunies. Leur histoire n'a pas trouvé sa place dans cette grande tradition américaine qu'est la littérature d'auteurs expatriés.

En 1947, alors que Jacqueline Bouvier venait de s'inscrire en première année à Vassar College, Simone de Beauvoir, mandatée par le service culturel de l'ambassade de France, entamait une tournée de vingt universités américaines. Elle s'apprêtait à découvrir les États-Unis avec l'émerveillement d'une étudiante américaine découvrant la France. Elle fit notamment halte dans quatre universités pour femmes, Smith, Wellesley, Mills et Vassar, pourvues d'un département de français dynamique et de nombreuses étudiantes avides de l'entendre parler de Paris. Durant ses quelques mois aux États-Unis, Beauvoir sut prêter l'oreille aux nombreux jeunes gens venus l'écouter. Elle en profita pour cultiver et affiner son penchant pour les analogies culturelles en observant les femmes, la jeunesse et la vie intellectuelle en général ; plus tard, elle reprit nombre de ces analogies dans *Le Deuxième Sexe*, cette étude sociologique qui devait fonder la pensée féministe contemporaine.

Son ambition, qui serait bientôt partagée par Susan Sontag et, plus tard, par Angela Davis, était d'élaborer des théories de la culture permettant de comprendre, par l'usage de la réflexion et de divers outils philosophiques, la vérité d'une situation donnée.

Dans un article consacré au journal de voyage publié par Beauvoir, Mary McCarthy se moque du gauchisme systématique de sa consœur française, de ses illusions quant à la fortune supposée des étudiantes de Vassar et de sa conception bien naïve du capitalisme américain[6]. Comment Beauvoir peut-elle croire, raille McCarthy, que les boutiques de la 5e Avenue de New York sont « réservées au capitalisme international », que « l'amitié entre les sexes n'existe pas ici », que l'Amérique est le « royaume du conformisme » ? Ancienne boursière de Vassar, McCarthy reproche enfin à Beauvoir d'affirmer que cette université est réservée à « une élite fortunée ».

Beauvoir ne fut guère touchée par ces critiques. Son journal était l'expression d'une conscience, et celle-ci n'appartenait qu'à elle : « Voilà ce que j'ai vu et comment je l'ai vu ; je n'ai pas essayé d'en dire davantage[7]. »

Des Américaines voyageant dans l'autre sens allaient livrer des observations tout aussi péremptoires, des analyses tout aussi critiques que celle de Beauvoir. Ajustées à l'heure de Paris, c'est-à-dire avec six heures de retard sur leur famille et leurs camarades d'université, elles allaient faire pendant plusieurs mois l'expérience de l'étranger et d'une forme particulière de solitude. Mais cette solitude s'accompagnait d'un luxe incomparable : le temps de lire, la permission de flâner, l'occasion d'élaborer des idées nouvelles.

I

Jacqueline Bouvier

1949-1950

Châteaux et chimères

À cet égard au moins, elle était pareille à tant d'autres jeunes Américaines : sa relation avec la France avait d'abord pris la forme d'un conte de fées. Dans son cas, toutefois, le conte en question était une histoire de famille — une histoire écrite par son grand-père dans un livre affirmant que son lignage remontait aux rois de France.

Dans cette histoire fantaisiste, fabriquée de toutes pièces, on peut voir une sorte de présage. Jacqueline Bouvier était certes d'extraction roturière, mais, dès son arrivée à Paris en 1949, la jeune étudiante fut admise dans les cercles huppés de la capitale, capitaines d'industrie, comtes et comtesses, duchesses et marquis. À son retour en France, dix ans plus tard, elle portait le titre de première dame : sans être reine à proprement parler, elle incarnait alors ce qui s'en rapproche le plus en Amérique. C'est ainsi qu'elle put convier ses amis de l'aristocratie française au palais de l'Élysée et au château de Versailles.

Telle est la version courte d'une histoire riche en péripéties, d'une chimère devenue réalité dans un après-guerre que toute une génération de femmes, de part et d'autre de l'Atlantique, avait investi de rêves et d'espoirs sans mesure. Non contente de donner corps aux fantasmes aristocratiques de son grand-père, Jacqueline Bouvier Kennedy fit de la France un objet de fantasme pour des milliers d'Américaines. Quant aux Françaises, elles se plaisaient à la considérer comme une compatriote.

Au vrai, il n'y avait pas grand-chose en elle qui fût réellement français, en dépit de son patronyme et d'un prénom dont elle prenait soin d'allonger la dernière voyelle. Française, elle ne l'était qu'au huitième, par son père, dont les arrière-grands-parents, Michel Bouvier et Louise Vernou, s'étaient rencontrés dans les années 1820 parmi les émigrés français de Philadelphie[1]. La mère de Jacqueline, Janet Lee, se targuait de ses liens avec l'aristocratie du Sud et laissait croire qu'elle était issue de la famille Lee, de l'État du Maryland; en réalité, elle avait pour ancêtres des immigrés irlandais de New York. Quant au grand-père paternel de Jacqueline, celui qui prétendait descendre des rois de France, il était le rejeton d'une lignée de boutiquiers provençaux[2]. Ces petits arrangements avec la généalogie visaient à favoriser une ascension sociale, que ce fût dans les Hamptons ou à Manhattan pour les Bouvier ou, de l'autre côté, à Newport et à McLean, en Virginie, où Jacqueline vécut à partir de ses treize ans avec sa mère et un beau-père aux manières de patricien, Hugh Auchincloss. Fidèles en cela à une vieille tradition des migrants d'Amérique, les Lee comme les Bouvier aspiraient à une nouvelle vie — et, pour cela, il n'était pas interdit d'embellir son passé.

Dans la France médiévale, les roturiers ne portaient pas de patronyme tant qu'ils ne possédaient pas de terres. Aussi leur donnait-on, en sus de leur prénom, le nom de leur métier : berger, boulanger, charpentier, autant d'appellations devenues noms de famille avec le temps. Ancêtres européens des cow-boys, les bouviers avaient donc pour charge de s'occuper des bœufs; certains finirent par s'installer dans un village et c'est ainsi que, vers l'époque de la Révolution française, les ancêtres de Jacqueline Bouvier devinrent boutiquiers à Pont-Saint-Esprit, dans l'actuel département du Gard. On peut supposer que ces humbles roturiers roulaient les « r » et accommodaient à l'ail et à l'huile d'olive les poissons pêchés dans le Rhône qui traverse la ville.

Le premier Bouvier — qui était toutefois charpentier — émigré aux États-Unis était l'un d'eux. Enrôlé dans l'armée napoléonienne, il se retrouva dans le mauvais camp après la défaite de Waterloo et la restauration de la monarchie. Tout au long de l'été de 1815, des royalistes en armes avaient parcouru le pays, et surtout le Midi, en quête des soldats bonapartistes et les avaient massacrés, hommes de troupe et généraux. Fuyant la terreur blanche, Michel Bouvier s'embarqua pour l'Amérique comme tant d'autres vétérans ; là, il commença une lucrative carrière d'ébéniste pour Joseph Bonaparte, frère exilé de Napoléon. C'est de sa nombreuse descendance qu'était issu l'arrière-grand-père de Jacqueline, qui finit par figurer dans l'équivalent du Bottin mondain — une distinction dont aucun catholique de l'époque ne s'honorait avant lui[3].

En 1927, le major Bouvier, riche avocat new-yorkais et futur grand-père de Jacqueline, estimant que l'ascension sociale de la famille méritait d'être consignée dans un livre, publia à compte d'auteur un ouvrage intitulé *Nos aïeux*. Les Bouvier y étaient décrits comme « une vieille maison de Fontaine, près de Grenoble », et les Vernou, ancêtres de son épouse Louise, comme « l'une des familles les plus anciennes et les plus illustres de la province du Poitou[4] ». Au cœur de cette pure invention généalogique figure une liste d'armoiries assortie de notes explicatives. Ce registre héraldique cite tous les Bouvier et tous les Vernou de France dont le nom est précédé d'une particule ; une attention particulière est accordée aux Bouvier ayant obtenu leur titre au service d'un membre du Parlement. Le major mentionne avec complaisance divers décrets royaux et unions de notables avec la noblesse, et livre la description, en français et sans traduction, des armoiries des Bouvier et des Vernou. Parant ses ancêtres de vertus contradictoires, il en fait d'ardents soutiens de la Révolution américaine en même temps que de loyaux défenseurs de l'aristocratie qu'ils étaient censés représenter.

De Michel Bouvier, le soldat de l'armée en déroute qui avait fui la France par crainte des massacres, le grand-père de Jacqueline dit seulement qu'il quitta Pont-Saint-Esprit en 1817 pour s'installer à Philadelphie. Celui-ci caractérise pourtant à merveille l'ascension sociale à l'américaine. Fort de son statut de grognard napoléonien, il se mit au service de Joseph Bonaparte, qu'il aida à construire sa résidence — puis à la reconstruire après un incendie. Il se maria au-dessus de sa condition, spécula sur des terres minières, installa sa grande famille à Philadelphie dans une maison en grès : en moins de quarante ans, le charpentier immigré était devenu ébéniste, puis homme d'affaires, et enfin grand propriétaire foncier. En 1853, Michel Bouvier emmena sa famille à Pont-Saint-Esprit pour lui faire découvrir la terre de ses ancêtres ; cet ancien fantassin de la Grande Armée, dont les filles avaient fréquenté les meilleures écoles, incarnait alors le mythe d'une Amérique aux rues pavées d'or[5].

Le voyage à Paris de Jacqueline Bouvier constituait donc une sorte de migration inversée, et très provisoire. On ne saurait dire si la jeune femme croyait encore à la légende familiale, mais il est certain que les Bouvier de France continuaient de l'intriguer. La fille de ses hôtes, Claude, se rappelle ainsi que Jackie profita de son séjour pour s'enquérir de ses racines françaises ; on peut supposer qu'elle fit un détour par la petite ville mentionnée dans *Nos aïeux* quand, à l'été de 1950, elle fut invitée par la famille du Luart de Lubersac, dont les quartiers de noblesse n'avaient rien d'imaginaire, dans sa splendide propriété de Beauvallon, non loin de Saint-Tropez[6].

Pont-Saint-Esprit, le berceau de ses ancêtres, végétait alors dans une parfaite obscurité par comparaison avec l'éclat mondain de Saint-Tropez. Un an après le passage de Jacqueline Bouvier, un sinistre hasard mit pourtant la ville sous le feu des projecteurs. En 1951, des dizaines de personnes furent intoxiquées par le pain d'une boulangerie locale, peut-être contaminé par l'ergot de seigle. Comme prises de folie, les victimes se mirent à courir par les rues en hurlant ; d'autres se défenestrèrent, d'autres encore moururent sur le coup. Un certain Marcel Divol, Bouvier du côté maternel et cousin éloigné de Jacqueline, habitait toujours Pont-Saint-Esprit ; avocat, il fut chargé par les victimes de mener la bataille judiciaire contre le boulanger et le meunier de la ville[7]. Ce tragique fait divers bouleversa cette petite ville provençale qui n'avait guère changé depuis l'époque de Napoléon, avec ses façades chaulées, ses fontaines publiques, ses places poussiéreuses où chiens et poules se promenaient librement. Un tel décor n'eût pas manqué de surprendre les lointains descendants de Michel Bouvier, qui, bercés par la légende familiale, s'imaginaient sans doute leurs ancêtres dans des châteaux cerclés de douves[8].

Pendant la campagne qui opposa Kennedy à Nixon en 1960, il fut beaucoup question des racines françaises de Jacqueline, et l'opuscule généalogique de son grand-père fit le tour des salles de rédaction. Des journalistes français, en reportage à Pont-Saint-Esprit peu avant l'élection, n'ayant pour seules sources que des rumeurs d'ascendance aristocratique, finirent par dénicher une famille Bouvier dans une ferme délabrée des environs : entre leur existence misérable et celle de la future résidente de la Maison-Blanche, le contraste leur parut assez frappant pour mériter un article. Dans l'année suivant l'accession de son mari à la présidence, Jacqueline Kennedy reçut tant de lettres de Français s'affirmant ses parents éloignés que son secrétariat renonça bientôt à leur répondre. À la veille d'une visite d'État des Kennedy, en 1961, une pauvre fermière de Pont-Saint-Esprit, Danielle Bouvier, monta dans sa voiture pour se rendre à Paris, où deux journalistes lui avaient promis une entrevue avec la première dame. Victime d'un accident de la route, la malheureuse ne parvint jamais à destination[9]. Avec le mystérieux empoisonnement de 1951, cette mort tragique devait alimenter plus tard la théorie d'une « malédiction Bouvier-Kennedy ». Un archiviste local, enquêtant sur la parenté entre les deux femmes, révéla pourtant que ni Danielle, ni aucun des Bouvier désargentés de Pont-Saint-

Esprit n'étaient liés par consanguinité avec les Bouvier d'Amérique : pour la plupart, leurs parents éloignés résidaient maintenant à Marseille, à Nîmes ou à Valence. Si Jackie Bouvier avait un jour ajouté foi à l'ouvrage publié par son grand-père — qui en avait remis un exemplaire dédicacé aux enfants de chaque branche de la famille —, elle dut se dire qu'elle avait cru au père Noël. Lors de son séjour en France, la jeune étudiante découvrit sans doute avec surprise les humbles rues de Pont-Saint-Esprit et comprit que sa belle histoire familiale tenait de la légende.

Traits français

Le major Bouvier, le grand-père de Jacqueline, était très attaché à ses origines. Il éleva sa progéniture dans cette grande tradition, inculquant à la famille le goût et les manières de la noblesse à la française. Son chauffeur était français et, dans la résidence grand-paternelle, on parlait le français au déjeuner une fois par semaine — cette habitude fut reprise plus tard par la mère de Jacqueline, chez qui l'on parlait également le français à table[10].

Jacqueline Bouvier se plaisait alors à parsemer son discours d'expressions bien françaises — une pratique qu'elle perpétua au fil des ans, à mesure qu'elle peaufinait son lexique dans divers établissements privés. Alors que son aura française continuait de s'épanouir, la branche française de la famille rencontrait de graves difficultés. Son père, un bel homme surnommé Black Jack Bouvier, courtier à Wall Street comme le voulait une tradition familiale, avait sacrifié aux femmes et à l'alcool une fortune déjà bien entamée. Les parents de Jacqueline finirent par divorcer, l'année de ses onze ans. Sa mère épousa un homme plus solide et moins volage, le financier Hugh Auchincloss. Le divorce était alors perçu comme un scandale social et religieux, et Jacqueline en fut très affectée. En épousant Auchincloss, sa mère lui imposait un univers inconnu — blanc, anglo-saxon et protestant — où rites et rituels catholiques n'avaient plus cours[11].

Si l'on imagine bien les effets de ce divorce sur le développement psychologique de la petite fille, on devine aussi le surcroît d'importance qu'elle dut accorder à la France dans son imaginaire. Privée, dans sa nouvelle maison, d'un père dont elle n'ignorait pas les difficultés financières, elle se raccrocha avec ferveur à son identité française, une identité qui la distinguait à la fois de sa mère irlandaise et d'un beau-père plutôt fade, qui l'accueillit sous son toit sans jamais tenir le rôle d'un père. La fortune des Bouvier n'était qu'un souvenir, et il ne restait plus de leur opulence passée que le cheval de Jacqueline, qui portait tout naturellement un nom français, Danseuse. Son père lui avait trouvé un box dans une écurie proche de Central Park, non loin de son appartement de la 74e Rue, dans l'espoir que cette proximité lui vaudrait des visites régulières de Jacqueline. La résidence de son propre père ayant été vendue pour des raisons fiscales, il ne pouvait offrir à sa fille un cadre aussi somptueux que les propriétés d'Auchincloss à Newport ou en Virginie[12]. Danseuse devint une source de grande complicité entre le père et la fille. Lors de son année d'études en France, Jacqueline se félicita sans doute de ses talents de cavalière, qui lui permettaient de prendre part aux activités sportives de la bonne société : promenade à cheval au bois de Boulogne et, plus tard, chasse à courre au château de Courances.

Au fond, l'attachement de Jacqueline à la langue française n'avait rien pour surprendre. Que ce fût pour la parler, l'écrire ou la lire, l'élite américaine lui avait toujours réservé une place de choix, assurant sa présence dans les écoles, les magasins, les restaurants. S'il peut sembler quelque peu affecté dans le cas de Jacqueline, ce goût pour le français traduisait néanmoins un besoin bien réel : préserver son identité, résister au conformisme, mettre à distance sa mère et son beau-père.

Bien plus tard, quand elle devint une Kennedy, Jacqueline utilisa ce tropisme français pour se distinguer d'une famille où chaque rituel, chaque demeure, chaque formulation étaient tributaires du vieux clan irlando-américain. John F. Kennedy avait pourtant connu Paris en son temps, les relations de son père, alors ambassadeur à Londres, lui ayant permis d'obtenir un poste à l'ambassade des États-Unis à Paris ; mais la phonétique française n'avait jamais eu de prise sur son accent[13]. Pour railler l'accent de Boston, les Américains ont coutume de dépouiller les mots de leurs « r » en prononçant, par exemple : « *Pahk yah cah in the Havahd yahd.* » En français, bien sûr, c'est tout le contraire, et le palais de l'Américain francophile se régale souvent de ce « r » qui vient le racler par l'arrière. Quand on écoute des enregistrements de Kennedy évoquant la guerre d'Algérie ou le général de Gaulle avec un journaliste, on est frappé de l'entendre écorcher ainsi la langue française — comme tant d'hommes cultivés de sa génération qui, rompus à la grammaire et à la traduction du français, étaient incapables de le parler correctement.

Parmi les traits français qu'on a prêtés à Jacqueline Bouvier dans quelques dizaines de livres ou d'articles, il est difficile de savoir combien sont aussi fictifs que la biographie de son grand-père — son besoin de s'identifier à la France avait-il fait des émules ? toujours est-il que tout un chacun avait repris sa belle histoire pour la rebroder de ses propres fils. L'un de ses biographes affirme ainsi que la jeune Jacqueline rédigea pour le journal de son école, Miss Porter's School, des articles consacrés au siècle des Lumières et à la Résistance française. En réalité, comme n'importe quelle lycéenne de terminale, elle se fendit d'un article sur le rhume des foins et de quelques dessins humoristiques mettant en scène une frêle adolescente aux cheveux frisés, Frenzied Frieda, c'est-à-dire Frieda la Fofolle[14]. On a également fait de Jacqueline une version américaine des grandes salonnardes, ces femmes qui, entre le XVIIe et le XIXe siècle, ont entretenu des correspondances littéraires et régné sur la vie mondaine de la capitale. Ses camarades d'école évoquent en effet l'inclination de Jacqueline pour Mme Récamier, la fameuse égérie de nombre de grands hommes du début du XIXe siècle, dont David a fait le portrait[15]. Ce souvenir, peut-être apocryphe, illustre un problème rencontré par cette génération : l'absence de tout modèle féminin susceptible d'inspirer les jeunes filles qui, soucieuses de concilier l'esprit et la beauté, rêvaient d'une vie où la sensualité n'exclurait pas l'intelligence.

Sa bibliothèque personnelle comportait de nombreux livres en français, de Stendhal à l'abbé Prévost en passant par George Sand — ils seront vendus aux enchères après sa mort. Tous racontent l'histoire de son attachement à la culture française, lequel fut constamment alimenté par ses amis et admirateurs aussi bien que par ses propres goûts littéraires. David Pinkney, qui fut dans les années 1960 le doyen des historiens américains de la France, lui adressa son livre sur la rénovation de Paris par Haussmann avec cette dédicace : « À JBK : Évitez de me prendre pour le baron Haussmann, j'éviterai de vous prendre pour Eugénie[16]. » L'épouse de Napoléon III, la princesse Eugénie, alliait la beauté à la frivolité ; son ingénieur et urbaniste, grand serviteur de l'État, alliait la laideur physique à une redoutable efficacité. Le plus surprenant, dans ce cadeau de Pinkney, n'est pas qu'un docte universitaire offre un livre d'histoire à l'épouse du président, mais qu'il fût certain qu'elle comprendrait la plaisanterie plutôt érudite contenue dans sa dédicace. Il ne s'agit pas seulement ici de raffinement culturel ; ce qui nous frappe aujourd'hui, c'est que Jacqueline Kennedy ait pu s'intéresser de si près à une ville et à une époque si éloignées, telle une voyageuse parcourant l'histoire de France. Cette lectrice insatiable avait une vie intérieure d'une grande richesse, nourrie par ses rêves et par son imagination. Des hagiographies enjolivées jusqu'aux ragots rapportant les infidélités de son mari, tous les récits ayant trait à sa vie font ressortir cette qualité particulière. Ceux qui ne l'aimaient pas évoquent une femme distante et snob, tandis que ses amis et ses proches gardent le souvenir admiratif de sa solitude et de sa réserve. C'est qu'elle avait une vie secrète. Une vie faite d'images, d'histoires et de mots venus de France ; une vie sur laquelle Jacqueline put compter depuis l'époque où elle lisait l'histoire familiale fabriquée par son grand-père, puis quand il fallut affronter la solitude et les pressions du long séjour à la Maison-Blanche, et jusqu'aux mois précédant sa mort pendant lesquels, éditrice pour la maison Doubleday, elle aida deux historiens anglais à mettre en forme leur histoire de la France à la Libération, celle-là même qu'elle avait connue à vingt ans.

Avant Paris

Jacqueline connaissait déjà Paris quand elle vint y effectuer son séjour d'études : un an plus tôt, avec deux amies, elle s'était offert un luxueux tour d'Europe au cours de l'été. À Paris, elles avaient visité d'innombrables musées ; à Versailles, Jacqueline avait pratiqué son français avec un guide du château[17]. Et voilà qu'elle revenait en France, non comme touriste mais comme résidente. Le semestre à l'étranger de l'année universitaire 1949-1950 représentait une sorte de libération personnelle : en partant, elle s'affranchissait des longues années passées dans diverses écoles de jeunes filles (Miss Chapin's à Manhattan, Miss Porter's à Farmington, dans le Connecticut, et Vassar College à Poughkeepsie, dans l'État de New York, où, incapable de rester en place elle avait fini, au bout de deux ans, par se lasser du campus qui avait enchanté Simone de Beauvoir durant sa tournée du printemps 1947, quelques mois avant l'arrivée de Jacqueline). Dans le journal de son voyage en Amérique, Beauvoir décrit avec un soin minutieux le cadre universitaire que Jacqueline Bouvier allait bientôt rejeter ; la coïncidence ne s'arrête pas là, puisque sa perspective est celle d'une intellectuelle parvenue à l'âge adulte dans le Paris même que Jackie allait découvrir. À en croire Beauvoir, l'atmosphère de Vassar était à la fois « aristocratique » et délicieusement détendue. À la bibliothèque du campus — qui ressemblait plus à un salon qu'à l'imposante bibliothèque Sainte-Geneviève, avec ses tables de lecture bien alignées et ses raides fauteuils de bois, où Beauvoir avait préparé ses examens —, la philosophe française fut éblouie par la vue de ces jeunes filles en train de lire : « Comme elles semblent confortables et libres : elles lisent, enfouies dans de profonds fauteuils, ou assises par terre en tailleur, dispersées dans de petites pièces solitaires ou rassemblées dans de grands halls [...] Comme je les envie[18]... » À dix-neuf ans, Jacqueline Bouvier avait eu son content de rideaux de chintz et de salles de lecture, de campus où se pressaient des jeunes filles vêtues de « *jeans* bleus retroussés au-dessus de la cheville » de « chemises d'homme à carreaux », d'escapades en bande à New York par le train qui longeait l'Hudson. Elle avait suivi avec passion le célèbre séminaire d'Helen Sandison consacré à Shakespeare et un cours d'histoire des religions. Mais il ne lui suffisait plus de se plonger dans les livres : ces pays lointains, elle voulait maintenant les voir de ses propres yeux.

Comme Vassar ne proposait pas de programme d'études à l'étranger, Jacqueline Bouvier avait demandé à intégrer celui de Smith College ; sa requête acceptée, elle s'était retrouvée dans un groupe de trente-cinq jeunes filles, comme toujours accompagnées d'un professeur du département de français. Smith envoyait des étudiantes à Paris depuis 1925. Suspendu pendant la guerre, le programme avait repris pour de bon en 1947-1948. Contrairement aux autres séjours d'études à Paris — celui de l'université du Delaware, par exemple, qui se focalisait sur les relations internationales —, le séjour des *juniors* de Smith College était réservé aux étudiantes de français, que l'on préparait ainsi à une carrière dans l'enseignement. Pour cette raison, et pour que nul ne pense qu'on allait en France pour s'amuser ou pour flirter, le programme de Smith se conformait aux plus rigoureuses exigences universitaires et stipulait que le français était la seule langue autorisée pour les étudiantes, y compris en dehors des cours. De nombreux programmes d'études à l'étranger, dont celui de Smith, envoyaient leurs

étudiants suivre un stage linguistique accéléré en province, à la
fin du mois d'août et en septembre, avant de les faire revenir à
Paris pour la rentrée universitaire — bien plus tardive en
France qu'aux États-Unis. C'est ainsi que les étudiantes de
Smith se retrouvèrent à Grenoble pour réviser leur grammaire
au pied des Alpes.

Si les archives de Jacqueline Kennedy Onassis sont encore,
pour l'essentiel, interdites d'accès aux chercheurs, le public a
pu découvrir l'une de ses premières lettres envoyées de
Grenoble aux États-Unis. Publiée dans *As We Remember Her*,
celle-ci constitue une source précieuse, au regard de son style
certes, mais aussi de ses silences.

Jacqueline y raconte deux excursions avec les étudiantes
de Smith, d'abord en Provence, à Aix et à Arles, puis dans les
grottes préhistoriques de Sassenage, plus près de Grenoble.

> Je ne saurais décrire ce que l'on éprouve quand, laissant
> derrière soi les montagnes de Grenoble, on se retrouve sur
> cette vaste plaine brûlante, les yeux remplis aux trois quarts par
> l'immensité bleue du ciel — partout les champs sont bordés de
> peupliers pour protéger les champs des rigueurs du mistral, et
> tout au long de ces rangées se dressent, au pied des arbres, des
> sortes de petits palmiers couverts de fleurs écarlates. Les gens
> parlent ici avec le délicieux *accent du Midi**, une langue qui
> chante. Le soleil et les rires font de la vie un bonheur perpé-
> tuel. Je n'ai pu que l'entrevoir, hélas, mais je compte bien
> revenir et m'en imprégner tout entière. Je tiens surtout à voir
> la Camargue : située dans le delta du Rhône, cette terre est
> recouverte chaque année par la mer, et, au cours d'une céré-
> monie à cheval, les pieds dans l'eau, ses habitants bénissent les
> flots : c'est la *Bénédiction de la Mer**. Des gitans vivent là, ainsi
> que des troupes de petits chevaux arabes et de taureaux
> sauvages.
> Dimanche dernier, nous sommes allées à Sassenage. [...] On
> a visité les grottes [...] et dansé dans un adorable restaurant
> sous des arbres frémissants, au bord d'un ruisseau avec une
> cascade — la magie du moment n'a été interrompue que par

les deux *pièces de résistance** du restaurant : *Bongo, Bongo, Bongo* et *Chattanooga Choo-Choo*. Comme nous avons raté le dernier tram, il a fallu rentrer à Grenoble à pied : près de sept kilomètres[19] !

Les lettres envoyées d'Europe par des jeunes filles, comme toute forme de correspondance, présentent une extrême diversité. Tout dépend de leur destinataire : on n'écrit pas les mêmes choses à ses parents, à sa sœur, à sa meilleure amie. Si cette lettre de Grenoble ne livre aucun détail intime, elle nous en dit long sur Jacqueline Bouvier. En fermant les yeux, en tendant l'oreille, on peut imaginer les champs arlésiens bordés de peupliers aussi sûrement que si l'on se tenait devant un tableau : le rouge des fleurs et le bleu du ciel ardent sont les couleurs d'un Van Gogh. À vingt et un ans, l'auteur de cette lettre a déjà l'œil d'un artiste et la plume d'un écrivain. On reconnaît sa voix, son enthousiasme enfantin fait de joie, d'émerveillement, de curiosité insatiable. On devine la naïveté de la petite fille riche idéalisant la vie des fermiers et des campagnards français — qui sont ses ancêtres, après tout, qu'elle s'imagine heureux et insouciants sous le soleil du Midi. Elle n'oublie pas de mentionner les chevaux, bien sûr, ces fameux chevaux arabes qu'elle rêve d'aller voir de près dans cette Camargue fantasmée où vivent aussi des taureaux. C'est alors que son récit passe de l'exaltation joyeuse au raffinement moqueur — un trait de caractère que tous les observateurs, de ses amis intimes jusqu'à Norman Mailer, considèrent comme l'essence même de son esprit. Ses remarques s'accompagnent toujours d'un clin d'œil ironique venant saluer quelque détail inattendu, quelque absurdité dont elle paraît s'enchanter. Car elle était très espiègle. En relevant la présence incongrue de ritournelles américaines au beau milieu de la campagne française, elle raconte l'histoire de cette américanisation de l'Europe qui, entamée avec l'arrivée des GI en 1944, s'était poursuivie jusqu'à Saint-Germain-des-Prés avant d'atteindre les bourgades les plus reculées.

On s'étonne aussi que cette lettre ne fasse pas mention d'une meilleure amie, ni du reste d'aucune autre fille de son groupe. Quels propos ont-elles échangés, laquelle a dansé le plus longtemps, laquelle a souffert d'indigestion ? Ces détails-là pullulent d'ordinaire dans les lettres envoyées à leurs proches par les jeunes Américaines séjournant en France. De même, on ne voit pas apparaître un seul Français, ni serveur aux yeux doux, ni patronne en blouse à fleurs. Il faut se contenter de fleurs, de ciel, de chevaux et de « gens », une masse anonyme qui recouvre Américains et Français en train de se sourire, de danser et de profiter de la vie. On se croirait sur la scène d'un théâtre, avec Jacqueline dans un rôle d'observatrice et non encore d'hôtesse, mesurant déjà les plaisirs que procure une journée à la campagne. Car cette année magique avait ceci de précieux qu'elle lui faisait voir le monde avec de nouveaux yeux, loin d'elle-même et de son univers familier. Avant de devenir Jacqueline Kennedy, elle savait reconnaître la beauté avec un regard sûr.

Quand elle se remémore ce stage de prérentrée à Grenoble, sa camarade Marjorie Flory évoque un château glacial et des toilettes qu'il fallait partager à douze, ainsi qu'un unique professeur dont le nom s'est perdu mais dont la personnalité a laissé quelques souvenirs. Cet homme sentencieux et arrogant, chargé de leur enseigner la grammaire et la phonétique, s'était vanté auprès d'elles de rédiger un dictionnaire. Il s'amusait à leur faire lire des passages osés de *Madame Bovary*, les reprenant sur leur intonation alors que lui-même parlait avec un fort accent provençal — cet accent du Midi que décrit Jacqueline dans sa lettre. Quand vint son tour de lire à haute voix, cette excellente imitatrice se mit à déclamer le texte de Flaubert avec des inflexions chantantes et sans omettre de rouler les « r », ce qui suscita l'hilarité de ses camarades. Quant au pompeux professeur, persuadé de son autorité sur ces jeunes Américaines, il ne comprit pas qu'elles se moquaient de lui[20].

Le stage de prérentrée ne se limitait pas à des révisions de grammaire. Pour bien des jeunes femmes, il était aussi l'occasion des premiers voyages en train sans accompagnateur, à la découverte de l'Europe. Martha Rusk, l'une des plus proches amies de Jackie durant ce séjour, se rappelle ainsi un retour d'Espagne :

> Au retour, nous avons voyagé en troisième classe à bord d'un train de nuit. Jacqueline avait emporté sa tenue de voyage : jupe évasée en coton rouge, chemisier blanc tout simple. À intervalles réguliers, nous échangions nos sièges pour éviter les torticolis. Alors que je changeais de place avec Jackie, en pleine nuit, elle m'a donné une épingle à chapeau en disant : « Prends ça, tu vas en avoir besoin. » Je n'ai pas compris tout de suite. En fait, c'était pour piquer le type assis à côté de moi quand il essaierait de me peloter[21].

Jackie faisait une compagne de voyage idéale : elle maitrisait l'art de repousser les avances importunes, pouvait négocier le prix d'un billet de train, trouvait toujours quelqu'un pour aider à porter les bagages. Elle s'exprimait dans trois langues : l'espagnol, le français et plus tard l'allemand.

Avenue Mozart

Les jeunes femmes montèrent s'installer à Paris à la rentrée, peu avant la mi-octobre. Faute d'avoir trouvé une famille d'accueil, des étudiantes étaient logées dans les locaux de Reid Hall, en plein cœur de Montparnasse ; avant même la Première Guerre mondiale, cette ancienne fabrique de porcelaine offrait dortoirs et salles de cours aux Américains de passage à Paris. D'autres, dont Jacqueline, eurent la chance de séjourner dans une famille française : leur expérience du Paris de l'après-guerre n'en fut que plus marquante.

Cinq ans avaient passé depuis la Libération, mais le Paris qui accueillit Jacqueline et ses camarades se ressentait encore des années de guerre. Les bâtiments mêmes dont nous admirons aujourd'hui les façades en pierre blanche étaient, jusque dans les années 1960, tout recouverts de suie. C'est dans une ville très noire que s'installa Jacqueline Bouvier à son arrivée. (Malraux, qui lui ferait un jour visiter le Louvre, lança en 1961 une campagne de ravalement. Quand il en émit l'idée devant ses collègues, l'un d'eux lui suggéra de faire plutôt noircir le Sacré-Cœur : l'opération serait plus simple et moins coûteuse[22].) En 1949, la capitale souffrait encore d'une pénurie de charbon et de produits alimentaires ; Jacqueline reçut sa propre « carte individuelle d'alimentation » pour le sucre et le café — on était loin du rationnement imposé depuis l'occupation nazie, mais l'époque était encore aux restrictions[23].

De tous les chocs culturels éprouvés par la petite troupe d'Américaines, le plus intense concernait un aspect incontournable de la vie quotidienne : les toilettes, plus sordides encore à Paris qu'à Grenoble[24]. Les lieux d'aisance n'avaient guère évolué depuis un siècle. Un immeuble ordinaire comportait rarement plus d'un WC par étage, situé sur le palier. Le grand appartement de la famille d'aristocrates accueillant Jacqueline Bouvier jouissait de quatre chambres, mais d'une seule salle de bains. Les étudiantes de Smith n'avaient droit qu'à un bain hebdomadaire — mais pouvaient fréquenter l'un des bains publics disséminés dans la ville. Les plus chanceuses, telle Jacqueline, disposaient d'un lavabo dans leur chambre — et parfois même d'un bidet, ce curieux appareil qui permettait les ablutions intimes. Il ne fallait pas compter sur les sanitaires des cafés ou des restaurants : les WC à la turque n'étaient décidément pas conçus pour les femmes. Mary Ann Hoberman en conserve le souvenir horrifié : « Les toilettes ? Immondes. Il fallait s'accroupir au-dessus d'un trou dans le sol, même dans les restaurants chic. Et le papier toilette, quand il y en avait, se limitait souvent à des morceaux de journal découpés[25]. » S'accroupir au-dessus de la porcelaine pouvait s'avérer périlleux quand on portait une jupe, sans parler des socquettes blanches qu'affectionnaient alors les étudiantes de

Smith. Il était essentiel de maintenir une distance de sécurité au moment de tirer la chasse d'eau, mais la marge de manœuvre était plutôt réduite dans ces réduits minuscules. Quant aux petits carrés de papier journal mis à leur disposition, ils permettaient du moins aux étudiantes de s'instruire en apprenant les nouvelles de l'avant-veille en même temps que les préférences politiques de leurs hôtes, conservateurs s'il s'agissait du *Figaro*, populaires si c'était *France-Soir*, et communistes pour *L'Humanité*.

Paris manquait peut-être de vivres et de toilettes hygiéniques cette année-là, mais on y percevait les premiers signes d'un renouveau politique et artistique, d'une histoire enfin prête à reprendre son cours. La ville rebaptisait ses rues, honorant les grands hommes de la dernière guerre ; sur le chemin du quartier Latin, les étudiants découvraient ici et là des plaques à la mémoire des résistants morts en combattant l'occupant nazi. L'avenue d'Orléans, par où étaient passées les troupes alliées venues libérer Paris, devint ainsi l'avenue du Général-Leclerc. On croisait parfois, au centre de la ville, quelque rassemblement mené par d'anciens résistants ou par une association d'anciens déportés maigres et accablés de tristesse.

En dépit de l'austérité, le renouvellement de la culture était en marche. En 1949, les Françaises exerçaient depuis cinq ans leur droit de vote, et le pays tout entier était avide de nouveaux modes de vie et d'idées nouvelles. Simone de Beauvoir publia les deux volumes du *Deuxième Sexe* en juin et novembre de cette année-là. Afin de soutenir l'explosion de la culture populaire, encouragée par le vigoureux Parti communiste français, Pablo Picasso réalisa des affiches et des dessins pour appeler à des rassemblements en faveur de la paix. Sa colombe, qui deviendrait par la suite le symbole international de la paix, fit sa première apparition sur des affiches annonçant, sous la houlette des communistes, le Congrès de la paix d'avril 1949. Picasso eut sans doute quelque mal à concilier son propre modernisme et l'esthétique réaliste du Parti : « La réalité est faite pour être mise en pièces », dit-il un jour à sa compagne d'alors, Françoise Gilot[26].

La Seconde Guerre mondiale faisait progressivement son entrée dans l'imaginaire national ; à cet égard, la saison 1949-1950 marque un tournant décisif, avec la publication au printemps et l'énorme succès en France du *Journal* d'Anne Frank[27]. Ses lecteurs affligés n'ignoraient pas que la jeune fille, qui décrit le passage de l'enfance à l'adolescence, était morte en déportation. Confrontée à l'histoire de cette mort prématurée, consciente que des millions d'Anne Frank avaient péri pendant la guerre, la jeunesse du monde entier, mais surtout d'Europe, éprouva cette année-là l'angoisse des survivants. La vie n'en semblait que plus précieuse, et, pour les Américaines séjournant sur le Vieux Continent, cette prise de conscience s'avéra contagieuse. Dans une ville où la guerre n'avait épargné personne, les hôtes de Jacqueline Bouvier ne faisaient pas exception.

Sa mère avait contacté la famille de Renty par l'entremise des Vagliano, une famille franco-américaine qui passait chaque été des vacances à Newport ; leur fille Sonia avait épousé un Français dont la mère était la plus proche amie de la comtesse de Renty[28]. On fit les présentations, on échangea des lettres, et pour finir la comtesse assura Janet Auchincloss qu'elle prendrait grand soin de sa fille. L'une de ses propres filles, Claude, était à peine plus âgée que Jacqueline ; après un séjour universitaire en Amérique, à Wellesley et à Mount Holyoke durant l'année 1947-1948, elle terminait ses études à l'Institut d'études politiques. Jacqueline reçut la plus vaste chambre de l'appartement et une attention particulière de la comtesse, qui accueillait cette année-là deux autres étudiantes américaines — dont Susan Coward, que Jackie avait déjà rencontrée à New York.

La comtesse de Renty résidait au deuxième étage d'un immeuble de l'avenue Mozart, dans le XVIe arrondissement. Lotie à la fin du siècle précédent, cette artère abritait la petite noblesse parisienne et de nombreux commerces de bouche ;

pour une jeune femme habituée aux grandes propriétés en pleine campagne, cet espace public resserré devait sembler plutôt exotique. Sortie du métro à la station Jasmin, Jacqueline se retrouva sur une placette où trônait un kiosque à journaux ; s'étant avancée un peu plus loin dans l'avenue, elle leva les yeux pour observer l'immeuble de style Art nouveau qui allait devenir son domicile. Ses carreaux de faïence vert pâle, étincelants en toute saison, tranchaient agréablement sur la pierre de taille noircie des immeubles voisins. Ayant poussé la lourde porte en bois, elle se retrouva sous un immense porche donnant sur une cour intérieure pavée de marbre et ornée de colonnes doriques, d'où partait un grand escalier hélicoïdal en bois ; l'éclectisme de cette architecture, comble de la modernité à l'époque de sa construction, paraît aujourd'hui d'un kitsch assez désuet. L'appartement lui-même comportait quatre chambres à coucher, deux salons, une salle à manger et une cuisine pourvue, sous sa fenêtre, du traditionnel garde-manger en fer forgé. Comme dans la plupart des immeubles de ce quartier cossu, un escalier de service desservait les chambres de bonne et la cour intérieure. La comtesse de Renty, ses filles et ses pensionnaires vivaient dans une relative simplicité, disposant par exemple d'une seule baignoire et d'un unique cabinet. Le froid était alors l'ennemi commun de toutes les classes sociales de la capitale ; l'appartement des Renty était certes équipé du chauffage au gaz, mais des pannes régulières obligeaient les étudiantes, le soir, à s'emmitoufler dans des pulls et des châles pour réviser leurs leçons.

Dans ce contexte de pénurie foncière, elles avaient eu beaucoup de chance de trouver un logement de cette qualité. Les étudiantes américaines non logées à Reid Hall se retrouvaient presque toujours dans une famille ayant perdu l'un des siens pendant la guerre, et qui peinait à joindre les deux bouts. Dans la revue de Sartre, *Les Temps modernes*, l'écrivain Stanley Geist porte sur cette situation le regard facétieux d'un expatrié américain : « Des dames de la bourgeoisie qui avaient perdu leurs messieurs, mais non point leur appartement, emménageaient dans une chambre de bonne non chauffée, abandonnant le reste à un quelconque secrétaire d'ambassade dont les droits étaient moralement et économiquement mieux fondés[29]. » Le contexte immobilier de l'après-guerre fut à l'origine de coha-bitations inattendues : Arthur Schlesinger, futur conseiller spé-cial de Kennedy, se retrouva à Paris pendant les premiers mois suivant la Libération, chargé par les services secrets américains d'analyser les mouvements de la Résistance. Son propre loge-ment lui offrit un terrain d'investigation inespéré : sa logeuse, Mme Fraenkel, avait été l'épouse d'un Juif français — dont elle portait toujours le nom — mais elle était aussi la sœur de Jean Luchaire, fondateur d'un journal collaborationniste qui, condamné pour trahison, devait être exécuté peu après[30]. Aucun cours d'histoire à la Sorbonne ne pouvait rivaliser avec pareille enquête de première main.

Pour la famille d'accueil de Jacqueline Bouvier, l'expérience de la guerre n'avait été ni moins complexe, ni moins tragique. La comtesse de Renty et son mari avaient appartenu au réseau nationaliste Alliance. Au sein de la Résistance, que l'on aurait tort de réduire à ses seules composantes communistes et gaul-listes, ce réseau présentait une histoire singulière : il avait été fondé par un fervent nationaliste de droite, le commandant Georges Loustaunau-Lacau. Ancien membre du gouverne-ment de Vichy, celui-ci avait d'abord cru que Pétain offrait le meilleur rempart contre Hitler ; puis, s'étant rapproché des Britanniques, il avait mis sur pied un réseau de renseignement dont les membres étaient recrutés dans les classes supérieures et parmi les nationalistes. Le réseau Alliance s'avéra particuliè-rement vulnérable : pratiquant une forme d'espionnage clas-sique, et sans doute moins bien taillé que d'autres pour la lutte clandestine en raison de l'origine sociale de ses membres, il subit plus d'arrestations et de déportations qu'aucun autre mouvement de la Résistance[31].

Les Renty furent déportés avec d'autres résistants par le dernier convoi partant de Paris, le 15 aôut 1944, soit une semaine avant la libération de la ville. Le comte de Renty fut conduit au camp de concentration de Dora, en Allemagne. Confiné dans le camp annexe d'Ellrich, il travailla sur le chantier d'une usine souterraine destinée à la fabrication des missiles V1 et V2 conçus par l'ingénieur allemand Werner von Braun. La tâche des prisonniers consistait à creuser des galeries dans le roc ; au bout de quatre mois, Renty mourut d'épuisement[32]. La comtesse de Renty survécut à son internement au camp pour femmes de Ravensbrück, où se trouvaient alors certaines des plus grandes résistantes : Anise Postel-Vinay, Denise Jacob (la sœur de Simone Veil), Geneviève de Gaulle (la nièce du général) et Germaine Tillion. À l'inverse des grands résistants, salués en héros à la fin de la guerre, tels Jacques Chaban-Delmas, Maurice Schumann, François Mitterrand ou de Gaulle lui-même, aucune de ces femmes n'eut accès au pouvoir politique dans les années suivant la Libération. Après une période difficile de rétablissement physique et moral, elles reprirent le cours ordinaire de leurs vies respectives, le plus souvent sans grandes ressources[33]. Le tableau que Stanley Geist brosse avec humour dans *Les Temps modernes* ne manque pas de justesse : si des femmes comme la comtesse de Renty louaient leurs chambres, c'est que les moyens respectables d'étoffer leurs revenus étaient rares. Contrairement aux personnages quelque peu caricaturaux de Geist, toutefois, la comtesse ne s'était pas retirée dans une chambre de bonne ; sa présence chaleureuse était du reste très appréciée par ses pensionnaires. À ses propres enfants, elle parlait rarement de Ravensbrück — et d'Ellrich, jamais. Sa fille Claude, qui avait passé la guerre chez des parents à la campagne, se rappelle que sa mère tenait à vivre le présent, à profiter d'une France faite de rituels rassurants et de raffinement culturel. En offrant un foyer à des étudiantes américaines, elle faisait découvrir son pays à des jeunes filles capables de l'apprécier. L'élégante Jacqueline Bouvier était une pensionnaire charmante, accompagnant la comtesse dans ses visites au musée de la Porcelaine de Sèvres, chez Madeleine de Galéa, qui exposait une collection de poupées dans sa villa du quartier d'Auteuil, ou encore au musée du Louvre. Claude se rappelle une Jacqueline très secrète, et ce trait de caractère convenait sans doute fort bien à cette famille qui avait tant à oublier.

Les vacances furent l'occasion de nouveaux voyages. Mary Ann Peyser alla voir l'État d'Israël alors dans sa seconde année d'existence. Martha Rusk annonça qu'elle partait pour l'Autriche et l'Allemagne ; à sa grande surprise, Jackie se proposa pour l'accompagner. « Vraiment, tu serais encore prête à voyager en troisième classe ? » lui demanda Martha, qui jugeait sa camarade trop sophistiquée pour de telles expéditions. Celle-ci l'ayant rassurée, les deux amies partirent ensemble.

Martha passa le jour de Noël avec des amis de ses parents, dans un immeuble dont une partie avait été détruite par une bombe ; ce type de bâtiment à moitié en ruine était devenu rare à Paris, mais on en trouvait encore beaucoup en Autriche et en Allemagne. Elle retrouva Jackie dans un élégant hôtel de la ville et toutes deux se mirent en route pour Munich. Pour ces jeunes filles, qui avaient naguère suivi dans la presse le récit de la libération des camps par l'armée américaine, Munich ne pouvait manquer d'évoquer le souvenir de Dachau ; la seule proximité de ce camp avec la capitale bavaroise, du reste, posait la question de la complicité du peuple allemand. Les populations locales avaient-elles vraiment pu ignorer, en toute bonne foi, que des dizaines de milliers de prisonniers étaient mis à mort dans leurs propres faubourgs ?

À la Noël de 1949, la République fédérale d'Allemagne entrait dans son septième mois d'existence sous l'étroite surveillance de la Haute Commission alliée[34]. Dachau n'était pas encore intégralement devenu un musée, certaines parties étant utilisées par le gouvernement comme camp d'internement pour réfugiés tchèques ou comme site pour les procès des gardiens de camp nazis. On s'y rendait facilement en tram depuis Munich.

À bord du tram, Martha et Jacqueline firent la connaissance d'un jeune GI qui, à leur grande surprise, n'avait jamais entendu parler de Dachau. Il décida de les y accompagner. Leur visite coïncidait avec le surgissement de l'un des grands débats qui devaient occuper l'Allemagne, mais aussi la France, au cours des soixante ans à venir : comment commémorer ce qui était arrivé là ? Dachau avait été le tout premier camp de concentration nazi. Utilisé dès 1933 pour interner les prisonniers politiques, il devint par la suite un camp de travail et un site d'expériences médicales. Quelque 41 500 prisonniers devaient y mourir d'épuisement à la tâche, des suites d'une expérience médicale, de malnutrition ou encore du typhus. Certains furent gazés ailleurs, d'autres y furent brûlés dans les fours crématoires. Plus de 15 000 prisonniers devaient être ensevelis par les nazis sur une colline des environs, le Leitenberg. C'est dans cette fosse commune que les libérateurs américains inhumèrent les 5 400 corps supplémentaires trouvés dans le camp.

Quand les autorités bavaroises firent savoir qu'elles comptaient raser le Leitenberg, ce qui aurait effacé jusqu'au souvenir de son existence, la nouvelle suscita une vague de protestations. Le gouvernement français envoya plusieurs observateurs sur place, dont une délégation de rescapés des camps. Edmond Michelet était de leur nombre ; déporté pour sa participation au mouvement résistant Combat, il était à présent ministre de la Justice. Michelet et ses compagnons, horrifiés, constatèrent la présence de panneaux annonçant : « Entrée interdite. Zone contaminée » ou encore « Ne pas entrer. Danger d'infection ». Aucune plaque commémorative, aucune inscription pour expliquer la raison d'être du cimetière. Début décembre, avant le départ pour l'Allemagne de Martha et de Jacqueline, la presse française s'était fait l'écho d'âpres polémiques entre les autorités locales allemandes, qui accusaient les Français de subversion communiste, et les rescapés français, qui accusaient les Bavarois de vouloir escamoter leur passé. Le 16 décembre, juste avant la visite du camp par les deux étudiantes américaines, les opposants parvinrent à un compromis et Dachau fut consacré lieu de mémoire en présence de députés allemands, de journalistes, de diplomates étrangers et de représentants des Alliés[35].

De sa visite à Dachau, Martha Rusk se rappelle une salle blanchie à la chaux, avec des rigoles et un four. Les détails de cette journée ont fini par s'effacer, mais elle garde en mémoire un sentiment de vide et de stérilité. Devant le crématorium principal, les peupliers plantés par d'anciens déportés n'avaient pas encore eu le temps de pousser. Dans le tram du retour, toujours accompagnée de Jacqueline et du GI, elle se rappelle avoir répété en boucle : « Comment ont-ils pu faire ça ? » Le jeune soldat américain, quant à lui, gardait un silence abasourdi.

Munich même était en ruine. Les projets de reconstruction étaient à peine à l'étude en 1949, mais la ville dégageait une atmosphère de taverne pour amateurs de bière qui ajoutait encore à l'horreur de la visite à Dachau. Jackie et Martha passèrent la soirée de la Saint-Sylvestre dans un night-club avec un groupe de jeunes gens, des amis d'amis de Jackie.

Sens interdit

En cette nouvelle année, plusieurs étudiantes du petit groupe de Smith College avaient pris place dans un amphithéâtre de l'Institut d'études politiques, pour écouter le grand historien et géographe André Siegfried lire un passage de son *Âme des peuples* qui devait paraître au printemps suivant : « Tout Américain a une confiance innée dans l'avenir, dans son avenir, dans l'avenir de son continent. En Europe, nous avions une pareille foi en notre destinée, il y a cent ans, au plein milieu de ce XIXᵉ siècle, si dynamique, mais nous l'avons perdu, et on l'eût perdu à moins[36]. »

L'approche de Siegfried, qui associait l'ethnographie, l'histoire et ce qu'on appellerait aujourd'hui les *cultural studies*, envisage la civilisation américaine dans sa totalité. Son analyse ne saurait donc s'appliquer à chaque individu — elle ne correspond guère, en tout cas, à l'état d'esprit de Jacqueline Bouvier à cette époque ; quoique née dans un milieu très favorisé, elle devait s'en remettre à ses propres talents : son père avait croqué ou perdu toute sa fortune, et elle ne pouvait pas compter sur l'héritage de son beau-père. Étudiante à Vassar, coqueluche de la bonne société, elle connaissait sa valeur mais aussi la précarité de sa situation. Paris était pour elle comme une répétition générale, et elle se préparait dans les coulisses, c'est-à-dire dans l'élégant appartement des Renty, avec ses meubles patinés par le temps, sa salle de bains glaciale et son calme propice à l'étude. Et puis, cette famille où se faisait sentir l'absence d'un proche, l'absence d'un père, non à la suite de quelque scandale ou d'une négligence quelconque, mais parce que la tragédie avait frappé, devait être d'autant plus chère au cœur de Jacqueline. Le voyage à Dachau, en particulier, avait donné corps au cauchemar que sa mère d'accueil parisienne ne mentionnait jamais. Depuis, elle n'était plus tout à fait la jeune fille qui avait chanté *La Vie en rose* à bord du paquebot *De Grasse*.

On peut supposer que les trente-quatre étudiantes de Smith, qui voyaient l'Europe se rétablir sous leurs yeux, étaient elles-mêmes venues chercher là quelques réponses aux grandes questions existentielles. Un étudiant de Yale avait étonné Simone de Beauvoir, lors de sa tournée des campus en 1947, en lui confiant sur un ton plaintif : « Nous voulons aller en France mon camarade et moi pour découvrir quels sont nos problèmes. Car nous sentons que nous en avons : mais nous ne les connaissons même pas. Comment pourrions-nous les résoudre ? De France, avec du recul, j'espère que nous verrons plus clair[37]. »

Cordelia Ruffin et Blaikie Forsyth, étudiantes du programme d'études à Paris
de Smith College, derrière un panneau de sens interdit (1949).

Brenda Gilchrist, l'une des camarades de Jacqueline à Paris, m'a fait parvenir une photographie qui résume à ses yeux cette quête commune. On y voit deux de ses amies, Cordelia Ruffin et Blaikie Forsyth, poser dans une rue de Paris derrière un panneau de sens interdit. Ce symbole a été repris, depuis, sur tous les continents, mais à l'époque il leur avait semblé très exotique. Bien plus tard, les étudiantes de Smith ayant organisé une réunion pour le cinquantième anniversaire de leur voyage, Brenda leur offrit la photographie assortie de cette légende :

> Deux *juniors* derrière un *sens interdit** à Paris. Nous sommes sans doute persuadées (y compris celle qui prend la photo, c'est-à-dire moi-même) que cette pose est très maligne, très spirituelle et pleine de sous-entendus. C'est la fin de l'automne de 1949 : nous sommes là depuis assez longtemps pour pouvoir déchiffrer les panneaux de signalisation, parcourir les rues et les parcs, boire du *vin chaud** avec des étudiants de la Sorbonne. Nous sommes un peu sophistiquées : notre français s'est amélioré au contact de nos familles d'accueil, notre goût esthétique est affiné par les bâtiments classiques ou néoclassiques qui nous entourent et par l'intense vie littéraire et artistique de la capitale. Pas question, cependant, de renoncer à nos tenues d'étudiantes sages : à mille lieues du chic parisien, cahier à la main, il s'agit d'affronter la ville avec intelligence, insouciance et curiosité[38].

De fait, Cordelia et Blaikie avaient conservé l'uniforme de Smith : elles portent la jupe longue et les socquettes blanches réglementaires ; les cheveux sont bien tirés en arrière ; les manteaux très Nouvelle-Angleterre sont épais et boutonnés jusqu'au col. Blaikie se tient dans l'ombre de sa camarade, écartant la tête du poteau métallique, un cahier à spirale dans la main — probablement acheté à la librairie de son université, celui-ci doit contenir des listes de vocabulaire, des notes de cours, le nom des monuments qu'elle a visités. Cette joyeuse photographie rend pourtant un curieux hommage à l'« interdit » : est-il à Paris quelque chose qui soit défendu à ces jeunes Américaines ? Quelles limites se sont-elles fixées ?

Aux yeux d'un observateur français, les pensionnaires de Reid Hall en 1950 devaient sembler joliment vêtues et même assez distinguées. Comme le relève la journaliste Henriette Nizan dans un article publié dans le cadre du plan Marshall, il y avait en elles « quelque chose de bostonien[39] ». Mme Guilloton, chargée de la direction du séjour linguistique de Smith College — le second depuis la fin de la guerre —, écrivit au président de cette université une lettre quelque peu affolée[40]. Elle imposait alors aux étudiantes de Reid Hall le système pratiqué au pensionnat de Northampton, qui reposait sur la confiance : les sorties se faisaient par groupes de deux ou trois minimum, chaque pensionnaire signait une carte en partant et s'engageait à rentrer directement après la sortie en ville (concert, pièce de théâtre ou simple rendez-vous), à temps pour attraper le dernier métro, celui de minuit quinze. Transposé à Paris, toutefois, ce système se révéla d'une parfaite inefficacité. Près de 90 pour cent des étudiantes de 1948-1949 sortaient sans autorisation, rentraient vers 2 ou 3 heures du matin à Reid Hall, où les attendait un gardien consterné. En 1949-1950, l'année de Jacqueline, on fit de nouveau appel à quelques familles françaises pour loger ces demoiselles et surveiller leur conduite. Jeanne Saleil, responsable du groupe cette année-là, se montre plus désinvolte dans ses rapports à l'administration, et l'on peut supposer qu'elle faisait un chaperon moins redoutable que Mme Guilloton — à laquelle son patronyme valut sans doute, en son temps, plus d'une plaisanterie révolutionnaire. Quant à la comtesse de Renty, qui avait survécu aux rigueurs d'un camp de concentration, on peut supposer qu'elle se moquait bien du couvre-feu de minuit quinze. Chez elle, on pouvait manquer un repas sans prévenir plusieurs jours à l'avance, et les étudiantes étaient même autorisées à recevoir des jeunes gens au salon — dans la plupart des autres familles, ils ne franchissaient jamais la porte d'entrée[41].

La vie des jeunes filles de Smith était pourtant très différente de celle que menaient les étudiants du *GI bill*, les fils à papa et même les boursiers Fulbright qui battaient le pavé parisien à la même époque. Des années plus tard, Jacqueline Bouvier devait évoquer sa rencontre à Paris avec George Plimpton, un écrivain expatrié qui lui avait fait découvrir les boîtes de nuit enfumées de la capitale : on était bien loin, avait-elle songé, du salon glacial et des châles superposés de l'avenue Mozart[42].

Si l'on veut se faire une idée du comportement des jeunes Américaines à Paris, il convient aussi de les comparer aux jeunes Françaises de l'époque, ces filles de dix-neuf ou vingt ans qui avaient passé leur adolescence sous l'Occupation. Cette comparaison, elles ne se privaient pas de l'établir elles-mêmes. Dans la littérature existentielle de l'immédiat après-guerre, les jeunes Françaises ayant enduré la guerre et le deuil font des personnages impulsifs, portés par l'ardeur de leur désir. Dans *Les Mandarins*, roman à clefs de Simone de Beauvoir, la jeune Nadine pleure son amant juif mort à la guerre mais passe la nuit avec un ami de ses parents, le séduisant Henri (inspiré d'Albert Camus), après l'avoir fait boire ; le lendemain matin, pour dissiper tout malentendu, elle lui déclare qu'elle n'a couché avec lui que pour briser la glace. Une célèbre photographie de Georges Dudognon montre Juliette Gréco dans les années 1950 : frange basse et chevelure défaite, la muse des caves de Saint-Germain extirpe un bras de ses draps froissés pour changer un disque sur le pick-up. La minuscule chambre qu'elle occupait à l'hôtel La Louisiane incarne une certaine idée du bonheur : tasses et bouteilles vides, pochettes d'albums, photo de Miles Davis accrochée au mur. Mais ce n'était là qu'une image.

En réalité, la jeune Française moyenne était parfois tout aussi virginale et protégée que sa grande sœur de 1939. Ce qui avait radicalement changé depuis la guerre, c'est l'image publique de la femme. Pendant quatre ans, les Françaises s'étaient fort bien débrouillées sans leurs frères ni leurs maris, des millions d'hommes ayant passé plusieurs années dans des camps de prisonniers. Des femmes comme la comtesse de

Renty avaient risqué leur vie en s'engageant dans la Résistance ; avec la Libération, enfin, la France avait inauguré une ère nouvelle en accordant aux femmes le droit de voter, d'être élues et de prendre part à un jury de cour d'assises. Ces privilèges, tout récemment acquis en France, semblaient aller de soi pour les étudiantes de Smith.

Soumises à un couvre-feu et à l'obligation de sortir par groupes, celles-ci nous semblent au premier abord très proches des étudiantes partant pour l'étranger dans les années 1930. En réalité, leur indépendance était bien supérieure à celle des jeunes filles d'aujourd'hui, que leur téléphone portable maintient en contact permanent avec leurs parents. En 1949, des mois entiers pouvaient s'écouler sans qu'elles n'aient le moindre contact avec leur famille restée aux États-Unis, et le courrier mettait des semaines pour parvenir à destination. Quand l'une des étudiantes de la promotion 1949-1950 eut à subir une intervention chirurgicale, elle prit ses dispositions pour se faire opérer sur place, à Paris, sans même songer à consulter ses parents[43].

Il n'en reste pas moins que les jeunes Américaines étaient très encadrées, et que les plus délurées d'entre elles étaient priées de rentrer dans le rang. Bien des choses leur étaient interdites, et du reste elles savaient se tenir ; en effet elles n'étaient pas du genre à monter sur les tables du Tabou pour esquisser un strip-tease, comme ces jeunes femmes éméchées qu'on voit sur des photos de l'époque parues dans *France-Soir*[44]. Après tout, elles ne logeaient pas dans des hôtels borgnes. Leur vie était en train de changer, mais leur imagination et les spectacles de la capitale nourrissaient leur expérience tout autant que leurs actes.

Selon Danielle Haase-Dubosc, directrice de Reid Hall de 1975 à 2000, « si l'on veut comprendre quel bouleversement pouvait représenter leur année à l'étranger pour ces filles, il faut commencer par regarder les programmes de théâtre ». Dans une lettre à Benjamin Wright, alors président de Smith College, Jeanne Saleil fait part de sa satisfaction dans ce domaine : ses pensionnaires, écrit-elle, s'intéressent aussi bien aux spectacles contemporains qu'aux « bons vieux classiques » comme Molière, Corneille, Racine ou Marivaux[45].

Les anciennes de Smith College, qui se rappellent d'innombrables soirées au théâtre, conservent surtout le souvenir du fascinant Louis Jouvet : avec son nez aquilin, la raideur de son maintien et sa diction si particulière, il était décidément inoubliable. Elles évoquent son jeu dans l'*Ondine* de Giraudoux et sa mise en scène des *Fourberies de Scapin* avec Jean-Louis Barrault dans le rôle-titre. Une reprise d'*Ondine* fut en effet présentée à l'Athénée à l'automne de 1949, alors qu'elles venaient à peine d'arriver à Paris ; il est heureux que les décors de Christian Bérard aient été si splendides : pour le reste, elles n'entendirent pas grand-chose aux dialogues. Comme Mr et Mme Smith dans *La Cantatrice chauve* d'Eugène Ionesco — cet autre grand succès de la saison théâtrale de 1950 raillait « l'anglais sans peine » de la méthode Assimil —, elles s'accrochaient encore aux sonorités rassurantes des phrases toutes faites, immergées pour la première fois dans une langue scolairement apprise. Pour ces jeunes Américaines, maîtriser le français tenait de la mission sacrée. Elles se seraient coupé la main plutôt que de parler anglais entre elles, fût-ce dire un seul mot[46]. Convaincues que ce crime linguistique leur vaudrait d'être aussitôt renvoyées aux États-Unis — où leurs parents ne seraient même pas remboursés —, elles avaient fait le vœu solennel de se parler toujours en français, aussi artificiel que fût parfois l'exercice.

Ce fut une année de rituels nouveaux. Outre ceux du théâtre et de la langue française, les rites religieux les accompagnaient en toile de fond. Paris, c'était aussi ces volées de cloches qu'on entendait partout et à toute heure, angélus du matin, angélus du soir, cloches annonçant un mariage ou un enterrement. L'athée le plus convaincu se laissait toucher par le miracle esthétique du gothique : Notre-Dame et la Sainte-Chapelle au cœur de l'île de la Cité, Saint-Denis au nord, Chartres à quelques heures de route. Loin de l'austère

simplicité des petites églises de Nouvelle-Angleterre, les cathé-
drales offraient un étincelant spectacle de vitraux colorés,
d'arcs-boutants, de chapelles emboîtées. Les innombrables
biographies consacrées à Jacqueline Bouvier évoquent à peine
son éducation religieuse, et l'on ignore si elle se rendit régulliè-
rement à la messe durant son séjour parisien. En tout état de
cause, elle se retrouvait dans un pays où le catholicisme était la
norme et où ses lieux de culte étaient des œuvres d'art : à cet
égard, la donne avait changé pour cette jeune catholique américaine, habituée à faire partie d'une minorité religieuse.

Le Faubourg

Une photographie de mars 1950 montre Jacqueline Bouvier
posant avec un groupe d'amis parisiens, tous jeunes gens bien
nés du faubourg Saint-Germain[47]. Dans le Paris de l'après-
guerre, les classes sociales étaient encore strictement définies :
ces jeunes gens, par exemple, occupaient une position légèrement supérieure à celle des Renty dans le système subtil et
complexe régissant l'aristocratie française. Claude de Renty, la
« sœur » française de Jacqueline, n'était pas de leurs fêtes.
Tous portaient des noms à tiroirs, et leur famille possédait
encore bien souvent les terres jadis attachées à leur seigneurie.
Il y avait là Louis de Gontaut-Brion et sa future épouse Chita,
historienne de l'art ; Sabine de Noailles, membre de l'une des
plus illustres familles françaises et future épouse de Nicolas
Wyrouboff, compagnon de la Libération qui allait bientôt travailler dans une organisation de secours aux réfugiés ; l'un des
frères Firmin-Didot, rejeton d'une dynastie d'imprimeurs ; et
l'aînée des Béghin, héritière des célèbres sucreries. On est
surpris par leur fraîcheur et par leur naturel — les femmes
portent les cheveux courts et, dans leur robe de soirée en soie
et en dentelle, toutes sont séduisantes sans être sophistiquées.
Malgré leur smoking, les jeunes gens ne semblent pas en âge

Jacqueline Bouvier lors d'un bal chez Ledoyen (mars 1950).
Au fond, de gauche à droite : Sonia Matossian, Roselyne Béghin,
Henri de Clermont Tonnerre, Jacques Firmin-Didot, Serge Tessier
et Jean-Pierre Matossian. *Au milieu, de gauche à droite* : Paul de Ganay,
Jean de Méré et Louis de Gontaut-Biron. *Au premier rang, de gauche à droite* :
Sabine de Noailles, Florence de Selve, Hélène de la Motte
et Jacqueline Bouvier. *Au pied des marches* : François de Riocour.

de porter une tenue de soirée. Jacqueline se tient un peu à l'écart, en bas à droite sur la photo, au premier rang du groupe qui prend la pose sur les marches d'un escalier. Seules deux des jeunes filles portent une robe noire, et la sienne frappe par sa simplicité — le bustier de satin noir souligne la ligne parfaite des épaules et du cou paré d'un collier de perles. Des jeunes hommes ont les yeux fermés, d'autres un large sourire, comme s'ils étaient en train d'écouter une bonne blague. Certains semblent un peu raides, et quelques-uns fixent le photographe avec insistance comme pour conjurer leur gêne. Jacqueline, elle, pose sur l'objectif un regard tranquille. Sur la gauche, la seule autre fille en robe noire l'observe avec une admiration non dissimulée. C'est Sabine de Noailles. Mais Jacqueline, qui ne la regarde pas, donne l'impression d'être ailleurs : elle partage une soirée avec ces jeunes gens, mais elle n'est pas l'une d'entre eux. Elle se sent peut-être étrangère à leur conversation, tout simplement, ou exclue de la communauté d'ancêtres et de liens sociaux qui les relie tous en un pacte immémorial. Mais ce n'est pas de l'arrogance qu'on lit sur son visage : c'est une sorte de détachement, une distance indéfinissable.

Elle dégage une beauté saisissante. Même si cette jeune fille n'était pas devenue Jacqueline Kennedy, on continuerait de ne voir qu'elle sur ce cliché. À dix-neuf ans, elle possédait ce talent qui sert la photogénie tout autant que la beauté physique : elle savait s'abandonner à l'objectif. À l'évidence, elle avait l'habitude de poser — elle avait pu s'y exercer, à Newport, au bal des débutantes. Si elle avait imaginé alors combien de séances de pose, combien de photographes l'attendaient ! La malédiction des paparazzi — qui ne portaient pas encore ce nom — vivait ses premières heures[48]. Cette année-là, des photographes avaient fait scandale en s'introduisant dans la chambre d'hôpital où agonisait l'acteur Charles Dullin. Par ce type d'intrusion, selon François Mauriac, on ne faisait que voler son âme au mourant. Où donc était le mal ? lui répondait Roger Grenier au nom de jeunes existentialistes qui, en l'absence de Dieu, concevaient que l'on veuille saisir des images de la vie comme de la mort[49].

Il est impossible de regarder Jacqueline Bouvier en 1950 sans songer à sa célébrité future. N'évitant aucun lieu commun sur la vie en France, la plupart de ses biographes font de son année à Paris une belle histoire d'amour, voire une période de sexualité débridée. De la plus vraisemblable à la plus farfelue, en passant par quelques variations scabreuses, la plupart des histoires sentimentales qu'on lui prête se fondent toujours sur une source réelle, dûment citée en bas de page, puis s'enrichissent de détails inventés. On apprend ainsi que l'écrivain Ormonde de Kay l'aurait courtisée. Que Jacqueline aurait perdu sa virginité dans un ascenseur avec un homme dont Gore Vidal ne livre pas le nom — mais qui, selon un autre biographe, plus bavard, serait John Marquand, journaliste et cofondateur de la *Paris Review*. (Marquand épousa plus tard Susan Coward, qui avait partagé avec Jacqueline l'appartement des Renty[50]. S'il y a là une plaisante coïncidence, aucun biographe n'en a encore tiré profit.) Qu'elle serait tombée amoureuse d'un mystérieux fonctionnaire, jeune conseiller du Premier ministre, qui l'aurait emmenée faire une promenade à cheval au bois de Boulogne. Qu'elle se serait éprise d'un aristocrate. Qu'elle aurait eu une liaison avec le fils d'un diplomate français. Enfin, selon une autre version de sa vie en France, elle aurait régulièrement fréquenté un club de jazz à Montparnasse, L'Éléphant blanc.

Jacqueline elle-même nous fournit un indice, sinon de sa vie amoureuse, du moins de ses dispositions sentimentales, dans un précieux document de cette époque : la traduction intégrale de *How Little We Know*, l'air que chante Lauren Bacall dans son tout premier film, *Le Port de l'angoisse*[51]. Jacqueline a confié cette traduction à Claude de Renty ; rangée dans une boîte de photographies et de lettres, elle est depuis conservée avec soin. La chanson qu'elle choisit en dit moins sur une éventuelle aventure amoureuse que sur la fascination qu'exerçait Bacall sur cette jeune Américaine, sans parler de sa fascination pour sa nouvelle langue et son désir de la maîtriser :

Who knows why an April breeze	Qui sait pourquoi une brise d'avril
Never remains	Reste jamais
Why stars in the trees	Pourquoi les étoiles dans les arbres
Hide when it rains	Se cachent quand il pleut
Love comes along — casting a spell	L'amour vient — jetant un sort
Will it sing you a song	Est-ce qu'il vous chantera une chanson
Will it say farewell	Est-ce qu'il vous dira adieu
Who can tell	Qui peut le dire (Qui sait ?)

La *breeze* se mue tout naturellement en une « brise » empruntée au lexique traditionnel de la poésie lyrique, tout comme l'expression « jeter un sort ». L'original et sa traduction figurent en regard, sur une feuille de papier blanc, chaque vers traçant une parfaite ligne droite — comme les écoliers français apprenaient à le faire avec une règle et un crayon. Que nous dit cette romance de Johnny Mercer ? Que l'amour est inconstant et incertain, mais doux comme une brise. Quant à la vérité des faits, Claude, qui voyait Jacqueline tous les jours, rejette les allégations mentionnées plus haut avec un haussement d'épaules : Jacqueline n'a pas connu de passion amoureuse durant son séjour parisien. Elle m'a conseillé de rencontrer Paul de Ganay, qui avait souvent escorté la jeune fille lors de ses sorties dans la capitale. On le voit sourire sur la fameuse photo, son beau visage ovale piqué de taches de rousseur : « L'un des meilleurs Ganay », selon Claude.

On trouve près d'une trentaine de Ganay dans le *Bottin mondain* de l'époque, qui mérite que l'on s'y arrête un instant car ses abréviations et ses symboles, répertoriés dans les premières pages, signalent les qualités valorisées dans la France de l'immédiat après-guerre, celles qui tenaient lieu alors de carte de visite : médaille de la Résistance ; affiliation à l'amicale des prisonniers de guerre évadés, au Jockey Club (le plus sélect), au Racing, à l'Automobile Club ; abréviations de titres nobiliaires, depuis Son Altesse Impériale jusqu'à prince, duchesse ou marquis ; ainsi que diverses affiliations à des cercles qui seraient bientôt obsolètes, comme le Yacht Club d'Algérie ou le Cercle métropolitain de l'Empire français. Une petite maison symbolise un château à la campagne ; « h. p. », un hôtel particulier à Paris. La notice consacrée aux Ganay cite la mère de Paul, Rosita Bemberg, native d'Argentine ; son arrière-grand-mère du côté paternel, Emily, appartient à une grande famille américaine, les Ridgway.

Proust eût apprécié un tel lignage, fasciné qu'il était par le lent déclin de l'aristocratie à l'époque de la Première Guerre mondiale, son œuvre décrit les efforts de la noblesse pour maintenir son mode de vie au moyen de mariages stratégiques avec des Juifs, des Américains, des Sud-Américains dont l'apport financier permettait de réparer le toit des châteaux et de remplir les caisses, mais qui au fond dévaluaient cela même qu'ils étaient censés préserver. Les Ganay faisaient exception : leur prestige semblait intouchable. En sortant de chez eux, que ce fût à Paris ou à la campagne, on pouvait se plonger dans Saint-Simon sans éprouver la moindre solution de continuité entre le XVIIIe et le XXe siècle.

L'après-guerre marque le début d'une tradition associant étudiantes américaines et aristocrates français, fût-ce seulement parce que ceux-ci souhaitaient louer des chambres à celles-là — sans parler de la curiosité mutuelle que suscite toujours la rencontre de l'Ancien Monde avec le Nouveau. À Jacqueline Bouvier, les heures passées auprès des Ganay offraient un véritable cours d'histoire des arts décoratifs et une leçon de savoir-vivre ; réaliser ainsi les fantasmes de son grand-père devait l'enchanter. Et l'amuser, car certaines des qualités de Paul de Ganay ne correspondaient guère à ce qu'eût attendu le major Bouvier d'un homme de sa condition. C'était un jeune homme d'une extrême simplicité et dépourvu de toute prétention. Pour Jacqueline, qui ne se liait pas au premier venu, il était sans doute le plus abordable des Parisiens.

Jusqu'à sa mort en 2009, Paul de Ganay a résidé dans l'hôtel de la rue Saint-Dominique où il avait passé son enfance, dans le VIIᵉ arrondissement, au beau milieu du « faubourg Saint-Germain », cœur de l'aristocratie française. C'est là qu'il m'a reçue en 2007. Ce célibataire grisonnant, à la silhouette élancée et distinguée, s'est révélé un homme disponible et très affable. Pendant deux heures, manifestant toujours une exquise courtoisie et une prévenance qu'on ne rencontre plus guère, parlant avec l'accent si caractéristique de sa classe — « r » gutturaux et syllabes tout en longueur —, il s'est montré aussi discret qu'affectueux dans le portrait qu'il brossait pour moi de ses années d'après-guerre, de ses fréquentations, de ceux qui étaient encore ses amis. Le plan Marshall venait d'être mis en place, me dit-il, et 35 pour cent des Français étaient communistes. (L'estimation officielle se situe plutôt aux alentours de 27 pour cent, mais enfin il ne minorait pas l'importance des communistes dans la France d'après-guerre.) Ses fréquentations ? Un mélange de grands bourgeois, d'industriels et d'aristocrates modernes, la première génération de nobles à avoir suivi des cours à l'Université. Leurs parents étaient membres du Jockey Club, ou du Country Club de Saint-Cloud. Leur ascendance remontait aux rois de France — comme celle, fabriquée de toutes pièces, dont se flattait le major Bouvier Vernou. Quand j'ai évoqué ma visite chez Ganay devant Claude de Renty (aujourd'hui Claude du Granrut), sans omettre de décrire les œuvres d'art et les antiquités que j'aurais aimé identifier, le léger désordre dans la disposition des meubles, les murs couverts de tableaux, elle m'a rappelé avec douceur que les Ganay avaient jadis servi comme officiers du roi : les murs de leurs châteaux croulaient sous les reliques.

Les plus nobles rejetons de la famille Ganay n'ont jamais connu la décadence. Pleins d'énergie, ils sont aujourd'hui très actifs dans la haute finance et partagent leur temps entre les diverses sociétés qu'ils possèdent en France et en Argentine. Jacqueline Bouvier avait rencontré Jacques Bemberg, l'un des cousins de Paul du côté maternel et argentin de la famille, en 1948 ; courtier à Wall Street, il était alors en visite à Newport chez les Whitehouse, des amis des Auchincloss. Les grandes propriétés de Newport (Eastbourne pour les Whitehouse, Hammersmith Farm pour les Auchincloss) offraient en Amérique l'environnement le moins dépaysant possible pour des gens comme les Ganay ou les Bemberg. Jacques Bemberg recommanda Jacqueline à son cousin Paul, qui habitait Paris, et cette rencontre s'avéra déterminante pour le séjour en France de la jeune Américaine. Paul était alors en année de propédeutique à la Sorbonne[52]. Après les cours, tous deux se retrouvaient au Balzar, rue des Écoles, à deux pas de l'amphithéâtre ; en ces temps de pénurie, on y servait une cuisine très acceptable.

La description que fait Paul de Ganay du physique de Jacqueline Bouvier surprend par sa précision presque anatomique : il se rappelle une voix pénétrante et des yeux écartés, comme « plantés » sur son visage[53]. Le week-end, les Ganay la recevaient à Courances pour des parties de chasse. Non sans nostalgie, Paul précise que « Jackie adorait la chasse à courre ». Quand Mlle Saleil demanda à ses étudiantes si elles avaient commis en France quelque bévue gênante, Jackie leur raconta une anecdote équestre ; évoquant un cheval qu'elle venait de monter à cru, elle avait déclaré à ses hôtes distingués : « Je l'ai monté à poil ! » Le château de Courances, où fut commise cette mémorable faute de français, avait été réquisitionné à la Libération par le maréchal Montgomery, et n'avait alors retrouvé ses fonctions mondaines que peu auparavant[54].

Le comte de Ganay évoqua ensuite le milieu social dans lequel évoluaient ses amis à Paris. Il se rappelait avoir endossé son smoking jusqu'à cinq fois par semaine pour se rendre à des *parties* (il prononçait ce mot avec un irréprochable accent anglais, acquis bien avant l'âge de raison auprès de sa nounou anglaise) où tous les invités avaient entre dix-huit et vingt-cinq ans, dansaient sur des airs de Claude Luter et buvaient du mousseux. Même les riches étaient pauvres après la guerre, précisa-t-il avec un rien de fierté.

Nous avons parcouru ensemble ses souvenirs de Jacqueline Bouvier, depuis l'année 1949 jusqu'au dîner à Versailles en compagnie de la première dame, en 1961. Le moment était venu de prendre congé. Remontant le couloir de son hôtel particulier, j'ai levé les yeux vers une peinture à l'huile accrochée en haut de l'escalier : c'était Courances, avec sa somptueuse façade de pierre et de brique rouge. Sur ma gauche, au-dessus de la rampe en marbre, étaient accrochés divers trophées de chasse : un cerf tiré sur la propriété familiale en Argentine, un ours abattu en Alaska par le frère de Claude, plusieurs défenses d'éléphants. « Nous sommes des chasseurs, dans la famille », commenta mon hôte en les regardant à son tour. Nous avons échangé quelques mots sur ce quartier qu'il habitait depuis sa naissance, en 1929. « La continuité a du bon », a-t-il conclu avant de chanter les louanges du Faubourg et d'en énumérer les avantages. À la mort de sa mère, l'hôtel familial avait été divisé et partagé entre ses frères et sœurs et lui. Il avait choisi l'étage aux plafonds les plus hauts.

Les amphis

Durant son année à Paris, Jacqueline Bouvier évolua dans plusieurs mondes différents, qu'elle parvint toujours à cloisonner — elle devait conserver ce talent tout au long de son existence compliquée. Il y avait, bien sûr, la vie de tous les jours avec la comtesse de Renty et sa fille Claude, dans la

partie la moins huppée du XVIe arrondissement; les fêtes
avec Ganay et sa petite bande, dans le VIIe; les séminaires et
les sorties dans le cadre de Reid Hall; enfin les cours à la
Sorbonne, à l'École du Louvre et à l'Institut d'études politiques. Il y avait aussi les boîtes de nuit, où elle retrouvait des
écrivains de l'élite intellectuelle américaine venus se débau-
cher à Paris, comme Ormonde de Kay et John Marquand,
mais l'importance de cette vie-là est difficile à évaluer. Un
biographe fait de la jeune Jacqueline Bouvier une habituée
du fameux salon bleu de la brillante et libertine Louise de
Vilmorin, au château de Verrières-le-Buisson; selon Claude
de Renty, toutefois, elle ne s'y rendit guère qu'une fois ou
deux. Lors de la saison de 1949, cette hôtesse légendaire
n'était plus la maîtresse de Duff Cooper, l'ambassadeur de
Grande-Bretagne, et pas encore celle d'André Malraux.
Jessica Hunt, la fille de Louise et d'un Texan qui avait été
son premier mari, était une camarade de Jackie à Vassar College.

Dans une lettre à son demi-frère Yusha Auchincloss — l'une
des rares de 1949-1950 qui soit publiée —, Jacqueline décrit sa
vie à Paris avec le même enthousiasme qu'elle manifestait à
l'automne dans sa lettre de Grenoble, alors que le soleil avait
depuis longtemps disparu sous la mélancolique grisaille parisienne :

> En réalité, je mène une double vie — certains jours, je
> m'envole d'ici [l'appartement des Renty] vers la Sorbonne et
> jusqu'à Reid Hall, dans un monde charmant, paisible et plu-
> vieux — et d'autres fois, pareille à la servante prenant son jour
> de congé, j'enfile un manteau de fourrure et je vais parader au
> Ritz, au cœur de Paris. De ces deux vies, c'est la première qui a
> ma préférence. Je veux parler un français impeccable, c'est
> devenu une obsession. Dans cet appartement, nous n'échan-
> geons jamais un seul mot en anglais, et je ne vois pas beaucoup
> d'Américains[55].

Carte d'étudiante
de Jacqueline Bouvier
(1949-1950).

En immersion totale dans son pays d'accueil, elle s'astreignait à une parfaite discipline et, malgré le tourbillon des fêtes et des parties de chasse, elle appréciait la même chose que ses camarades de séjour : non pas l'ivresse des mondanités, mais un plaisir proprement intellectuel. Dans un texte rédigé durant sa dernière année d'Université, dans le cadre d'un concours dont les lauréates seraient envoyées à Paris, Jacqueline décrit avec nostalgie ce qu'elle avait retiré de sa troisième année à l'étranger : « J'ai appris à ne plus avoir honte de cette soif de savoir que je dissimulais depuis si longtemps[56]. » Les sollicitations mondaines ne manquaient pas en Amérique, mais où trouver l'excitation intellectuelle découverte à Paris ? Là-bas, sous l'impulsion de Jeanne Saleil, les étudiantes avaient suivi les cours des plus grands penseurs de l'après-guerre, assisté à des spectacles stimulants, visité de grandes expositions, bénéficié de conférences privées à Reid Hall.

Jeanne Saleil avec des étudiantes du programme à l'étranger
de Smith College dans la grande salle de Reid Hall (1950).

Jeanne Saleil, dans la grande tradition des directrices
d'études à l'étranger, accumulait les qualités de mère, de
directrice de conscience, de chaperon, de professeur et de
guide particulier. Martha Rusk se rappelle une petite femme
au dos voûté, aux cheveux poivre et sel, portant des tailleurs
sur mesure et respirant l'élégance et la joie de vivre. Née en
France, presque quinquagénaire, elle se remettait d'une crise
d'asthme aiguë qui avait manqué l'emporter ; elle n'en était
que plus déterminée à voir ses étudiantes profiter de la vie sous
tous ses aspects : elle leur fit certes rencontrer des professeurs
en Sorbonne, mais aussi des artistes sans le sou, des tisserands,
des potiers et autres artisans. À côté de son travail universitaire,
Mlle Saleil menait une carrière d'écrivain ; en 1949, elle publia

à New York un livre de souvenirs d'enfance, plaisante chronique d'un village excentrique des Cévennes[57]. Invitée au bal des Beaux-Arts, elle se présenta costumée en gracieuse bergère : cette Française à l'allure si digne était pleine de ressources[58].

Comme elle le précise dans le rapport qu'elle adressa cette année-là au président de Smith College, son travail à Paris ne lui avait pas laissé une minute pour l'écriture. De leur côté, les étudiantes voyaient dans Mlle Saleil un modèle de liberté intellectuelle et individuelle. Soucieuse de « leur faire profiter le plus possible de tout ce que Paris avait à leur offrir », elle leur procura cette éducation dont Jacqueline avait tant apprécié la continuité — en classe, à la maison ou dans la rue, toutes les occasions étaient bonnes pour s'instruire[59]. Cet enthousiasme rétrospectif semble tempéré par la directrice des études, qui confia un jour à Martha Rusk : « Avec son esprit brillant, Jacqueline pourrait devenir une universitaire de premier plan ; mais la vie intellectuelle ne semble pas la passionner. Son cœur est ailleurs[60]. » Elle espérait peut-être que Martha ferait passer le message à sa camarade. Quoi qu'il en soit, comme bien des étudiantes américaines en France, Jacqueline en apprenait sans doute plus qu'il n'y paraissait ; mais Mlle Saleil, qui se démenait pour élargir l'horizon de ces jeunes filles, avait du mal à évaluer les progrès de l'énigmatique étudiante de Vassar. Son rapport au président donne un aperçu des activités de Reid Hall :

> Nous organisons chaque semaine un débat d'une heure que l'on pourrait appeler « la semaine à Paris ». Quand le sujet m'est peu familier, j'invite des conférenciers dynamiques à venir parler de la grève en France, de nos imbroglios politiques, des nouvelles tendances en architecture, etc. Et, comme la dimension masculine n'est pas moins prégnante à Paris qu'à Smith College, j'ai pris sur moi d'inviter des polytechniciens à un bal donné à Reid Hall. Avec leur épée, leur cape et leur bicorne, sans parler de leurs gants blancs, ils donnent toute satisfaction[61].

Cette année-là, la « dimension masculine » prit notamment les traits d'un jeune homme élancé qui venait d'achever ses études à l'École polytechnique, Valéry Giscard d'Estaing. Il fréquentait alors de jeunes Américaines du groupe de Smith, et l'on se plaît à imaginer que Jacqueline Bouvier, future première dame des États-Unis, dansa ce soir-là une valse à Reid Hall avec le futur président de la République française. L'avenir réservait à chacun d'eux bien d'autres valses et d'innombrables soirées de gala. Aux yeux des étudiantes de Smith, ce bal en compagnie d'élèves-officiers en grand uniforme avait un aspect théâtral qu'on eût cherché en vain à Harvard, à Yale et même à West Point. Pour certaines, il fut le prélude d'un dîner en tête à tête.

Dans les séminaires de Reid Hall, on discutait avec animation de toutes sortes de sujets : l'existentialisme, dont l'emprise se faisait sentir sur la vie intellectuelle, l'escalade de la guerre en Indochine, le Parti communiste français. Avec les beaux jours, on s'offrait une pause dans les fauteuils en rotin de la cour tapissée de gravier ; parfois on remontait la rue pour aller boire un café au Select — là même où se retrouvaient, près de trente ans plus tôt, ces Américains qui avaient fait de Montparnasse la capitale du jazz : Hemingway, Djuna Barnes et Scott Fitzgerald. En 1949, les jeunes femmes lisaient Sartre et Camus, mais pas encore Beauvoir, qui leur eût été plus directement utile, pourtant, mais que leurs mâles professeurs dédaignaient sans doute (« À présent, je sais tout du vagin de votre patronne », avait écrit François Mauriac aux employés des *Temps modernes* après la publication du *Deuxième Sexe*, manifestant là une misogynie tristement ordinaire[62]). Parmi les intervenants de Reid Hall, on vit un jour débarquer Gary Davis, un Américain qui avait suscité de vifs débats dans la presse et dans les milieux intellectuels. Encensé par Camus, dénigré par Sartre, cet ancien pilote de la Seconde Guerre mondiale avait renoncé à sa nationalité américaine, établissant pour lui-même le premier passeport de « citoyen du monde ». Mlle Saleil connaissait évidemment tout le monde[63].

Le dossier scolaire de Jacqueline Bouvier fournit la liste de ses cours, presque exclusivement choisis en littérature et en histoire de l'art. Pour la littérature française du XIXᵉ siècle, elle suivait un séminaire à effectif réduit qu'animait à Reid Hall un spécialiste de Maupassant, Henri Kerst, par ailleurs professeur au lycée Henri-IV, où il préparait l'élite lycéenne aux concours des grandes écoles. Elle avait pour professeur d'esthétique le psychanalyste Didier Anzieu, théoricien du processus créatif, dont une étudiante de Smith n'a jamais oublié le sujet qu'il avait donné aux examens de fin d'année : « A-t-on le droit de se suicider[64] ? » Un cours sur l'art du XXᵉ siècle était dispensé à Reid Hall même par Max-Pol Fouchet ; fondateur et animateur de la revue *Fontaine* pendant la guerre, à Alger, celui-ci se disait l'intime de Camus, vantait son rôle d'éditeur dans la Résistance et se flattait de fréquenter tous les écrivains et intellectuels de renom[65]. Les étudiantes l'adoraient[66]. Maurice Sérullaz, l'un des plus éminents conservateurs de l'aprèsguerre, spécialiste mondial de l'impressionnisme, était chargé d'accompagner les jeunes filles dans les musées pour leur faire découvrir les œuvres d'art de plus près. Chacune fut invitée à désigner le tableau qu'elle eût aimé emporter avec elle : Jacqueline et Martha choisirent la même toile de Corot[67].

Jacqueline ne s'aventura hors de l'art et de la littérature que pour suivre un cours de sciences politiques — un domaine qui allait se révéler d'une importance capitale dans sa vie — dispensé à l'Institut d'études politiques, Sciences Po, où venait se former la future élite de la nation[68].

Elle opta pour un cours de Pierre Renouvin, « Les relations internationales depuis 1870 » : eût-elle deviné ce que l'avenir lui réservait qu'elle n'aurait pu faire de choix plus pertinent. Il faut imaginer ce pilier de l'Institut, pédagogue chevronné et conférencier enflammé, se présentant devant ses étudiants avec un seul bras — il avait perdu l'autre au Chemin des Dames. D'abord spécialiste de la Grande Guerre, il avait subi l'influence de l'École des annales et, devenu théoricien du conflit politique, favorisait l'analyse des « forces profondes » (démographie, géographie, climats, cultures) associée à l'histoire diplomatique récente. Les étudiantes de Smith ayant opté pour un « certificat » à Sciences Po suivaient aussi les cours de l'historien et géographe André Siegfried, du politologue Raymond Aron ou de l'historien Jean-Jacques Chevallier, dont les enseignements cette année-là portaient sur la monarchie, les utopies socialistes et le racisme.

À la Sorbonne même, assister à un cours dans le Grand Amphi était une expérience en soi. Avec ses gradins et ses tribunes sur deux étages, cet amphithéâtre pouvait accueillir un millier d'auditeurs. Le professeur y occupait une haute estrade décorée de statues et d'une immense fresque. Ce temple du savoir avait quelque chose de grandiose, mais aussi d'un peu ridicule : le professeur entrait en scène, annoncé par le traditionnel appariteur de la Sorbonne, sorte d'huissier en costume noir, dont le rôle se bornait à essuyer le tableau. Installé dans son fauteuil, le professeur lisait alors son cours à haute voix sans guère s'écarter de son texte[69]. S'ils avaient manqué le cours, ou s'ils ne pouvaient supporter cette monotone récitation d'une heure, les étudiants pouvaient toujours acheter les polycopiés vendus place de la Sorbonne ; il ne leur restait plus alors qu'à apprendre par cœur, à la virgule près, le texte dont ils devraient rendre compte à l'examen. Pour les étudiants étrangers, les polycopiés étaient une bénédiction : sans eux, ils auraient eu bien du mal à respecter l'orthographe de certains mots, surtout les noms propres. (Sans parler des mots étrangers prononcés à la française : avec l'accent d'un professeur de la Sorbonne, des noms tels que Eisenhower ou Manhattan devenaient incompréhensibles aux oreilles américaines) Moins gratifiants que les séminaires intimistes auxquels les avaient habituées Smith et Reid Hall, les cours magistraux permettaient aux jeunes Américaines de vivre un aspect de l'éducation aussi ritualisé que la messe. Tour à tour profondément ennuyeux, hautement divertissants et complètement biscornus, les cours de la Sorbonne furent en tout cas pour elles une expérience inoubliable.

Après les cours, on les voyait descendre le Boul' Mich' bras
dessus, bras dessous, parlant entre elles un français de moins
en moins « contraint », qui avec le temps finit par leur sembler
presque naturel. Avant la fin de l'année, les enfants de leurs
familles d'accueil étaient devenus des frères ou des sœurs
d'adoption. Mary Ann Hoberman se rappelle l'intense joie
procurée par ses premiers rêves en français : « Je savais que
c'était un moment charnière, que j'avais enfin absorbé la
langue[70]. » Jacqueline Bouvier, qui s'exprimait à son arrivée
dans un français tout aussi hésitant que celui de ses camarades,
le parlait et l'écrivait maintenant avec une assurance croissante ; en témoigne sa traduction de la romance chantée par
Lauren Bacall[71].

En parcourant les rapports officiels adressés aux présidents
d'Université, en glanant des renseignements lors de mes
entretiens avec d'anciennes étudiantes, je peine à imaginer ce
que leurs professeurs français pensaient de ces jeunes Américaines. La journaliste Henriette Nizan donne un précieux
aperçu du point de vue français ; son article est sans doute le
plus pénétrant que j'aie pu trouver sur le sujet, sans doute
parce qu'elle-même connaissait fort bien les États-Unis. Son
mari, l'écrivain Paul Nizan, était mort en 1940 vers la fin de la
« drôle de guerre »[72]. D'ascendance juive, Henriette s'était exi-
lée avec ses deux enfants aux États-Unis. Pour subvenir aux
besoins de sa famille, elle avait dirigé la Maison française de
Douglass College, à l'université Rutgers, et enseigné la littérature française. Plus tard, elle avait travaillé au doublage de
films à Hollywood[73]. Si Beauvoir avait passé en Amérique
quatre mois très intenses, Henriette Nizan y demeura quatre
ans. Elle connaissait bien la vie universitaire, l'internat des
filles, les départements de français où elles suivaient leurs
cours, leurs habitudes alimentaires et vestimentaires avant le
voyage à Paris, l'humour particulier et l'argot des campus. En
1950, alors qu'elle était rentrée en France plusieurs années
auparavant, elle était journaliste et traductrice. C'est ainsi
qu'elle fut amenée à écrire pour le tout récent bulletin d'infor-

mation consacré aux relations franco-américaines ; loin de
bâcler ce travail, elle rédigea un article plein de finesse qui
rend compte des divers sous-groupes de jeunes Américains en
France : les anciens conscrits du *GI bill*, les bons élèves de la
bourse Fulbright, les filles surprotégées de Reid Hall[74].

On eût dit, note Nizan, que toutes ces jeunes Américaines
aspiraient à devenir françaises. Au café, plus royalistes que le
roi, elles commandaient un Picon-citron et non du Coca-Cola.
Quant aux jeunes Américains, soucieux de ressembler aux
peintres du Montmartre d'autrefois, ils avaient remis au goût
du jour la moustache gauloise « que personne ne portait plus
depuis 1918 ». De même, « ce sont les jeunes filles américaines
qui ont imposé aux jeunes filles françaises la mode des

Jacqueline Bouvier
durant une excursion
estivale dans le sud
de la France (1950).

sandales lacées et des cheveux plats, oubliée depuis le Montparnasse des années 1900. Et ce sont elles aussi que l'on voit, le dimanche matin, au marché aux puces ».

« Sans les étudiants américains, conclut Henriette Nizan, peut-être bien que la "bohème" n'existerait plus chez une jeunesse parisienne que les années d'Occupation avaient rendue presque "réaliste". J'exagère, mais à peine.» Cette vision désenchantée qu'elle prête aux Parisiens épuisés par la guerre, on le devine, est sans doute aussi la sienne.

À l'été de 1950, Jacqueline Bouvier et Claude de Renty avaient noué de solides liens d'amitié. Étudiante à Sciences Po, Claude avait elle-même effectué un séjour universitaire à Mount Holyoke en 1948 et connaissait mieux les États-Unis

Jacqueline Bouvier (*au centre*) le jour de ses vingt et un ans à Borda Berri, dans le Pays basque, devant la Dyna Panhard (28 juillet 1950).
À gauche : Yusha Auchincloss. *À droite* : Solange Batsell.

que la plupart de ses jeunes compatriotes[75]. Les deux amies pouvaient ainsi parler alternativement l'anglais et le français, et échanger leurs observations sur la vie estudiantine dans les deux pays. Ni tout à fait sœurs ni simples colocataires, elles avaient trouvé à leur relation un statut intermédiaire. À la fin du mois de juin, alors que la presse annonçait une guerre en Corée, Jacqueline quitta Paris en compagnie de Rosaméc Sauvage de Brantes — rencontrée dans la petite coterie du faubourg Saint-Germain — pour rejoindre Alain et Charles de Luart dans la résidence d'été de leurs cousins, à Beauvallon, dans le golfe de Saint-Tropez. À l'époque, Saint-Tropez n'était qu'un petit village de pêcheurs encore inconnu des célébrités de la capitale. Puis Jacqueline prit le train pour Lyon, où Claude l'attendait dans la vieille Panhard

Claude de Renty lors d'un pique-nique sur les berges de la Loire (été 1950).

Jacqueline Bouvier lors d'un pique-nique sur les berges de la Loire (été 1950).

Dyna de sa sœur, et les deux jeunes femmes entamèrent un périple de trois semaines sur les routes. En ce temps-là, la circulation était fluide, les bouchons n'existaient pas, ni du reste les réservations à l'hôtel, d'autant plus inutiles en l'occurrence que Claude avait des cousins dans toutes les campagnes de France. Elles visitèrent le château d'Azay-le-Rideau, jouèrent les lavandières aux lavoirs de Salers, randonnèrent dans les gorges du Tarn — l'équivalent local du Grand Canyon —, où elles rendirent visite à une parente des Renty, Mme de la Romiguière, dans un antique hameau qui n'était accessible qu'en barque. Yusha, le demi-frère de Jackie, passait justement l'été avec des amis dans un château de Borda Berri, non loin de Biarritz ; Jackie et Claude passèrent une semaine en leur compagnie. Puis, les ayant déposés à la gare de Bordeaux, elles poursuivirent leur route. Sans emploi du temps, sans obligations, elles pouvaient bavarder avec tout un chacun, qu'il fût commerçant, agriculteur, châtelain ou cousin de la famille Renty. On était loin de la campagne américaine : la France rurale avait encore des lavoirs, des châteaux aux toits d'ardoise bleue plus ou moins délabrés, des villages figés dans le temps, des produits simples cultivés tout près du lieu où on les dégustait, et des vignobles partout. Claude se faisait un plaisir de montrer à Jacqueline les plus beaux endroits et les plus rares trésors de son pays.

Ce qui frappe surtout dans les échanges franco-américains de 1949-1950, c'est leur symétrie presque parfaite : impossible de déterminer lequel des deux pays en retirait le plus de profit. Dans la relation affectueuse unissant Jacqueline Bouvier à la comtesse de Renty et à sa fille, comme dans le discernement d'Henriette Nizan face aux jeunes Américaines découvrant Paris avec une joie sans mélange, il y avait quelque chose de plus que le plaisir : une sorte de thérapie. Ce n'est certes pas là le type de rétablissement qu'envisageaient les architectes du plan Marshall ; il ne s'agissait pas d'offrir au pays convalescent des biens ou des services, mais de montrer à une population à peine remise de la guerre que son mode de vie était toujours un modèle enviable. Pour Jacqueline Bouvier notamment, sur le plan esthétique et intellectuel, au regard des agréments et de la discipline, la France — non pas la France fantasmée de son grand-père, mais la France authentique qu'elle venait de découvrir — devint un modèle qui allait l'inspirer à chaque nouvelle étape de sa vie.

II

Jacqueline Bouvier

LE RETOUR

Prix de Paris

Le *Liberté* ramena Jacqueline aux États-Unis en septembre 1950, juste à temps pour la rentrée universitaire. À son bord se pressaient de nombreuses célébrités : Hubert Beuve-Méry, qui avait fondé *Le Monde* en 1945, partait assister à une conférence de la Société américaine des rédacteurs de presse ; Jacques Fath, le couturier qui avait conçu sous l'Occupation des jupes amples permettant aux femmes de rouler à bicyclette, était attendu sur la 7e Avenue ; Sadruddin Aga Khan, le jeune prince perse, quittait son internat en Suisse pour commencer ses études à Harvard, où, un peu plus tard, il financerait l'influente *Paris Review* de George Plimpton. Pour ces passagers de renom, l'Amérique était le cœur vibrant des libertés de l'après-guerre. Il est tentant d'imaginer Jacqueline valsant sur le parquet de la salle de bal dans les bras de Jacques Fath ou du jeune Aga Khan ; mais il eût fallu pour cela qu'elle se faufile jusqu'au pont réservé aux passagers de première classe : elle-même était en troisième classe avec quelques camarades de Smith qui, comme elle, avaient passé l'été à voyager en Europe. Leurs cabines n'étaient pas luxueuses, mais leur séjour à l'étranger les avait accoutumées à l'inconfort.

Jacqueline Bouvier ne retourna jamais à Vassar. Pour sa dernière année d'études, elle préféra s'inscrire au département

de français de l'université George-Washington. Le cursus de
français dans l'université américaine des années 1950 n'avait
pas grand-chose à voir avec son équivalent actuel ; par
exemple, l'un de ses cours du premier semestre était entièrement consacré à la littérature du premier XVIIᵉ siècle : non pas
les pièces éclatantes présentées à Versailles devant le Roi-
Soleil, aussi plaisantes à lire aujourd'hui qu'en leur temps,
mais la littérature ardue des années où la France se remettait
encore des guerres de Religion : *L'Astrée*, long roman pastoral
d'Honoré d'Urfé, des textes religieux humanistes, quelques
pièces de jeunesse de Corneille et les *Méditations* de Descartes[1].
En ces temps révolus, toutefois, on attendait des jeunes filles de
bonne famille autre chose qu'une sensibilité littéraire : en plus
de l'enseignement sur Urfé et Descartes, Jacqueline Bouvier
suivit cette année-là des cours de dactylographie et de décoration intérieure[2].

Durant l'hiver de sa dernière année, alors que la pression
sociale se faisait plus forte sur des étudiantes censées se
marier au plus vite, elle se trouva un fiancé en la personne de
John Husted. Ancien de Yale, ce courtier résidait à New York :
ce serait du moins l'occasion, pour Jacqueline, de rendre
visite à son père et de visiter ses musées favoris. Les fiançailles
firent long feu. Selon plusieurs biographes, Janet Auchincloss
s'empressa de décourager leur union quand elle apprit que le
jeune Husted ne gagnait à Wall Street que 17 000 dollars par
an. Mais son avis était peut-être superflu, car il est fort possible
que Jacqueline se soit tout simplement lassée de lui.

L'année 1951 fut pour Jacqueline Bouvier une période
d'incertitude. Qu'attendait-elle de l'avenir ? Comment se le
figurait-elle ? Elle n'était pas une héritière, son père étant
désormais sans fortune. Mais son éducation lui avait inculqué
un sentiment d'appartenance à la vieille oligarchie ; élevée sur
les propriétés splendides de sa famille à Newport et en Virginie,
elle avait connu les loisirs réservés aux classes fortunées. Inscrite dans les meilleures écoles du pays, elle s'était distinguée
comme « reine des débutantes » au sein de la haute société de

Newport. Il y avait de quoi éprouver une certaine confusion. Elle n'était ni une pauvre petite fille riche, ni une aristocrate ; pas davantage une Gigi ou une Eliza Doolittle, qui doivent se hisser dans la classe supérieure pour réussir leur vie. Si elle eut des rêves de grandeur, jamais elle ne les laissa la submerger : rien ne pouvait en garantir l'accomplissement.

Impatiente de trouver un travail, la jeune diplômée pria un ami de son père, Allen Dulles, de l'aider à soumettre sa candidature à un poste de premier échelon à la CIA. Il se peut qu'elle ait simplement évoqué ce désir au cours d'un cocktail à McLean, non loin de la propriété de son beau-père en Virginie ; quoi qu'il en soit, elle devait bientôt s'estimer indisponible pour d'autres offres professionnelles[3]. Elle aurait été en bonne compagnie à la CIA, qui recrutait sur les campus — notamment ceux des plus prestigieuses universités de la côte Est, constituant le réseau de l'Ivy League pour les garçons et des Seven Sisters pour les filles[4]. Martha Rusk se rappelle que l'offre de la CIA lui était apparue comme un privilège, ce poste lui permettant d'assouvir son sens du devoir comme sa soif d'aventure intellectuelle : « Nous avions toutes l'intention de trouver un travail, et la CIA était faite pour l'élite, pour les diplômés de l'Ivy League, pour les gens brillants. » Martha Rusk et Virginia Lyon furent recrutées directement à Northampton durant leur dernière année, pour un salaire annuel de 2 875 dollars[5]. Aussitôt affectées à la « cellule France », dans des bureaux temporaires situés à l'extrémité du miroir d'eau du Lincoln Memorial, à Washington, elles s'engagèrent à ne jamais révéler leur véritable activité. Durant son séjour à Grenoble, Virginia Lyon avait logé chez des Français dont le fils, un jeune officier, venait d'être rapatrié après la défaite de Diên Biên Phu ; elle ne pouvait deviner alors que, des années plus tard, les sujets qui avaient alimenté la conversation à la table du dîner recouperaient ses préoccupations professionnelles. Institutions et publications internationales financées par la CIA, guerre d'Algérie, guerre d'Indochine : les connaissances acquises en France en matière de politique et d'histoire s'avéraient utiles dans bien des domaines. Bill Donovan, le légendaire « Wild Bill » qui avait contribué à faire de l'OSS une agence de renseignement moderne après la guerre, croisa un jour Martha dans un couloir et lui confia, sur le ton du vieux professionnel faisant l'éducation de la jeune idéaliste de Smith College : « Voyez-vous, nous les Américains avons longtemps cru que l'espionnage était quelque chose d'immoral. Nous avions tort, et maintenant il faut rattraper les autres ! »

Combien d'autres étudiantes de Smith ayant séjourné à l'étranger furent-elles engagées par la CIA ? Les recruteurs de l'agence venaient à leur rencontre sur le campus, au printemps de leur dernière année d'études. Virginia Lyon estime que dix jeunes filles furent embauchées de cette manière ; certaines avaient effectué un séjour à Paris ou à Genève, d'autres n'étaient jamais parties pour l'étranger. (Trois d'entre elles au moins avaient fait le voyage à Paris l'année précédente — « une proportion remarquable », se souvient Martha Rusk.) Toutes se mirent au travail avec entrain, car elles pensaient que la France était à deux doigts d'embrasser le communisme.

On ignore où en était sa candidature à la CIA, mais Jacqueline Bouvier ne partit jamais rejoindre Martha et Virginia près du miroir d'eau de Washington. Elle caressait alors un projet professionnel qui correspondait bien davantage à ses passions. Plus excitant pour elle qu'un poste à la CIA, ce projet était aussi plus hasardeux : elle s'était inscrite au prix de Paris créé par le magazine *Vogue*[6]. Le processus de sélection en était très rigoureux : il fallait soumettre un essai personnel, une nouvelle littéraire et divers articles susceptibles d'être publiés. La lauréate serait invitée à travailler pendant six mois dans les bureaux parisiens de *Vogue*, puis six autres mois au siège du magazine à New York : c'était le début d'une carrière dans le journalisme et dans l'écriture, l'occasion de vivre à Paris avec un salaire, l'occasion aussi d'être en contact direct avec l'univers de la haute couture.

Sa candidature au prix de *Vogue* est une longue série de faux départs et de lettres d'excuses, comme si elle-même avait cherché à ruiner ses chances de succès. Ayant laissé passer la date limite pour les inscriptions, elle dut écrire une lettre en octobre pour demander une dérogation. Puis elle réclama un délai supplémentaire, précisant qu'elle apprenait tout juste à se servir d'une machine à écrire, la jeune femme qu'elle avait embauchée pour saisir son texte étant trop occupée par les fêtes automnales sur le campus. En avril, apprenant qu'elle faisait partie des finalistes, elle s'excusa par écrit de ne pouvoir se rendre, pour cause d'examens, au dîner organisé en leur honneur au Cosmopolitan Club. Elle fit le voyage pour honorer un déjeuner plus intime, le 30 avril, et reprit la plume le 7 mai pour s'excuser auprès de Mary Campbell, la responsable des prix, de sa piètre performance au déjeuner. (Mary Campbell, figure mythique du magazine, était connue pour la préférence qu'elle accordait aux jeunes filles catholiques et pour sa conception très aristocratique du travail des femmes. Elle aimait engager des diplômées des Seven Sisters qui sauraient se contenter d'un peu d'argent de poche, et son talent pour dénicher les recrues les plus prometteuses est resté légendaire dans le petit monde de la 7e Avenue : «À la manière dont elle noue son foulard, je peux vous dire si une fille est à sa place chez *Vogue*[7]. »)

Dans sa lettre du 7 mai, Jacqueline Bouvier lui ouvre son cœur. Elle se dit désolée de n'avoir pas répondu aux questions qu'on lui posait sur son avenir, et d'avoir dû quitter la table si tôt pour rendre visite à son père souffrant. Mais ce déjeuner avec les rédactrices de *Vogue*, écrit-elle, a profondément modifié sa perception du journalisme et lui a ouvert de nouvelles perspectives. D'un bout à l'autre, sa lettre à miss Campbell respire l'ardeur des nouveaux convertis :

> J'ai souvent caressé de vagues rêves d'écriture : enfermée dans mon bureau, je créais des livres pour enfants et des nouvelles pour le *New Yorker*... Mais j'ai renoncé à travailler pour

un magazine parce qu'il m'a toujours semblé que mes rares amies en poste dans ce secteur, où elles étaient entrées pleines de nobles idéaux, devaient se contenter ensuite de rédiger des articles de routine sans grand espoir d'avancement. Tel était mon état d'esprit au moment de notre rencontre. Mais en vous écoutant parler, vous-même, miss Phillips et miss Heal, j'ai été si impressionnée ! Voilà quatre jours que je suis rentrée chez moi et que je réfléchis à « ma carrière » ; mes vagues désirs de travail agréable et facile ont cédé la place à quelque chose de très précis. C'est avec plaisir que j'envisage cet objectif auquel je peux m'atteler dès à présent : dans dix ans, ou dans vingt ans si c'est là le délai nécessaire, j'aimerais être rédactrice en chef à Condé Nast — et cela pour deux raisons. Quand on a comme moi des aptitudes diverses, dont aucune n'est assez solide pour faire de vous un grand écrivain ou un grand peintre, et que l'on aime se tenir au courant des idées nouvelles, il me semble qu'un magazine constitue un lieu de travail idéal. De tous ceux que je connais, Condé Nast est celui qui correspond le mieux à mes intérêts personnels ; l'esprit de corps y est si prononcé que chacun semble passionné par ce qu'il fait, et je ne m'imagine pas être un jour découragée par ce travail.

Conclusion inattendue ; « Je ne suis pas disponible pour le premier prix. » Tant de politesses pour en arriver là ! Jacqueline précise alors qu'elle s'est engagée à accepter un poste à la CIA, « un travail spécial lié à un projet précis […] qui ne durerait que trois mois, d'octobre à janvier ». Son seul espoir était donc qu'au terme de cette mission spéciale, on lui offrirait encore un travail au siège de *Vogue* à New York.

Les rédactrices du magazine auraient pu estimer que cette jeune fille s'était montrée capricieuse et trop peu fiable. Il n'en fut rien : Jacqueline se vit attribuer ce premier prix dont elle annonçait pourtant, seule en cela sur les mille huit cents candidates, qu'il lui faudrait le décliner.

Qu'y avait-il donc de si prometteur dans ses textes pour que sa candidature résiste ainsi à ses excuses alambiquées, à ses reports, à ses objections ? La rédaction du magazine accordait sans doute une grande importance à l'imagination, au goût européen, au sens du détail raffiné, et l'article soumis par Jacqueline laisse transparaître toutes ses qualités : on y devine la jeune étudiante marquée par son séjour à l'étranger, par ses cours de littérature, ayant des goûts esthétiques et vestimentaires en phase avec son temps comme avec sa classe sociale, et manifestant toujours, un an après son retour de Paris, un tropisme français très prononcé en matière de culture et de géographie.

Pour son essai de cinq cents mots sur le thème « Les Personnalités que j'aurais aimé rencontrer », elle choisit trois ressortissants européens, dont deux parisiens : Charles Baudelaire, Oscar Wilde et Serge de Diaghilev. Soit un poète français, un dramaturge britannique exilé à Paris et un chorégraphe russe cosmopolite qui avait naguère influencé l'avant-garde parisienne. À la lecture de l'article, on est surtout frappé par ce qu'il révèle des dispositions analytiques de Jacqueline : même quand elle évoque Baudelaire ou Wilde, son approche est avant tout visuelle. Pour elle, les images comptent toujours plus que les mots, ou plutôt s'imposent à elle avant les mots. Elle ne cite pas Wilde ; elle pioche des images dans ses poèmes et des couleurs dans les décors de ses pièces : « une lumière liquide fait dans la rue des flaques jaunes » ; « la profusion de roses et de mauves d'une boîte à bonbons ». Ce qui l'intéresse chez Baudelaire, c'est la synesthésie, ce trouble des sens qui vous fait percevoir des « parfums [...] verts comme les prairies ». Plus abstrait, le passage consacré à Diaghilev est d'un moindre intérêt.

Cette prééminence du visuel est en partie stratégique — après tout, elle écrivait là pour un magazine spécialisé dans les images. Mais son intérêt pour l'apparence des choses, pour ce que les Français désignent depuis le XVIIe siècle sous le nom de « paraître », était dans sa nature profonde, et relevait moins du narcissisme que d'une manière d'observer le monde.

Déjà versée dans l'art de la conclusion, elle garde pour la fin de l'article sa phrase la plus marquante : « Si l'on devait me

confier la direction artistique générale du XXe siècle, à charge
pour moi d'observer le monde du haut d'un fauteuil flottant
dans l'espace, ce sont leurs théories que j'appliquerais à toutes
les périodes ; c'est sur leurs poèmes que je ferais composer des
mélodies, des tableaux, des ballets. N'offrent-ils pas tous, à
ceux qui voudraient s'élever plus haut encore, un fabuleux
tremplin ? »

Assurer la direction artistique universelle du haut de son
fauteuil : qu'elle en fût consciente ou non, Jacqueline faisait
ainsi écho à la pensée d'André Malraux — qui, moins de dix
ans plus tard, devenu ministre des Affaires culturelles du général de Gaulle, lui servirait de chevalier servant à Paris. En 1945,
l'auteur de *La Condition humaine* avait renoncé à la fiction
pour se consacrer à la politique et à la théorie esthétique.
Dans un célèbre essai de 1947, *Le Musée imaginaire*, il rappelle
que les amateurs les plus cultivés du XIXe siècle n'avaient guère
l'occasion d'admirer des œuvres d'art en dehors du territoire
national. Baudelaire lui-même, par exemple, n'avait jamais
visité l'Italie. Aujourd'hui, grâce à la reproduction photogra-
phique, on pouvait apprécier des œuvres de tous les siècles et
de tous les pays, sans se limiter aux seules collections de tel ou
tel musée national. Pour Malraux, c'était là une révolution
dans notre perception des influences : on ne regarde pas un
Rembrandt de la même façon avant ou après avoir vu un
Renoir, et il importe peu que plusieurs siècles séparent les
deux peintres[8]. Cette théorie imprégnait son époque, aussi
bien à Reid Hall qu'à la Sorbonne, et le kaléidoscope formé
par les diverses expériences artistiques de Jacqueline Bouvier
s'apparentait précisément au « musée sans murs » cher à
Malraux. Dans son article pour le concours de *Vogue*, la jeune
femme reprend en partie ce principe, avant d'aller plus loin
en exprimant son propre désir, aussi profond que sincère, de
perfection esthétique : « N'offrent-ils pas tous, à ceux qui voudraient s'élever plus haut encore, un fabuleux tremplin ? »

Dans l'autoportrait que réclamait le magazine — en plus
de l'article consacré aux « personnalités que j'aurais aimé

rencontrer » —, Jacqueline Bouvier se décrit comme si elle s'observait de l'extérieur, toujours installée dans son fauteuil suspendu dans les airs, et fait preuve d'une objectivité plutôt rare chez une jeune fille de son âge. On cherche en vain la moindre trace de vanité dans ses écrits. Ses erreurs l'amusent, ses défauts l'intriguent. Elle ne fait l'impasse que sur sa propre beauté :

> Pour ce qui est de l'apparence physique, je suis assez grande — 1,73 mètre —, avec des cheveux châtain, un visage carré, et des yeux si terriblement éloignés l'un de l'autre que, quand je commande une paire de lunettes, un délai de trois semaines est nécessaire pour fabriquer un pont capable d'enjamber mon nez. Ma silhouette n'a rien d'exceptionnel, mais je peux paraître mince dans une tenue bien choisie. Une sorte de Parisienne du pauvre : c'est à quoi je me flatte de ressembler parfois en sortant de chez moi — mais alors, le plus souvent, ma mère s'empresse de m'informer que la couture de mon bas s'est détendue, ou qu'un bouton de mon manteau ne tient plus que par un fil : à ses yeux, ce sont là des péchés sans rémission.

Une mère impitoyable, des yeux trop écartés, une silhouette acceptable : après une telle description, on imagine la surprise des membres du jury quand Jacqueline se présenta pour l'entretien et la séance photo, très élégante dans son cachemire noir rehaussé par les trois rangées de perles de son collier.

En plus de l'autoportrait, les candidates devaient proposer un « programme de soins esthétiques convenant à une étudiante ». Celui de Jacqueline Bouvier confirme la rigueur de son éducation par une mère à l'œil infaillible, capable de repérer de loin un bas mal ajusté, dans un milieu où, semble-t-il, un bouton manquant pouvait faire et défaire la réputation d'une jeune fille. Des dizaines d'années avant l'apparition des méthodes de blanchiment dentaire, elle conseille ainsi de se brosser les dents à l'eau oxygénée, une fois par semaine, car « un sourire terne vous discrédite en un rien de temps ». Sous sa plume, la pose du rouge à lèvres devient une procédure en cinq étapes : poudrer les lèvres, appliquer le rouge, tamponner, poudrer, appliquer une seconde couche. Quant à l'épilation des jambes, elle lui inspire une sombre mise en garde à l'intention des lectrices de *Vogue* : en préférant le rasoir mécanique à la crème dépilatoire, celles-ci risquent de favoriser la repousse leur vie durant. (Les Américaines, semble-t-il, n'avaient pas encore entendu parler de l'épilation à la cire, que l'on pratiquait en France.)

Le jury fut conquis d'emblée : « Une excellente plume, de toute évidence », note ainsi un juré lors de la première évaluation. « Sa perspective est bien celle d'une rédactrice [ ] ; ma seule crainte est qu'elle se *marie* un jour, et que, une fois mariée, elle parte sur l'un de ces chevaux qu'elle évoque dans son article. »

Le concours comportait une ultime épreuve : la rédaction d'une nouvelle. Les rédactrices furent charmées par *Les Violettes*, dont un personnage était directement inspiré par le major Bouvier, l'auteur du pseudo-traité généalogique intitulé *Nos ancêtres*. Dans un appartement de Park Avenue, les héritiers se disputent les biens du patriarche, qui vient de mourir. La narratrice n'est autre que sa petite-fille : « Mon père et ma tante convoitaient tous deux le divan Louis XVI en damas jaune. » Plus loin, elle livre cet aveu : « Je n'avais encore jamais vu la mort, et j'avais honte de n'en être pas perturbée davantage. »

Un visiteur désintéressé finit tout de même par se présenter à la veillée funèbre, un bouquet de violettes à la main. Il a dû l'acheter dans la rue : les fleuristes sont fermés, et du reste il se rappelle que « Dick aimait les violettes ». Jugeant le bouquet trop modeste, la tante le laisse tomber sur le parquet. À la fin de la nouvelle, l'auteur suggère en quelques notations sensorielles la différence qui sépare les convenances creuses et la bienveillance authentique :

J'ai ramassé les violettes. Encore humides de pluie, elles dégageaient un parfum de fraîcheur. Elles étaient un cadeau de Noël offert à mon grand-père par un homme qui s'était réellement soucié de lui. Immobile, j'ai écouté le bourdonnement des automobiles roulant sous la pluie ; j'avais l'impression de ressentir le vent qui soufflait de l'autre côté de la vitre. Je pouvais entendre, au loin, le carillon de l'église St James sur Madison Avenue. M'agenouillant sur la banquette placée devant le cercueil, j'ai déposé le bouquet de violettes à l'intérieur, sous le coude de mon grand-père, où personne ne pourrait le voir.

Enfant, nous confie-t-elle dans son autoportrait pour *Vogue*, elle préférait renoncer à la sieste au profit de Tchekhov et de Shaw, qu'elle lisait dans sa chambre, accoudée à l'appui de la fenêtre. Son goût du détail et du dénouement doux-amer, en partie hérité de ces auteurs, était bien ancré dans sa personnalité. À vingt et un ans, Jacqueline Bouvier, qui avait vu mourir son grand-père, possédait un sens aigu du théâtre du deuil et son répertoire de gestes tendres.

Vogue semblait un choix si naturel pour la jeune femme que l'on s'étonne qu'elle ait songé à décliner le prix attribué par le magazine. Elle fournit ses raisons officielles dans une lettre de mai 1951 à Mary Campbell : tout d'abord, sa mère souhaitait la voir s'installer près de chez elle, dans la région de Washington — en partie, sans doute, pour l'éloigner de New York et de son père. Ensuite, elle s'était engagée à occuper à la CIA un poste qu'elle avait sollicité… mais elle était sûre de pouvoir se libérer de cette obligation. (Version moderne de l'argument du chaudron.)

Est-il possible qu'elle ait effectivement travaillé trois mois à la CIA dans le cadre d'une mission spéciale ? Invoquant la loi sur la liberté de l'information, j'ai demandé à la CIA s'il existait une trace du passage de Jacqueline Bouvier : il semblerait que non. Un enquêteur plus obstiné m'opposera qu'elle fut peut-être recrutée pour une opération secrète en raison de ses relations mondaines — l'OSS, après tout, passait pour un service « Oh si social » ; mais il faudrait beaucoup d'imagination pour se figurer que ses aptitudes, en 1951, répondaient aux exigences d'une agence de renseignement, ou même que la CIA ait pris la peine d'enquêter sur la jeune femme avant de lui confier une mission aussi brève[9].

Sa lettre fournit un dernier argument, que teinte l'ombre d'un regret : « J'ai déjà passé une année à Paris, et l'expérience m'a si bien comblée que j'ai éprouvé une grande tristesse à mon retour ; c'est pourquoi je préfère éviter de retourner là-bas pendant un certain temps. »

Les plaisirs de Paris sont si intenses, et il est si difficile de s'en éloigner, que le mieux est encore de les éviter. Voilà le type de raisonnement que l'on trouve sous la plume d'écrivains en exil, de Henry James à James Baldwin : les délices de l'Europe suscitent tant de désirs et de craintes que l'on risque d'y perdre la raison. Mais dans la lettre de Jacqueline Bouvier à Mary Campbell, où il fait suite à deux autres excuses, l'argument semble un peu léger. Plusieurs biographes ont tenté de comprendre cette inconstance vis-à-vis de *Vogue*, et suggéré que Jacqueline espérait le premier prix mais que sa mère, inquiète de la voir se cloîtrer dans un gynécée, avait mis son veto à la dernière minute. Selon d'autres auteurs, Jacqueline elle-même aurait refusé le prix pour ne pas compromettre un éventuel mariage[10].

En guise de consolation, ou pour prix de son obéissance, sa mère et son beau-père lui offrirent cet été-là un tour d'Europe avec sa sœur cadette, Caroline Lee. Retrouver Paris en tant que simple touriste, et en compagnie de sa sœur, fut sans doute un choc pour la jeune femme qui avait bien connu, naguère, le confort douillet de l'appartement des Renty et l'intensité des séminaires de Smith et des cours en Sorbonne. Les deux sœurs consignaient leurs facéties dans un journal assorti d'un carnet de dessins ; on apprend par exemple que, durant la traversée transatlantique, elles avaient infiltré les dîners dansants réservés aux passagers de première classe. Jackie se chargeait des dessins ; Caroline Lee composait des poèmes malicieux, truffés d'allusions à des flirts ou à leurs petites audaces — par exemple, au lieu de s'en tenir sagement à la jupe, au chapeau et aux gants blancs, toutes deux s'étaient promenées en short[11]. Elles avaient une longue liste de personnes à rencontrer, qui toutes appartenaient à la grande bourgeoisie internationale, très proches en cela des gens qu'elles fréquentaient aux États-Unis.

C'est ainsi qu'elles prirent la route à bord d'une Hillman Minx de location. À Poitiers, elles retrouvèrent Paul de Ganay — avec lequel Jacqueline s'était liée d'amitié durant son premier séjour parisien, et qui effectuait son service militaire dans cette ville. S'étant présentées à la caserne en robe bustier, elles firent sensation auprès des jeunes officiers. C'étaient là ses deux fiancées, déclara Ganay à son supérieur[12]. Leur tour d'Europe les mena ensuite en Italie, où elles rendirent une visite respectueuse au critique d'art Bernard Berenson, puis en Espagne. Dans les dernières pages de leurs carnets de voyage, sous l'intitulé « Rêves de gloire », on découvre leurs visages collés sur des portraits de têtes couronnées : « Caroline, Duquesa de Bronxville » et « Jacqueline, fille naturelle de Charlemagne ». Leur mère n'avait pas à craindre que Jacqueline s'installe en Europe, mais Caroline Lee, qui devait épouser en secondes noces le prince Radziwill, passa sur le Vieux Continent la plus grande partie de sa vie d'adulte. Jacqueline, quant à elle, devait longtemps incarner la féminité américaine. Mais, pour l'heure, leurs destins respectifs n'étaient encore qu'une étincelle dans leur imagination.

Jackie Kennedy, née Bouvier

Deux ans après son excursion en Europe avec sa sœur, Jacqueline épousa John F. Kennedy, un jeune sénateur qu'elle avait rencontré à l'occasion d'un dîner à Washington, autour d'un plat d'asperges. Durant les six premières années de son mariage — années difficiles à bien des égards, son mari ayant frôlé la mort durant une opération de la colonne vertébrale et elle-même ayant subi une fausse couche —, il lui sembla qu'elle n'était guère, au sein du clan Kennedy, qu'une « pièce rapportée » dans une famille peu accueillante. En 1958, John Kennedy lança les préparatifs de sa campagne en vue de l'élection présidentielle de 1960. Pour sa jeune épouse qui, avant d'obtenir sa licence de français à l'université George-Washington, avait brièvement travaillé pour le *Washington Times-Herald* en qualité de « photographe enquêtrice », les longs séjours en France n'étaient plus à l'ordre du jour ; à présent, ses lectures constituaient le seul moyen d'accès à ce havre imaginaire. À l'été de 1959, Arthur Schlesinger, fidèle conseiller de Kennedy — celui-là même qui, dans le Paris de l'après-guerre, avait épié la Résistance pour le compte des services secrets américains —, fut invité dans la résidence d'été des Kennedy à Hyannis Port ; un rien condescendant, il nota que l'épouse du jeune sénateur était « délicieuse, mais plutôt frivole en matière de politique ». Ses questions naïves avaient quelque chose d'irritant ; sur d'autres sujets, en revanche, elle se montrait « intelligente et éloquente ». Il releva qu'elle était en train de lire Proust[13].

La remarque de Schlesinger sur la naïveté de la jeune femme est injuste : pour l'épouse d'un candidat à l'élection présidentielle, il n'était pas de meilleure école que la lecture de Proust, cet admirable connaisseur de la nature humaine, des appétits sexuels ou mondains, enfin de tout ce qui peut favoriser ou briser une carrière. Dans les années 1950 et 1960, l'épouse d'un élu avait peu de chances de gagner le respect intellectuel de l'entourage de son mari, même en lisant Proust ou *La Nausée* de Sartre : dans ce milieu, on ne faisait guère de différence entre la culture littéraire et la décoration d'intérieur. Un an plus tard, pour adoucir la brutalité quotidienne de la campagne présidentielle, Jacqueline Kennedy se plongea dans un autre classique qui, deux siècles avant Proust, s'était livré à un examen analytique de la société française : « Elle possédait les *Mémoires* du duc de Saint-Simon en français », note ainsi Kenneth Galbraith — cet apôtre de la Nouvelle Frontière, qui avait passé la fin des années 1940 en Angleterre, en France et en Italie, sut percevoir comme personne les qualités de Jacqueline : « Dédaignant les allégeances politiques, elle servait un dessein autrement élevé ; c'est elle, et non pas son candide époux, qui observait, écoutait et jugeait les politiciens que rencontrait le couple. [...] Non qu'elle se fût donné pour tâche de les analyser : elle estimait simplement que c'était là sa fonction naturelle [14]. »

Cinquante ans durant, porté par l'amertume que lui inspirait une aristocratie peuplée d'enfants illégitimes et d'intrigantes maîtresses, Saint-Simon avait peaufiné contre la cour de Louis XIV sa vengeance posthume. Les historiens ne se lassent pas de souligner les inexactitudes d'un tableau gâté par la rancœur et le ressentiment ; les historiens de la littérature, quant à eux, se plaisent à citer ses portraits vivants et venimeux, comme ce passage qui devait, parmi bien d'autres, accompagner Jacqueline Kennedy tout au long de son existence :

> Pour Mme de Montespan, elle était méchante, capricieuse, avait beaucoup d'humeur, et une hauteur en tout dans les nues dont personne n'était exempt, le Roi aussi peu que tout autre. Les courtisans évitaient de passer sous ses fenêtres, surtout quand le Roi y était avec elle ; ils disaient que c'était passer par les armes, et ce mot passa en proverbe à la cour. Il est vrai qu'elle n'épargnait personne, très souvent sans autre dessein que de divertir le Roi, et, comme elle avait infiniment d'esprit, de tour et de plaisanterie fine, rien n'était plus dangereux que les ridicules qu'elle donnait mieux que personne [15].

On comprend l'intérêt que pouvaient avoir les *Mémoires* de Saint-Simon pour Jacqueline, fille du grand séducteur « Black Jack » Bouvier et épouse d'un homme de pouvoir qui ne cachait pas son attirance pour le beau sexe. La rivalité entre les maîtresses du roi occupe une grande place chez le mémorialiste, qui raconte avec gourmandise comment Mme de Montespan, la favorite, se vit détrônée par sa protégée, Mme de Maintenon ; née en prison où son père était incarcéré pour dettes, celle-ci avait épousé à seize ans un poète vieillissant et cul-de-jatte avant de devenir une catholique fervente. Douce mais malicieuse, Jacqueline admirait chez Proust et chez Saint-Simon un art de la remarque cassante, de l'affront élégant et de la description ravageuse qui surpassait tout ce qu'elle avait pu entendre dans ses établissements pour jeunes filles. Et quand la tension se faisait trop forte, rapporte l'une de ses biographes, elle pouvait aussi clouer son adversaire d'une réflexion bien sentie[16].

L'administration Kennedy eut son propre Saint-Simon en la personne de Norman Mailer ; comme Schlesinger, comme Galbraith et comme Jackie elle-même, l'écrivain s'était fait les dents à Paris, où une bourse *GI bill* lui avait permis en 1948 de suivre, ou plutôt de négliger, des études à la Sorbonne. Dans un texte publié en 1962 dans le magazine *Esquire*, il évoque un séjour dans la résidence des Kennedy à Hyannis Port, durant la campagne présidentielle ; les vertus de la future première dame semblent le mettre mal à l'aise, et l'on dirait qu'il tient à montrer qu'elles ne l'ont pas séduit. Rien ne lui avait échappé, signale-t-il ; venue l'informer qu'on pouvait lui servir de l'alcool au lieu d'un thé glacé, par exemple, la maîtresse de maison « avait eu un regard espiègle et froid, comme une petite fille de huit ans qui s'apprête à faire une grosse bêtise[17] ». (Du fait qu'il avait récemment été arrêté pour ébriété et trouble à l'ordre public — et quelque peu paranoïaque —, Mailer crut sans doute qu'elle se moquait de lui.) Cette distance que lui reproche Mailer, qui la jugeait « lunatique et abstraite », était précisément, aux yeux de Galbraith, un facteur essentiel du succès politique de John Kennedy : elle observait le monde de son « fauteuil flottant dans l'espace », et se savait elle-même toujours observée.

Bien des années après la mort de Jacqueline, Schlesinger la décrivait en ces termes : « Elle respectait les conventions de la haute bourgeoisie, mais sous le voile d'une désinvolture charmante elle était capable d'une froide évaluation des gens et d'un regard ironique sur le monde. On découvrait rapidement que sa grâce mondaine dissimulait une formidable attention, un œil qui voyait et évaluait tout froidement, une lucidité rare, un œil perçant, un jugement impitoyable et une détermination de fer[18]. »

Une garde-robe éloquente

Est-il une autre figure de la vie politique américaine dont on puisse établir la généalogie vestimentaire ? Comme tant d'autres choses, celle-ci commence à Paris. Aux origines du style Jacqueline Kennedy se trouve Elsa Schiaparelli, grande couturière franco-italienne qui créa le rose shocking. Schiaparelli déclarait ainsi : « N'ajustez jamais la robe au corps, mais disciplinez le corps pour qu'il s'accorde à la robe. » Au lieu de la mousseline vaporeuse en vogue à la fin des années 1940, Schiaparelli imposa des tissus rigides et résistants. Elle eut pour assistant Hubert de Givenchy, lequel quitta l'atelier de Schiaparelli pour ouvrir sa propre boutique en 1952, d'abord rue Alfred-de-Vigny, puis avenue George-V, véritable épicentre du luxe parisien. Audrey Hepburn vint frapper à sa porte en 1953, en quête de tenues pour le tournage de *Sabrina* — les costumes d'Edith Head, d'une extravagance tout hollywoodienne, risquaient en effet d'écraser sa silhouette menue. Givenchy, Hepburn, Sabrina : cette charmante trinité invite à établir un lien inattendu entre le style vestimentaire de Jacqueline Bouvier Kennedy et la comédie romantique de Billy Wilder, qui dépeint les conséquences féeriques d'un séjour d'études à Paris. Fille du chauffeur des Larrabee, une riche famille d'industriels de Long Island, Sabrina est amoureuse de l'un des fils de la famille, un play-boy qui ne remarque même pas cette jeune fille mal fagotée portant blouse à pois et queue-de-cheval. Elle finit par se rendre à Paris, où son père l'a envoyée prendre des cours de cuisine française ; à son retour, elle arbore un ensemble Givenchy et un chapeau cloche blanc : ainsi parée d'une aura parisienne, elle captive aussitôt le séducteur de la famille — mais aussi son frère aîné, un bourreau de travail plus mûr et plus fiable. Dans la dernière scène du film, la belle sophistiquée s'embarque à nouveau pour la France à bord du *Liberté*, où elle est rejointe par l'aîné des Larrabee, prélude, sans doute, à une lune de miel parisienne. Entre l'actrice et le couturier, l'accord était parfait : avec ses lignes strictes et ses tissus épurés, Givenchy mettait en valeur le gabarit délicat et la grâce naturelle d'Audrey Hepburn.

Au cours de la campagne présidentielle de son mari, on put voir Jacqueline Kennedy dans une robe droite en jersey de laine gris ardoise, rehaussée d'une ceinture juste au-dessus de la taille et ornée d'un simple nœud. Cette tenue provenait de la boutique de prêt-à-porter de Givenchy, l'une des premières à démocratiser un tant soit peu la haute couture. Jacqueline serait longtemps fidèle à ce type de robe, qu'elle ferait tailler par la suite dans des tissus épais et des couleurs audacieuses. Revu et corrigé par la première dame, le style Givenchy — qui donnait à Audrey Hepburn un air gavroche — prit une patine intemporelle, sans rien de terne ni d'austère.

Dans l'Amérique des années 1960, il paraissait tout naturel de rendre hommage au goût anglais, car la Grande-Bretagne était considérée comme une partie du patrimoine national ; il en allait tout autrement avec la France, qui, nonobstant la vente de la Louisiane, apparaissait toujours comme une contrée exotique et sans rapport perceptible avec une histoire commune. Avait-on jamais vu des hordes d'immigrants français se présenter à Ellis Island ? On trouvait certes des Français à Boston ou à New York, mais pas dans les quartiers populaires : ils résidaient sur Park Avenue ou à Beacon Hill, bien loin du Lower East Side, du Bronx ou de Brooklyn. Les Français d'Acadie, de Louisiane ou du nord du Maine, ouvriers miséreux non moins frappés par la discrimination que les Portoricains ou les Italiens, n'avaient jamais trouvé leur place dans le grand mythe national du *melting pot*. Du reste, le tropisme français de Jacqueline Kennedy ne procédait en rien de la francité de ses ancêtres au XIXe siècle : il portait bien plutôt sur la France réelle, de l'autre côté de l'Atlantique, et en cela il parut toujours suspect. Cette méfiance fut longtemps suscitée par sa manière de s'habiller et de s'alimenter, voire par le mobilier qu'elle fit installer à la Maison-Blanche.

Durant la campagne présidentielle, ses tenues vestimentaires lui valurent les sarcasmes de John Fairchild, rédacteur en chef de *Women's Wear Daily* : « Ces Kennedy intelligentes et charmantes — Jacqueline, épouse du sénateur, et la mère de celui-ci, Mme Joseph Kennedy — font campagne sur un programme de haute couture parisienne. [...] Ensemble, elles dépensent chaque année une somme estimée à 30 000 dollars pour des vêtements et des chapeaux de Paris — plus que la plupart des acheteurs professionnels américains [19]. »

Quand vint l'heure de la cérémonie d'investiture, en janvier 1961, Jacqueline trouva le moyen d'éluder ce problème. Un couturier américain, Oleg Cassini, fut chargé d'adapter pour sa garde-robe le style français qu'elle aimait tant — ainsi ses tenues seraient-elles toujours perçues comme américaines. S'il lui arrivait de choisir une toilette chez un couturier français, le public était persuadé qu'elle était signée Cassini. La présence de celui-ci avait une importance symbolique, mais aussi proprement politique ; en portant des vêtements fabriqués sur le sol américain, elle évitait de froisser le puissant Syndicat international des travailleurs de la confection pour dames.

Né en France dans une famille de l'aristocratie, d'ascendance italo-russe, Cassini fut élevé en Italie, mais le français resta toujours sa première langue. Avec sa fine moustache, cet élégant homme du monde fréquentait assidûment la 7e Avenue et ses boutiques de luxe, mais il ne figurait pas au panthéon de ceux que Fairchild nomme les « intellectuels de la mode[20] ». Sous le pseudonyme de Cholly Knickerbocker, son frère Igor tenait la rubrique mondaine de divers journaux du groupe Hearst ; c'est lui qui, en 1947, avait sacré Jackie « débutante de l'année ». Les deux frères étaient de grands séducteurs qui aimaient s'entourer de belles femmes, d'actrices et de riches héritières, dans des lieux à la mode comme El Morocco ou le Stork Club. Oleg avait habillé des femmes illustres, notamment des stars du cinéma comme Gene Tierney, qui était son épouse, et Grace Kelly. Si le cinéma lui avait appris une chose, devait-il écrire plus tard, c'est qu'un vêtement doit raconter une histoire[21].

Dans une lettre à son couturier datée de décembre 1960, au beau milieu des préparatifs pour l'investiture, Jacqueline donne le ton, plaisant et badin, de leurs futurs échanges, qui seraient toujours truffés d'expressions françaises et de références à la culture française. De fait, Oleg Cassini allait lui servir de caution vestimentaire, faisant de la première dame une gravure de mode française fabriquée aux États-Unis :

> J'ai toujours pensé que, si Jack [John F. Kennedy] et moi devions faire un voyage officiel en France, je demanderais en secret à Givenchy de dessiner mes tenues, afin de m'éviter toute honte ; je sais à présent que cette ruse sera inutile : les vôtres seront magnifiques. Je ne saurais vous faire de *plus grand compliment* — du moins en tant que styliste ! Avec toute mon affection. Jackie[22].

Cassini devint ainsi son styliste attitré, mais aussi le gardien de ses secrets vestimentaires, prenant sa défense quand on lui reprochait des dépenses extravagantes ou un excès de francophilie. Il adressait ses factures directement à Joseph Kennedy, qui adorait sa bru, afin qu'elles n'apparaissent dans aucun document officiel :

> Il n'est pas question que le mandat de Jack soit empoisonné par de petits scandales liés à la mode, ni que je devienne la Marie-Antoinette ou la Joséphine des années 1960. Il nous faudra donc faire preuve de prudence avant de rendre publics de tels documents... Ce qui ne nous empêchera pas d'avoir quelques petits secrets ! Mais si mon apparence reste irréprochable dans les quatre années à venir, tout le monde saura que c'est grâce à vous[23].

C'est peu dire que le ton de Jacqueline Kennedy a changé depuis ses lettres hésitantes à la rédaction de *Vogue*, en 1951. La jeune fille rangée de naguère s'était muée, à trente et un ans, en une grande dame exigeante et sophistiquée, sûre de son goût et de ses modèles :

> Mettez votre génie au travail pour la journée, dessinez-moi des manteaux, des tenues pour des apparitions publiques, pour le déjeuner ou l'après-midi — le genre de chose que je porterais si Jack était président de la FRANCE — *très Princesse de Réthy, mais jeune**[24].

La princesse Liliane de Réthy, seconde épouse — et veuve — de Léopold de Belgique, avait la même élégance et la même chevelure ébène que Jackie. Seule une lectrice assidue de la rubrique mondaine européenne pouvait savoir qui elle était. « Si Jack était président de la FRANCE », dit-elle : pour un peu, elle l'eût imaginé roi !

Sa correspondance avec Cassini en dit long, non seulement

sur sa métamorphose en femme sûre d'elle-même, mais sur son intérêt pour l'actualité culturelle française. Dans une lettre de janvier 1962, par exemple, elle évoque *L'Année dernière à Marienbad*, le film d'Alain Resnais, que le public américain ne devait découvrir qu'en mars de la même année :

> Il faut aller voir *Les Dernières Années à Marienbad* [*sic*], avec des chemisiers Chanel partout ! Bardot en porte un noir, sur une photo que j'ai vue dans *Match*, ou dans *Elle*. Mais, pour le mien, je pensais plutôt à un rouge, à manches longues, et transparent. Ce serait amusant et original à porter avec une robe drapée, en jersey par exemple.

Ses années à la Maison-Blanche furent le théâtre d'un exercice périlleux : sans renoncer aux choses qu'elle appréciait le plus en France, elle dut toujours veiller à ne pas donner l'impression de dédaigner le style américain — et avec lui les ouvriers syndiqués de l'industrie textile. Le moindre objet qu'elle achetait, le moindre vêtement qu'elle portait se voyaient aussitôt évalués et jugés ; cela valait pour ses tenues, mais aussi pour l'ameublement de la Maison-Blanche. Pourtant, elle ne cessa jamais de dévorer des romans français et des livres sur l'histoire de France, ni de regarder des films d'avant garde.

Cependant Jacqueline Kennedy et *Women's Wear Daily* continuaient de jouer au chat et à la souris ; après l'avoir accusée de porter les couleurs de l'étranger, John Fairchild finit par s'incliner : elle devint, dans les pages du journal, « Son Élégance ». À côté de la baie des Cochons, de la guerre d'Algérie ou de l'implication croissante des États-Unis au Vietnam, ce n'étaient certes là que des escarmouches sans conséquence. Mais elles en disent long sur l'américanité en 1960, sur ce que sa définition pouvait avoir de rigide et de provincial. Tout en affirmant son statut de puissance mondiale, ce pays avait encore du mal à s'assumer.

Jacqueline Kennedy et le président John Kennedy en route
vers une soirée de gala à l'Armory (21 janvier 1961). Jacqueline porte
une robe d'Oleg Cassini avec une cocarde à la taille.

La tenue portée par Jacqueline Kennedy à la soirée de gala au National Guard Armory la veille de l'investiture renvoie subtilement à ses origines à une époque où l'identité américaine couvait encore sous la surface du *melting pot.* Cassini et elle l'avaient dessinée ensemble. Elle était en sergé de soie ivoire satinée, un tissu épais et brillant qui, parce qu'il ne froisse pas, est souvent utilisé pour les cravates. Selon Jacqueline, le blanc était la couleur idéale pour une cérémonie. Seul élément décoratif, un petit nœud de tissu était judicieusement posé sur le flanc, à hauteur de la taille ; un œil non exercé ne l'eût pas remarqué, mais ce détail était un emblème de la France. La cocarde, petit ruban noué en bouton de fleur rappelant l'insigne adopté en 1797 par le général La Fayette, en était venue à symboliser l'esprit de la Révolution française. On la vit maintes fois refleurir en période de rébellion ou de résistance ; en août 1944, alors que l'armée allemande battait en retraite devant les troupes du général Leclerc, il s'en vendait dans toutes les rues de Paris. Du reste, ce symbole national n'était pas tout à fait inconnu à Washington : James Monroe, ambassadeur en France au lendemain de la Terreur, portait la cocarde au chapeau quand il entra à la Maison-Blanche. Que Jacqueline Kennedy se soit ainsi parée d'un discret hommage à la France, ce soir-là, témoigne à la fois de sa loyauté envers un élément constitutif de son identité et de son respect pour les liens historiques unissant la France et les États-Unis. Féru d'ornements militaires, Cassini avait d'abord agrafé la cocarde sur la poitrine, comme une médaille, avant de la descendre sur la taille au cours des essayages, afin de marquer la transition entre un corsage en satin de soie et une jupe à traîne. Du coup, elle était à peine visible quand Jacqueline, se présentant devant l'Armory, dut relever sa jupe pour gravir les marches. Elle était si éclatante, dans cette tenue de gala, que le futur président pria le chauffeur d'allumer les phares pour permettre à la foule d'admirer Jackie. Jamais, depuis que le général La Fayette avait arboré la cocarde lors de son retour triomphal à Washington, ce petit emblème de la France n'avait eu si belle allure[25].

Trois jours à Paris

Dans l'histoire d'amour entre la première dame et la France, l'épisode le plus célèbre est assurément sa visite de trois jours à Paris, en juin 1961, moins de six mois après l'accession de son mari à la présidence. «Je suis l'homme qui escortait Jacqueline Kennedy à Paris», déclara celui-ci lors d'une conférence de presse, rendant hommage à l'incroyable succès public de son épouse — la citation fait aujourd'hui partie de sa légende. Pourtant, peu d'Américains connaissent la lettre qu'elle adressa au général de Gaulle, en français, pour lui dire que ce voyage avait été pour elle comme un rêve : «Chacun a son héros dans toute l'histoire mais ils sont presque toujours dans le passé comme Louis XI, Louis XIV, Napoléon — dont vous m'avez parlé. J'ai eu le privilège, l'honneur et la bonne fortune de rencontrer le mien.» Plus loin, elle le prie d'excuser le ton très personnel de sa missive, ainsi que ses «fautes de français» — que l'on cherche en vain, du reste, dans toute la lettre[26].

Sa maîtrise de la langue fit l'admiration de tous. Des journalistes français s'étant présentés à la Maison-Blanche à la veille de son départ, le *New York Times* avait laissé entendre, dans un article consacré au voyage présidentiel, que ses talents linguistiques seraient mis à l'épreuve[27]. Son français n'était certes pas irréprochable, mais elle le parlait avec le même soin que l'anglais. Ses «r» étaient prononcés dans un doux soupir, et elle savait dissimuler de petites incertitudes (tel verbe conjugué au subjonctif, l'agencement correct de tel complément d'objet direct ou indirect) si bien que les erreurs restaient imperceptibles[28]. Grâce aux longs mois passés naguère à étudier avec ses camarades de Smith, elle maniait ce style classique très simple, sincère, qui caractérise souvent les étrangers s'exprimant en français.

Dans son reportage sur la visite officielle des Kennedy, *Paris-Match* fait du couple l'incarnation même de l'alliance franco-américaine, en vertu d'une répartition des tâches qui prévalait depuis la Révolution : les États-Unis dans le rôle du cow-boy viril, la France dans celui de l'esthète féminine :

> Pendant qu'il s'intéresse aux documents de la guerre de Sécession, elle étudie le XVIIIe siècle français, qui est sa grande spécialité. Au cinéma, il veut voir des films d'action, comme *Alamo* ou *Spartacus*. Elle préfère les films « intellectuels » et les metteurs en scène d'avant-garde.[29].

Au cours de la visite, la presse française fit ardemment l'éloge de la première dame américaine, précisant qu'elle avait écarté son interprète officiel pour s'adresser directement à de Gaulle. Elle avait suivi de près l'élaboration du programme, suggérant par exemple un ballet à Versailles — son mari n'eût pas compris grand-chose à une pièce de théâtre — et la visite de divers musées ; de même, elle avait tenu à rencontrer André Malraux et à l'avoir pour voisin de table au cours d'un dîner. Elle avait envoyé aux organisateurs une liste d'amis français qu'elle souhaitait inviter à diverses réceptions[30]. C'est ainsi qu'elle put accueillir à l'Hôtel de Ville, à l'occasion de la soirée de bienvenue, la famille de Renty, les Luart et plusieurs membres de la famille de Ganay. Elle avait également invité son cousin germain de Long Island, Michel Bouvier, qui travaillait à Paris ; avec son français impeccable, il était le représentant idéal de ses ancêtres.

Dans un bel élan de loyauté, elle convia sa chère directrice des études à l'étranger, Jeanne Saleil, revenue à Reid Hall pour l'année universitaire 1960-1961. Elle devait à nouveau l'inviter en janvier 1962, à l'occasion d'une réception plus exceptionnelle encore : un dîner à la Maison-Blanche en l'honneur de Malraux[31]. « Voici la femme qui m'a appris à aimer la France » :

c'est ainsi qu'elle présenta Mlle Saleil, professeur de français à Smith College, au ministre des Affaires culturelles du président de Gaulle. Cette marque d'affection était aussi une manière pour elle d'exprimer sa gratitude : les deux femmes étaient loin de s'en douter à l'époque, une dizaine d'années plus tôt, mais les études de Jacqueline Bouvier sous la direction de Mlle Saleil constituaient une précieuse préparation au rôle éminent qu'elle tenait à présent sur la scène mondiale[32].

Au dîner à l'Élysée, un protocole strict l'avait placée entre le général de Gaulle et le deuxième personnage de l'État, Gaston Monnerville, petit-fils d'un esclave de Cayenne, héros de la Résistance et président du Sénat. Trois ans avant le vote des lois américaines sur les droits civiques, une telle disposition révèle que la France, fût-ce au seul plan symbolique, se distinguait des États-Unis en matière d'intégration et de discrimination. Quant à Malraux, il avait pour voisine de table l'épouse de l'ambassadeur américain à Paris[33].

Claude de Renty, devenue Claude du Granrut, fut invitée à toutes les festivités liées à la visite des Kennedy : réception à l'Hôtel de Ville, dîner au palais de l'Élysée, soirée de gala dans la galerie des Glaces. Elle se présenta à Versailles dans un ensemble Dior ; ce soir-là, Jacqueline portait une robe de Givenchy avec un bustier brodé de fleurs : en une telle occasion, le choix d'un couturier français s'imposait. Le célèbre Alexandre de Paris avait conçu sa coiffure, pompeusement baptisée « Fontanges 1960 » — du nom d'une maîtresse de Louis XIV, la duchesse de Fontanges, qui enveloppait ses cheveux d'une jarretière afin de chasser plus à son aise. La chevelure de Jacqueline était ornée ce soir-là non d'une jarretière, mais de broches Van Cleef and Arpels.

Kennedy et de Gaulle soutenaient des positions divergentes sur bien des points, par exemple l'indépendance de l'Algérie. Nationaliste intransigeant, le président français ordonnerait bientôt le démantèlement des bases militaires américaines en France. Mais ce soir-là, au château de Versailles, la politique n'était pas de mise ; les Français retrouvaient les grandes heures de leur histoire nationale, les Américains jouaient leur rôle d'invités déférents.

Le lendemain matin, soucieux d'honorer une requête officielle, André Malraux accompagna Jacqueline Kennedy au Jeu de Paume, où tous deux purent admirer l'*Olympia* de Manet, éblouissante étude de noirs et de blancs[34]. Malraux, dont les deux fils venaient de mourir dans un accident de voiture, traversait alors une période difficile. « Elle parle de livres, même de ceux qu'elle n'a pas lus », note Olivier Todd dans sa biographie de Malraux — ignorant, peut-être, que cette grande lectrice ferait un jour carrière dans l'édition et qu'au moment de sa mise en vente publique sa bibliothèque personnelle comptait trois mille volumes[35].

On a beaucoup écrit sur le prêt de la *La Joconde* au musée de Washington, rendu possible par les manœuvres de Jacqueline Kennedy qui s'était assuré l'aide de Malraux en personne[36]. Elle resta régulièrement en contact avec le ministre français de la Culture après la visite officielle de 1961 ; aux yeux de Malraux, ces rapports amicaux favorisaient le rayonnement culturel de la France auquel de Gaulle tenait tant[37]. En août 1962, en pleine canicule, Malraux reçut de Jacqueline une longue lettre en français ; ce document serait perdu pour la postérité si sa fille Florence ne l'avait conservé dans les archives familiales. « Cher Monsieur le Ministre ». cette curieuse formule semble traduite de l'américain — on eût attendu « Monsieur le Ministre et cher ami », par exemple. La lettre frappe par sa spontanéité, par le ton décontracté qu'elle s'autorise, et surtout par son contenu.

Jacqueline se trouvait alors en villégiature au sud de Naples, sans son mari[38]. Sa lettre est écrite dans un contexte tragique. Alors qu'ils s'apprêtaient à regagner Atlanta après une tournée des musées européens, cent six passagers avaient trouvé la mort dans un crash aérien à Orly ; pour honorer leur mémoire et leur ville, Malraux avait décidé d'envoyer au musée d'Atlanta *Arrangement en gris et noir : la mère de Whistler*, chef-d'œuvre de l'artiste américain.

Jacqueline, qui tenait à remercier elle-même Malraux pour ce prêt, ne se trouvait pas alors à la Maison-Blanche mais dans une villa de Ravello, sur la côte amalfitaine. Il était rare qu'une première dame prenne ainsi des vacances loin de son époux, et plus rare encore qu'elle adresse à un ministre d'un pays étranger une lettre rédigée de sa main sur le papier à lettres d'une station balnéaire [39]. Cette lettre confirme que, derrière le murmure enfantin qu'elle affectait en public — cette voix éthérée indissociable de son personnage public —, se trouvait une femme forte et indépendante qui entendait bien vivre sa vie pendant que son mari dirigeait le pays, consacrer du temps à l'Europe, à la lecture, et parfois s'abstraire du cours des événements :

> Je suis un peu détachée de la vie actuelle ici — Les cosmonauts russes étaient dans l'air trois jour avant que j'ai découvert qu'ils étaient là — un état qui n'est pas sans charme — mais qui non plus est très propice pour arranger une chose aussi important que votre offre de *Whistler's Mother* à la musee d'Atlanta [40].

Au vu des fautes de français, des ratures et des digressions qui l'émaillent, il est clair que cette lettre n'a pas été dictée à une secrétaire, ni même relue et corrigée par un francophone ou par un employé de la Maison-Blanche. Son écriture ronde et claire est celle d'une collégienne. La lettre aborde en partie des questions de protocole : à qui revient-il d'annoncer le prêt du Whistler ? à Jacqueline, à l'ambassadeur de France à Washington, Hervé Alphand, à Malraux lui-même ? Quelques passages sont plus personnels et anecdotiques : elle lui confie son rêve de vieillir à Florence, ce dont elle a longtemps eu un peu honte et qui lui semble alors parfaitement fondé — Whistler lui-même n'aurait-il pas exprimé un désir similaire ? Quel dommage que le peintre ne puisse s'y trouver avec elle ! Elle attend *La Mère* avec joie et impatience, et se dit « fière de cet Américain rebel [*sic*] qui l'a peinte ». La vie de Whistler, qui avait quitté son pays pour l'Europe à vingt et un ans, offrait comme la douce évocation d'un chemin qu'elle-même n'avait pas suivi.

« Que la France est généreuse ! » : par cette charmante figure de rhétorique — la métonymie des poètes —, elle remercie non seulement Malraux, mais avec lui la nation tout entière. Pour finir, elle assure le ministre de la Culture qu'il mériterait de présider toutes les organisations vouées à l'amitié franco-américaine. Ce compliment diplomatique, aussi formel que classique, vient conclure une lettre amicale très informelle, et même intime, écrite dans un esprit de joyeuse complicité. Elle excellait dans cet exercice de diplomatie internationale, pratiqué dans de nombreuses lettres à Malraux et, semble-t-il, à de Gaulle lui-même [41].

Rares sont les lettres de Jacqueline Kennedy disponibles aujourd'hui, mais celle-là (à l'instar du petit mot de remerciements à de Gaulle) nous donne un précieux aperçu de sa correspondance. Confinée au domaine de la culture et du divertissement, elle s'acquittait de sa tâche avec autant de rigueur que de grâce. Eût-elle vécu à notre époque, en un temps où le rôle des femmes a certes évolué, il n'est pas certain qu'elle ait pu y tenir, avec la même marge de manœuvre et la même efficacité, ces fonctions d'ambassadrice culturelle itinérante.

La Maison-Blanche

Parmi les réalisations de la première dame, il en est une en particulier qui contribua à l'éclat des années Kennedy sur le plan esthétique : la restauration de la Maison-Blanche, où se manifesta une fois encore son goût pour le style français. Non contente de diriger cette vaste entreprise, elle en fit l'occasion d'une leçon d'histoire publique et télévisée. Comme pour la conception et la confection de sa garde-robe, elle fit la navette entre des conseillers américains et des conseillers français ; la direction artistique fut ainsi confiée à Sister Parrish et la direction historique à Henry du Pont, mais elle engagea bientôt le décorateur français Stéphane Boudin, sûre de pouvoir se fier à ses goûts éclairés[42]. C'est ainsi que la plupart des pièces de cette maison, américaine entre toutes, finirent par comporter des éléments français.

Les Anglais ayant incendié la Maison-Blanche durant la guerre de 1812, le bâtiment fut restauré par le président James Monroe. Longtemps diplomate à Paris, celui-ci habitait alors une luxueuse propriété au nord de la ville, dans les environs de l'actuelle Clichy. Avec Thomas Jefferson, il fut le plus francophile des présidents américains ; son élégante épouse new-yorkaise, sa fille et lui-même conversaient en français. Sa restauration de la Maison-Blanche était essentiellement d'inspiration française. Il comptait installer du mobilier en acajou, mais, le temps que sa commande parvienne jusqu'à Paris, Napoléon avait pris le pouvoir : le style Empire s'étant dès lors imposé en France, il avait fallu recouvrir à la feuille d'or la quasi-totalité des meubles avant de les expédier. Ainsi multipliée par deux, la dépense avait provoqué à Washington un scandale financier, dont le lointain écho se fit entendre en 1961 : Jacqueline Kennedy s'étant lancée dans une visite guidée de la Maison-Blanche pour la télévision, le journaliste Charles Collingwood précisa finement : « Mobilier Empire, et non empire américain ! »

Cette visite télévisée remporta un succès d'audience sans précédent dans les foyers américains ; on y voit Jacqueline Kennedy expliquer avec insistance combien il est essentiel de récupérer, par le biais de donations ou de rachats, le mobilier américain ayant un jour appartenu à la Maison-Blanche. Son souci, dit-elle, est d'apporter sa contribution à l'histoire américaine en meublant ce lieu d'objets américains, afin que ses compatriotes puissent constater que « nos artisans valent bien ceux d'Europe ». Il est touchant de la voir évoquer un meuble en particulier, réalisé pour la demeure de Joseph Bonaparte à Philadelphie par son ébéniste Bellangé : elle ne précise pas ce détail, mais celui-ci était un collègue de son ancêtre, Michel Bouvier[43]. Les archives de la radio française conservent une version abrégée de cette visite, enregistrée en 1961 — en français — à la veille de son départ pour la France ; Jacqueline y manifeste une fine connaissance des termes techniques relatifs aux candélabres, aux chandeliers, à la tapisserie, et prend le temps de commenter des tableaux de Renoir et de Cézanne[44].

Dans la version américaine, la première dame ne s'attarde pas sur les chefs-d'œuvre impressionnistes ; les candélabres de Monroe, en revanche, ont droit à deux gros plans prolongés. Son élocution singulière rappelle l'accent bostonien traînant de son mari. La visite guidée est d'abord plutôt convenue, voire ennuyeuse ; puis Collingwood lui pose une unique question, très précise, sur le rapport entre le gouvernement et les arts. « C'est une question complexe, répond-elle d'une voix pénétrante et douce. La Maison-Blanche se doit de présenter ce qu'il y a de plus beau. » La phrase est prononcée rapidement, avec conviction, sur un ton qui rappelle sa réponse à un journaliste qui l'interrogeait pour la télévision française durant la campagne présidentielle : pensait-elle pouvoir, si elle devenait un jour première dame, améliorer les relations franco-américaines ? Elle avait alors répondu : « Je n'ai pas cet orgueil ! » Repartie splendide, digne de la princesse de Clèves ou d'une héroïne cornélienne.

Les Français s'étonnent, et même s'amusent, d'entendre les étudiants américains parler leur langue de manière si formelle. La raison en est simple, et vaut plus encore pour la génération de Jacqueline : cette langue, ils l'ont souvent apprise en étudiant la littérature plutôt que l'idiome courant[45]. Avant de partir pour la France faire leur troisième année d'études, la plupart des étudiants américains n'avaient jamais eu l'occasion de parler le français de tous les jours : les chefs-d'œuvre de la littérature étaient leur seule source.

Jacqueline Kennedy fut toujours jugée trop française par ses compatriotes. Sa secrétaire particulière, Letitia Baldrige, se rappelle qu'un John Kennedy furieux l'appela un jour au bureau en pleine crise de la baie des Cochons : « Selon lui, plusieurs députés trouvaient la Maison-Blanche trop française, trop internationale ; pas assez américaine, en somme. Et personne ne comprenait rien aux menus. » Le président lui-même, du reste, se demandait ce que pouvait bien être ce fichu *potage aux vermicelles* annoncé en français sur la carte. Baldrige lui ayant expliqué qu'il s'agissait d'un « consommé avec des petites pâtes qui grouillent dedans[46] », Kennedy répondit que le mot « consommé » était sans doute connu de quelques députés : il fallait donc opter pour celui-là, et effectuer plusieurs autres modifications. Et de conclure en grommelant : « Une francophile à la maison, c'est bien suffisant[47]. »

Dans un portrait à la Saint-Simon publié dans le magazine *Esquire*, au lendemain de la visite guidée de la Maison-Blanche, Norman Mailer choisit un autre angle d'attaque, celui de la gauche bohème. À l'en croire, les goûts de la première dame sont affreusement conventionnels : ce n'est pas Robert Frost ni Sinclair Lewis qu'il fallait inviter à la Maison-Blanche, mais Henry Miller et les poètes de la Beat Generation. Rendons justice à Mailer : dans l'esprit subjectiviste du « nouveau journalisme » qu'il entendait mettre en place, il avoue également une vieille fascination pour Mme Kennedy. Après leur première rencontre en 1960, à Hyannis Port, il lui avait écrit qu'il comptait écrire une biographie du marquis de Sade. Il pensait s'attacher ses faveurs en évoquant la France du XVIIIe siècle, avant de comprendre qu'il était allé trop loin — du reste, elle n'avait jamais répondu à sa lettre et avait décliné une demande officielle d'entretien. En dépit d'une certaine méchanceté et d'un sexisme patent, Mailer reste à bien des égards le moins condescendant de ses portraitistes. Il lui reconnaît une force paisible, une intelligence singulière ; à l'instar d'un personnage, elle attise l'imagination du romancier, éveillant son agressivité tout en suscitant chez lui une grande tendresse dans l'écriture : il évoque, par exemple, « cette sensibilité délicate et feutrée qui semble parfois la traverser, comme une brise légère traverse en été le jardin[48] ».

Faute d'un nouvel entretien à commenter, Mailer consacre tout son portrait pour *Esquire* à une critique de sa prestation télévisée à la Maison-Blanche, qui lui donne l'occasion de nous livrer ses réflexions sur l'Amérique et sur le potentiel de l'histoire américaine : le pays, se lamente Mailer, vit dans le « désert asphyxiant d'un perpétuel présent […] sans racines qui nous permettraient de nous projeter vers l'avenir ni de juger notre parcours ». La visite guidée de la Maison-Blanche, qui aurait pu faire évoluer la situation, aboutit au résultat inverse : « Elle nous impose un passé, nous le jette à la figure, nous assomme de détails factuels[49]. » S'il s'en prend ainsi à Jacqueline Kennedy, c'est qu'il lui semble avoir entendu naguère, à Hyannis Port, sa voix véritable, non pas son murmure enfantin mais une voix pleine de malice et de défi. « Elle me séduit, elle me séduit encore », écrit-il, mais l'épisode de la visite lui a fait voir « une imposture — c'est cruel à dire —, une parfaite imposture ».

Dans un article de 2001 intitulé « Jacqueline Kennedy à la Maison-Blanche », Arthur M. Schlesinger révèle que celle-ci, en privé, disait partager l'avis de Norman Mailer[50]. Curieuse déclaration, qui appelle une question : Jacqueline fit-elle cet aveu à Schlesinger dès 1961, juste après avoir regardé l'émission, ou beaucoup plus tard dans sa vie — alors que, devenue indépendante, elle se rappelait le personnage qu'elle jouait jadis à la Maison-Blanche ? Schlesinger ne le précise pas. En tout état de cause, cette distance critique vis-à-vis de sa propre prestation télévisée est un trait caractéristique de sa personnalité.

L'édition

Les mille jours de Jacqueline Kennedy en qualité de première dame — avec ses brillants dîners d'artistes, les péripéties de sa restauration de la Maison-Blanche, les voyages officiels, l'élégance du personnage — n'occuperont jamais autant de place dans l'histoire que l'image de cette femme assise auprès de son époux, dans une limousine décapotable, le 22 novembre 1963 à Dallas. Auparavant, une autre photographie célèbre l'avait montrée dans une voiture décapotable, vêtue d'un tailleur Chanel aux boutons recouverts, en train d'échanger avec son mari un regard éloquent et tendre. Ces deux images coupent le siècle américain en deux.

La dignité de la veuve et sa préparation de la cérémonie funèbre auraient fait dire à de Gaulle, selon des sources américaines souvent citées, que «Jacqueline Kennedy a montré au monde entier comment il convient de se comporter». Côté français, les anecdotes varient quelque peu. De Gaulle aurait déclaré devant ses proches que Jacqueline Kennedy était une «Andromaque d'un jour». Alors qu'elle le recevait en audience privée, elle avait soudain arraché du bouquet le plus proche une fleur, une marguerite blanche, pour la tendre au président français en gage d'estime[51]. L'anecdote semble authentique : cette offrande toute simple n'évoque-t-elle pas le bouquet de violettes déposé sur le cercueil du grand-père, dans la nouvelle jadis soumise aux jurés de *Vogue*?

Elle savait — c'était là le secret de sa grâce — susciter l'émotion en fonction des événements et de leur public, qu'il s'agisse de funérailles nationales chargées de symbolisme historique ou du rite le plus privé. Elle déposa dans la tombe de son époux une lettre, un morceau de gaze et des lettres des enfants à leur père. Son fils cadet était alors à peine en âge d'écrire.

Quelques mois plus tard, dans sa maison de Georgetown, Jacqueline Kennedy accorda une série de sept entretiens à Arthur M. Schlesinger. Témoin privilégié de la présidence de son mari, elle s'exprimait là pour la postérité. Une fois scellées, les bandes magnétiques furent déposées à la Kennedy Library. Ces entretiens montrent une Jacqueline résolument loyale, souvent irrespectueuse, ravie de médire des hommes politiques avec Schlesinger. Celui-ci ne semble guère s'intéresser au rôle personnel de la première dame, mais elle lui confie tout de même qu'elle a traduit pour son mari une dizaine de livres consacrés à l'Empire, et que, en guise d'inspiration pour ses discours, elle lui lisait des passages des mémoires du général de Gaulle. Par exemple, le célèbre « Toute ma vie, je me suis fait une certaine idée de la France » allait devenir, dans l'annonce officielle de sa candidature par Kennedy : « Je me suis forgé une certaine image de l'Amérique. » Mais l'année 1964 vit aussi culminer l'hostilité des Américains face au nationalisme gaulliste. Un an plus tôt, craignant l'influence américaine, le président français avait opposé son veto à l'entrée de la Grande-Bretagne dans la Communauté économique européenne. Les conversations de Jackie avec Schlesinger ayant lieu quelques mois après la mort de son mari, Jacqueline Kennedy n'hésite pas à évoquer l'irritation du président, et même la sienne propre. De Gaulle avait certes été son héros, un modèle d'éloquence et un hôte raffiné, mais il était devenu « rancunier » et « tellement méchant »... Prenant fait et cause pour son mari, elle ajoute : « Vous savez, au fond [Kennedy] n'aimait pas les Français, et moi, je les déteste. » Elle souhaitait que ses enfants fassent l'expérience merveilleuse d'une langue étrangère qui « dédouble » leur vie, mais il s'agirait cette fois de l'espagnol, première langue de leur hémisphère. Était-ce là un désaveu de son passé, ou se croyait-elle tenue de manifester sa loyauté, de prouver enfin qu'elle n'était pas « trop française [52] » ?

Cinq ans plus tard, délaissant ses habits de veuve, elle devait se marier une seconde fois. Mal reçue par l'opinion publique, cette dérobade n'avait pourtant rien de frivole : Jacqueline quitta les États-Unis, accompagnée de ses enfants, deux mois après l'assassinat de Robert Kennedy, à l'invitation d'un armateur grec qui, dans son univers surprotégé, lui offrait une nouvelle vie et assurait la protection de ses enfants. Outre un vaste patrimoine immobilier international et une flotte importante, Onassis possédait un appartement avenue Foch et avait sa table chez Maxim's.

Jacqueline Bouvier Kennedy, devenue Jacqueline Kennedy Onassis, embrassa dès lors un mode de vie qui constituait, pour beaucoup, la face obscure de son cosmopolitisme. Aux yeux du grand public, elle devint une mondaine et une jet-setter — plus européenne qu'américaine. En remplaçant un époux bon chic bon genre par un satyre grec, elle donnait l'impression de réaliser, en toute conscience, les pires craintes naguère formulées à son endroit par les membres du Congrès : « Trop française, trop internationale. »

Le mariage dura sept ans, non sans quelques rumeurs de séparation, jusqu'à la mort d'Onassis en 1975. La vie de Jacqueline entra alors dans une nouvelle phase. On serait tenté d'y voir sa période la plus « authentique ». Ce qui confirmerait une thèse remontant aux années 1980, que Carolyn Heilbrun expose avec talent dans *Writing a Woman's Life* : la vie des femmes ne commence vraiment qu'après la cinquantaine, quand elles consacrent moins de temps à la carrière de leur mari et davantage à leurs désirs. « Ce n'est peut-être qu'avec la vieillesse, ou à tout le moins la cinquantaine, que les femmes cessent de faire semblant[53]. » L'idée que les femmes sont des travesties d'elles-mêmes n'était certes pas neuve. À New York, un article de Truman Capote publié en 1975 dans *Esquire* était dans toutes les mémoires. Intitulé « La Côte basque », ce petit chef-d'œuvre d'indiscrétion et de médisance décrit les riches élégantes de Manhattan, dont Jacqueline Onassis et sa sœur Caroline Lee, venues déjeuner dans le restaurant français éponyme. Dans le fil de la tradition inaugurée par Norman Mailer, tenant de l'imposture, Capote estime que Jackie a perdu son authenticité pour devenir une « imitation d'elle-même[54] ». Dans un essai devenu un classique du féminisme, Gloria Steinem avance que les femmes ont tout intérêt à observer les travestis, qui leur montrent à quel point « elles-mêmes, de mille et une manières, ont été façonnées pour cela : vivre en transformistes[55] ».

En 1975, à l'âge de quarante-six ans, Jacqueline Onassis décrocha son tout premier poste dans l'édition à New York. D'une certaine manière, elle commençait enfin le travail sans cesse reporté qu'on lui avait jadis proposé chez *Vogue*. Elle fut d'abord éditrice à la Viking Press, mais, quand cet éditeur publia un roman racontant l'assassinat imaginaire de Ted Kennedy, elle préféra claquer la porte. C'est ainsi qu'elle se retrouva chez Doubleday, où elle put s'épanouir pleinement. Son travail auprès des auteurs lui permettait de mettre en pratique ses conceptions esthétiques, et elle devint cela même qu'elle rêvait d'être dans son article pour *Vogue* : une sorte de directrice artistique générale du XXe siècle, « observant le monde du haut d'un fauteuil flottant dans l'espace ». Quand elle s'occupait de restaurer et de décorer la Maison-Blanche, elle avait appris à répondre aux questions délicates par un modeste « C'est si compliqué ! ». Chez Doubleday, enfin, elle avait toute liberté pour agir.

En la recrutant, ses employeurs pensaient qu'elle saurait attirer les célébrités et, en jouant de son charme, transformer une conversation informelle en un contrat dûment signé. Son ardeur au travail la fit bientôt progresser dans la hiérarchie. Au modeste cagibi qu'on lui avait d'abord assigné — comme à tout nouveau venu — succéda un bureau pourvu d'une fenêtre, puis d'une petite photocopieuse personnelle ; enfin, elle fut invitée à réaliser ses propres projets[56].

Elle prenait son nouveau métier très au sérieux. À son regard aiguisé s'ajoutait un sens infaillible de la structure, déjà perceptible à l'époque de ses études à l'université George-Washington et dans ses textes pour le concours de *Vogue*. Ses auteurs étaient invités à écrire pour un large public, si bien que des sujets historiques devenaient accessibles et attirants. Évitant toute rivalité et tout conflit avec eux, elle savait aussi admettre ses torts. Ses collègues découvraient avec surprise l'étendue de ses talents.

Quant au choix des manuscrits, elle comptait sur son goût, ses contacts et sa culture personnelle — nombre des livres qu'elle fit publier, du reste, présentent un rapport direct ou indirect avec son passé. En 1985, Olivier Bernier publia ainsi *Les Secrets de Marie-Antoinette*, une correspondance royale que l'historien d'art introduit en évoquant une scène fameuse sur le Rhin : la jeune princesse autrichienne, ancêtre tutélaire des étudiantes à l'étranger, se voit dépouiller de ses atours par la duchesse de Noailles et dûment vêtue pour la cour de France. La duchesse comptait parmi sa descendance l'une des amies de Jacqueline à Saint-Germain-des-Prés, Sabine de Noailles, cette charmante jeune fille qui observe Jacqueline Bouvier sur la photographie prise en 1950 chez Ledoyen. En 1991 parut le *Journal d'un fantassin de Napoléon*, dont l'action se déroule dans les steppes de Russie — et non à Waterloo, où avait combattu son arrière-grand-père.

Elle encouragea un cousin de son beau-père, Louis Auchincloss, à écrire un roman ayant pour narrateur le duc de Saint-Simon. Le livre est dédié « à Jacqueline Kennedy Onassis, qui a su me convaincre que Versailles était encore une source d'inspiration romanesque ». Trois ans plus tard, l'éditrice publia *L'Aube trompeuse*, du même auteur, un recueil de portraits de femmes à l'époque du Roi-Soleil. Elle lui avait suggéré de faire de chaque chapitre un roman à part entière et de rendre ses personnages à leur décor, de la Grande Mademoiselle, qu'elle aimait tant — cette cousine de Louis XIV pourvue d'un « gros nez rouge et d'une allure pataude » —, jusqu'à Mme de Maintenon, la pieuse maîtresse du roi dont les venimeux écrits de Saint-Simon avaient si longtemps souillé la mémoire[57]. On imagine avec quelle bienveillance Jacqueline vit ainsi Auchincloss rendre sa grâce et sa dignité à cette femme, que sa correspondance montre sous un tout autre jour que le portrait de Saint-Simon. « Pour peu qu'on la dépouille des mythes qui l'encombrent et que l'on se décide à l'apprécier, Mme de Maintenon se révèle une mine de plaisirs. [...] Dépouillant Versailles de son lustre, elle va droit à l'essentiel. Le grand monde la laisse indifférente, la vulgarité lui est étrangère[58]. »

Jacqueline Onassis apportait parfois sa propre contribution aux livres qu'elle éditait. Dans une brève introduction écrite pour un recueil de photographies d'Eugène Atget, elle manifeste ses habituelles qualités littéraires et une sensibilité affinée par trois décennies de lectures et de voyages en France :

> On ressent toute l'humanité d'Atget quand il photographie les parcs de la ville, avec autant de tendresse que de mélancolie. Voici, aux Tuileries, un fauteuil de jardin public — non moins français qu'un croissant — renversé sur le sol devant un faune malicieux. Voici, au Luxembourg, les familles qui se retrouvent autour du grand bassin. Ces images nous troublent parce qu'elles nous parlent. À notre époque bourgeoise, nos grands-pères en complet de serge noire parcourent des allées tracées jadis par nos rois et nos reines[59].

Son écriture est plus belle que jamais. Portée par un souci de mesure et d'efficacité, elle parvient à séduire le lecteur avec quelques détails choisis. « *We find these photographs troubling* » : par le biais d'un gallicisme, cette remarque renvoie à ses auteurs favoris du XVIIe siècle — à *L'Astrée*, roman pastoral qu'elle avait étudié durant sa dernière année à l'Université, mais aussi aux tragédies de Racine. Elle a bien compris qu'une ville s'élève par strates successives, que les routes ouvertes par des rois sont aujourd'hui foulées par le peuple. Devant les images de ces bourgeois d'Atget en complet-veston, l'usure de l'étoffe finit par nous apparaître : fidèle à sa vision du monde, Jacqueline Onassis a su faire d'un simple tissu un signe d'appartenance sociale.

Elle ne s'intéressait pas seulement aux sujets liés à la France, loin s'en faut, mais sa contribution à la vie littéraire américaine de cette période peut se résumer ainsi : elle redonna vie aux XVIIe et XVIIIe siècles français, notamment aux femmes de l'aristocratie, non pas en les rendant plus attrayantes mais en les montrant sous un jour plus réaliste.

Le dernier livre qu'elle publia était une histoire du Paris de l'après-guerre — qu'elle-même avait bien connu — rédigée par un couple d'Anglais, Antony Beevor et Artemis Cooper. Celle-ci avait pour grands-parents deux personnages très en vue de la bonne société britannique : Duff Cooper, ambassadeur à Paris à la fin des années 1940, et son épouse, lady Diana Cooper, célèbre pour sa beauté. Comme Malraux, Duff Cooper avait eu une aventure avec Louise de Vilmorin — rappelons que la fille de Louise, Jessica Hunt, avait fait ses études à Vassar College en même temps que Jacqueline et que, durant son séjour linguistique à Paris, celle-ci avait profité de cette accointance pour visiter le fameux salon bleu de Louise de Vilmorin, à Verrières-le-Buisson. Ces relations communes alimentaient sans doute la conversation lorsque Jacqueline invitait ses deux auteurs à déjeuner, et l'on peut considérer la publication de leur ouvrage comme un bénéfice de son carnet d'adresses. L'acquisition de *Paris libéré, Paris retrouvé* s'avéra fort judicieuse : Artemis Cooper ayant eu accès aux journaux encore inédits de son grand-père, le livre offre une vision panoramique, non censurée et souvent hilarante de la vie diplomatique dans le Paris de l'après-guerre — dont quelques soirées assommantes en compagnie de Charles et Yvonne de Gaulle, les conseils prodigués au duc de Windsor pour lui éviter de commettre des gaffes politiques d'envergure, ou la description d'un vigoureux trafic de mégots de cigarettes devant le Ritz[60].

Dans un entretien avec un journaliste anglais, Beevor évoque la collaboration du couple avec Jacqueline Onassis ; alors qu'il s'attendait à rencontrer une icône insipide, dit-il, il a découvert « une femme intelligente qui prenait très au sérieux son travail chez Doubleday ». Sa femme et lui voulaient terminer leur manuscrit avant le cinquantenaire de la Libération, mais le dernier chapitre posait problème : « Nous l'avons envoyé à Jackie, qui était alors très malade — elle devait mourir trois semaines plus tard. Elle a aussitôt commencé son travail de relecture. [...] Puis elle nous a donné ce conseil : "Vous devriez rassembler vos trois thèmes, les organiser en un crescendo qui les fasse apparaître tout naturellement."[61] »

Le dernier chapitre de *Paris libéré, Paris retrouvé* est consacré au communisme, au gaullisme et à divers mouvements artistiques ou littéraires, examinés dans leur contexte historique (entre 1944 et 1949) mais aussi dans leurs répercussions sur les événements de Mai 68, où Beevor et Cooper voient l'incapacité de la pensée radicale à « vaincre la bourgeoisie ». Jacqueline Onassis ne partageait peut-être pas l'avis exprimé par ses auteurs, mais c'est elle qui suggéra cette mise en perspective politique : ce qui aurait pu n'être qu'un charmant recueil d'anecdotes et d'observations débouche ainsi sur une analyse du monde né de la Libération. Cette prise de position finale confère au livre une dimension supplémentaire : au simple portrait d'une époque, aussi réussi soit-il, s'ajoute une véritable thèse.

Ses amis dans le milieu de l'édition aiment à raconter cette anecdote : une femme a pris place dans le grand escalier du Century Club, vénérable institution de Manhattan ; le gardien s'apprête à la chasser, il s'approche... et reconnaît Mme Onassis, totalement absorbée par sa lecture. L'histoire est d'autant plus plaisante qu'il fallut attendre 1987 — et une farouche bataille judiciaire — pour que les femmes soient admises dans ce club[62]. Dans le hall de l'établissement, les yeux rivés sur son livre, elle défiait tranquillement les conventions sans même en avoir conscience. Telle fut Jacqueline Bouvier durant les vingt dernières années de sa vie.

Dernier retour

Toute chronologie circulaire enchante le biographe : les promesses de la jeunesse ont fini par se réaliser, et la boucle est enfin bouclée. Dans *Les Mots,* Sartre évoque cette curieuse manie qui consiste à chercher, dans l'enfance des hommes illustres, l'annonce de leur future grandeur. Alors qu'on l'interrogeait sur une rencontre inopinée avec le pape, écrit-il, le jeune Raphaël aurait répondu : « Quel Saint-Père ? Je n'ai vu que des couleurs[63] ! » Dans le cas de Jacqueline Kennedy Onassis, cette approche semble inévitable. Des contes de son grand-père aux livres qu'elle fit publier, en passant par sa vie quotidienne au début des années 1990, la France et le français constituent le fil conducteur de son existence. Son dernier compagnon, Maurice Tempelsman, avait grandi à Brooklyn dans une famille judéo-belge francophone avant de devenir un grand diamantaire. D'abord conseiller financier de Jacqueline, il s'était bientôt lié d'amitié avec cette cliente qui partageait son goût des arts et de la littérature. Ils conversaient en français. En 1993, un an avant la mort de Jacqueline, ils étaient retournés ensemble dans les gorges du Tarn, afin de refaire la route qu'elle avait parcourue jadis en compagnie de Claude de Renty ; ils s'étaient ensuite rendus dans le Gard, berceau de la famille Bouvier, où Jacqueline avait pu revoir les lieux magiques qui la faisaient rêver à vingt ans[64]. À l'automne de 1949, durant son séjour en France, elle avait écrit ainsi : « Je tiens surtout à voir la Camargue : [...] au cours d'une cérémonie à cheval, les pieds dans l'eau, ses habitants bénissent les flots : c'est la *Bénédiction de la Mer**. » Chaque année, aux Saintes-Maries-de-la-Mer, des cavaliers portant une statue de Sara, patronne des Gitans, s'avancent dans les flots pour bénir la mer ; l'été, pour la corrida annuelle, les taureaux sont parés d'une cocarde entre les cornes.

À bord du Concorde, cet « avion de l'ère spatiale » qui la ramenait aux États-Unis, elle écrivit à Claude : « Tu ne devineras jamais ce qui m'est arrivé la semaine dernière — comme j'ai pensé à toi ! Les années se sont télescopées, et j'ai eu l'impression que notre petit voyage en Auvergne ne datait que d'hier. » Remontant les gorges du Tarn avec Maurice, elle s'était retrouvée sur la berge de La Croze, petit hameau déserté mais étrangement familier : c'est là qu'une tante de

Claude, Mme de la Romiguière, les avait accueillies à l'été de 1950. De retour à l'hôtel, elle avait pris soin d'appeler la vieille dame au téléphone. La Croze avait agi sur elle comme la madeleine de Proust, tirant du passé les deux jeunes filles que Claude et elle avaient été, « passionnées par un monde que nous attendions de découvrir en même temps que nos vies ».

Malgré des promesses de séjours plus fréquents à Paris, cette lettre ressemble fort à une lettre d'adieu — jusque dans ses dernières lignes, empreintes d'un humour caractéristique : « Je t'embrasse, ma chère Claude, et je te remercie pour cette virée en Panhard, il y a bien longtemps. Je me rappelle encore cette fois ou, je ne sais plus dans quel village, tu avais crié : "Pauvre con" à un type que tu avais failli renverser ! »

Jacqueline Onassis avait alors soixante-trois ans. Sur son corps amaigri, la clavicule se faisait plus saillante. Malgré son intense fatigue — signe avant-coureur du cancer qui allait l'emporter — elle conservait son profil inimitable et son goût pour les vêtements parfaits. Aux tenues de combat de l'ère Kennedy avaient succédé des pantalons et des pulls confortables. Un foulard de soie noué autour du cou, elle portait de grosses lunettes noires pour se protéger du soleil — et des caméras indiscrètes. Elle menait à présent une vie comparable à celle de ses condisciples parisiennes de 1949-1950. Ces femmes distinguées avaient mené de front une carrière, un mariage et l'éducation de leurs enfants : Mary Ann Hoberman, poétesse de renom, publia d'ingénieux livres pour la jeunesse ; Marjorie Flory poursuivit de brillantes études avant de travailler pour le magazine *Reader's Digest* ; Martha Rusk, l'amie proche qui avait accompagné Jacqueline à Dachau en 1950, devint professeur d'anglais et se spécialisa dans la collecte de fonds ; Brenda Gilchrist devint éditrice de livres d'art et illustratrice. Grâce à leur éducation privilégiée et à leur goût pour l'aventure, elles avaient fait mentir les stéréotypes des années 1950.

Jacqueline Onassis mourut en 1995, moins d'un an après son dernier voyage en France, entourée de ses proches dans son appartement de la 5ᵉ Avenue. Cette femme qui avait organisé tant de funérailles fut inhumée au terme d'une cérémonie discrète, au son de mélodies françaises (Fauré, Duruflé, Franck). Le premier, son fils prit la parole pour dire combien il leur avait été difficile de trouver des textes capables de traduire son être profond, « son amour des mots, ses liens avec la patrie et avec la famille, son esprit d'aventure ». Dans son éloge, Ted Kennedy évoqua la discrétion de la défunte et la « terrible souffrance qu'elle dut endurer sous l'éclat de millions de projecteurs ». L'oraison funèbre ne pouvait manquer de rappeler les liens de Jacqueline avec la France ; Kennedy raconta donc qu'il avait un jour, durant un dîner officiel, entendu son frère aîné plaisanter avec l'épouse de l'ambassadeur de France : « Jackie parle un excellent français, avait lancé le président, mais moi je ne comprends qu'un mot sur cinq, et ce mot, c'est "de Gaulle"[65]. »

Comme on pouvait s'y attendre, les Français — pour qui la commémoration est une forme d'art — saluèrent la disparition de Jacqueline Bouvier Kennedy Onassis comme s'il s'était agi d'une compatriote. Valéry Giscard d'Estaing évoqua pour la radio son plus vibrant souvenir de Jacqueline Kennedy ; un jour, à Versailles, il l'avait vue traverser la galerie des Glaces au bras du général de Gaulle, « et c'était l'un des plus beaux spectacles qu'on pouvait imaginer que de voir en même temps la jeunesse et la gloire[66] ». Sans doute eût-elle souri en apprenant que son vieil ami parisien l'associait ainsi, dans la mémoire nationale française, non pas à son époux ni au galant Malraux, mais à un président de la République sur le retour dont les manigances l'avaient tant irritée.

Quant à ses propres souhaits en matière d'héritage, elle se montra malicieuse jusqu'au bout. Consciente de l'adoration dont elle faisait l'objet, elle dit un jour à ses enfants : « Vendez tout, et vous serez riches[67] ! » C'est ainsi que furent mis en vente tous ses livres en français, tous les bibelots de son appartement new-yorkais, ses programmes des spectacles des Ballets russes, des livres consacrés aux châteaux français, aux arts décoratifs, à Versailles, des biographies de Proust, Hugo, Edith Wharton, James, Malraux, Napoléon, Mme de Lafayette, et même son exemplaire de *Nos ancêtres*, le traité du major Bouvier. Un acheteur crut bon de débourser 42 500 dollars pour son manuel de conjugaison française, sur lequel la lycéenne avait griffonné d'élégantes silhouettes féminines[68].

C'est en 2007 que j'ai rencontré pour la première fois la « sœur » française de Jacqueline Kennedy, Claude de Renty. Elle était devenue Claude du Granrut. Son mari, avocat distingué et ancien bâtonnier du barreau de Paris, était le fils d'un résistant qui, tout comme le père de Claude, était mort aux mains des nazis. Le couple s'évertuait à préserver la mémoire de la Résistance. Après avoir élevé ses enfants, Claude était entrée en politique au niveau local, puis régional, puis européen. Première adjointe du maire de Senlis, elle avait été membre du comité d'honneur du Mount Holyoke College, où elle avait passé une année d'études avant que Jacqueline Bouvier ne vienne loger à Paris chez sa mère. Elle n'avait jamais perdu le contact avec Jacqueline et avait assisté à son enterrement à New York.

Dans la cuisine de sa maison de campagne, à Senlis, j'observais Claude préparant devant ses fourneaux une irréprochable sauce hollandaise destinée aux premières asperges du printemps. Cette femme énergique, vêtue de soie taupe, me parlait de ses études à Sciences Po, de sa carrière politique, de ses espoirs pour l'Europe. Puis elle évoqua ses souvenirs de Jacqueline :

> Les premières années, nous n'avons reçu que des lettres assez brèves — pour annoncer une naissance ou autres formalités. Plus tard, elles sont devenues chaleureuses, plus expansives… À propos de son séjour à la maison, elle m'a confié un jour : « Cette année a été la plus heureuse de ma vie. » Aux

heures de gloire comme aux moments de détresse, son souvenir de la France est toujours resté pour elle un lieu sûr, un lieu sûr où elle se sentait vivre.

Claude m'a montré l'album qu'elle comptait envoyer aux petits-enfants de son amie, Rose, Tatiana et Jack. Elle y avait rassemblé toutes les photos de Jacqueline prises au cours de leur virée en province, en 1950. Elle en possédait encore les négatifs. Mon regard s'est arrêté sur une photographie de Jacqueline en plan serré, au cours de leur dernier pique-nique au bord de la Loire. Vêtue d'un short, brandissant une bouteille de vin, elle tient dans sa bouche un énorme morceau de baguette. Plus que la photographie prise durant le dîner chez Paul de Ganay, où elle arbore une élégante robe de bal à bustier noir, ce cliché de vacances montre quelque chose d'insaisissable et de précieux : l'insouciance d'une jeune Américaine qui peut encore se permettre de faire le pitre devant l'objectif.

III

Susan Sontag

1957-1958

Si la France de Jacqueline Bouvier est avant tout un ailleurs, un univers de formes, une aspiration esthétique, celle de Susan Sontag est un espace intérieur, une exploration de soi, une zone d'expérimentations et d'intense liberté sexuelle. Le Paris imaginaire de Jacqueline Bouvier a les contours du parc de Sceaux, du jardin du Luxembourg, de tous ces lieux entretenus avec soin où, jeune étudiante, elle pouvait caresser des rêves d'avenir en parcourant ce qu'elle nommerait un jour les « allées géométriques jadis tracées par des rois ». Le Paris de Susan Sontag, ce sont de minuscules chambres de bonne au septième étage, des hôtels à bas prix, des cafés enfumés. Voici deux grandes et belles femmes à l'épaisse crinière brune : la première, que sa beauté physique laissait étonnamment indifférente, s'en accommoda sans effort dès sa tendre enfance ; la seconde, complexée, s'efforça toujours d'harmoniser son corps et son esprit. Il n'est pas jusqu'à leur conception de l'hygiène qui ne les différencie, chacune entretenant un rapport particulier avec son corps et avec son image publique : si Jacqueline Bouvier avait les dents blanches et les mollets épilés, il arrivait que Susan Sontag néglige ses ablutions quotidiennes — sa liste de résolutions pour l'année 1957, rédigée à la veille de son départ pour l'Europe, comporte cette admonition inattendue : « Se doucher un soir sur deux[1]. » Le roman préféré de la jeune Susan, *L'Arbre de la nuit* (1937) de Djuna Barnes, se déroule dans un Paris pour expatriés, une ville conçue sur mesure pour ses désirs les plus brûlants, où la crasse même n'est pas dépourvue de noblesse : « Les Français ont pratiqué un détour d'immondices — Oh ! la bonne ordure ! Tandis que vous, vous êtes d'une race propre, d'une race trop pressée de se laver, et ça ne vous laisse plus de voie[2]. » À seize ans déjà, Susan Sontag savait quelle voie elle entendait suivre ; huit ans plus tard, cette résolution devait la conduire de l'Arizona à Paris.

Envies

Ce qui distingue radicalement le Paris de Sontag et celui de Bouvier — le Paris de 1949 et celui de 1958 — ne se limite pas au passage des ans : c'est avant tout une question de privilèges, de tempérament et de désir.

Susan Sontag ne bénéficia jamais d'un programme d'études à l'étranger. Signe de l'indépendance qui la caractérise, elle se rendit en Europe par ses propres moyens. Elle en rêvait depuis ses dix-sept ans. Quand elle se décida enfin, à vingt-quatre ans, mariée et mère d'un petit garçon de cinq ans, elle s'embarqua seule pour l'Europe.

Le brouillon d'une nouvelle que Susan Sontag commença à rédiger en France, vers le début de 1958, permet d'entrevoir, à défaut de la réalité des événements, les sentiments et les souvenirs qui lui restaient de son mariage, une fois sa famille quittée. Dans un échange romanesque entre ses personnages, tous deux mariés et universitaires, le mari dit à sa femme qu'ils se rendront en Europe dès qu'ils auront obtenu une bourse d'études ; à quoi elle répond qu'ils ne partiront jamais, que sa patience est à bout et que ces promesses toujours reportées l'épuisent :

> « Et nous restons dans ce trou à rats assis sur nos culs et nous devenons peu à peu importants, d'âge moyen, et nous prenons

du ventre… » Elle s'arrêta, consciente que ce n'était pas à un
« nous » qu'elle pensait, et que cette attaque n'avait absolument
pas été provoquée.

À bord du transatlantique, cependant, sa passion reprend de
plus belle :

> Elle ressentait un désir fou d'aller en Europe, et tous les
> mythes de l'Europe résonnaient dans sa tête. L'Europe cor-
> rompue, l'Europe fatiguée, l'Europe amorale. Elle qui, à vingt-
> quatre ans, avait toujours été précoce, se sentait stupidement,
> bêtement innocente, et voulait que cette innocence soit violée.
> J'ai vécu dans un rêve d'innocence, se murmura-t-elle à elle-
> même, tout en observant l'océan chiffonné et éclaboussé de
> lumière lunaire, nuit après nuit sur le bateau. Mon innocence
> me fait pleurer[3].

Ce passage rappelle Henry James et ses Américains à l'innocence épaisse, mais aussi Scott Fitzgerald et son Europe riche
de dangers, ou encore James Baldwin, pour qui l'Europe fut
aussi un lieu de désirs farouches et d'immoralité — c'est-à-
dire, pour l'étranger qu'il était, un lieu de liberté morale.
Jacqueline Bouvier parlait elle aussi des pernicieux plaisirs que
recelait l'Europe, mais ce n'était là qu'une figure de style, une
formule conçue au moment de décliner le prix de Paris que
lui offrait le magazine *Vogue*. Susan Sontag, elle, n'évoque pas
ces dangers à la légère. « L'océan chiffonné et éclaboussé de
lumière lunaire » : avec cette charmante métaphore, la narratrice laisse ici entrevoir l'écrivain à venir — dont la métamorphose ne pourra s'accomplir qu'en Europe.

« *Je me sens renaître* »

Susan Sontag, née Rosenblatt, vit le jour à New York en
1933, au plus fort de la grande crise. Son père, négociant en

fourrures, était mort au cours d'un voyage d'affaires en Chine quand elle avait cinq ans. Susan étant asthmatique, c'est peut-être pour des raisons de santé que sa mère choisit de s'installer en Arizona avec elle et sa sœur cadette, Judith.

Dans un entretien avec Chantal Thomas, elle évoque cette première enfance en Arizona, temps sec, soleil brûlant, routes en terre battue, auprès d'une mère léthargique, dépressive et alcoolique, toujours affalée sur son canapé et négligeant ses deux filles ; dans ce contexte, confie Sontag à l'écrivain français, elle se prit à rêver de l'énergie des grandes villes comme New York et Paris dès qu'elle fut en mesure de lire — c'est-à-dire, précise-t-elle, à l'âge de trois ans. Au nombre de ses premières lectures figure une biographie de Marie Curie, qui allait devenir son idole. Avant de découvrir la littérature, elle se rêvait en scientifique ou en médecin ; il ne lui restait plus qu'à patienter jusqu'à l'âge adulte[4]. De trois ans sa cadette, sa sœur Judith était sans doute trop jeune pour distraire sa solitude. Quand sa mère se remaria — Susan avait treize ans —, la petite famille partit s'installer à Los Angeles et les deux enfants adoptèrent le nom de leur beau-père, Nathan Sontag. Aucun texte de Susan Sontag ne laisse entendre que ce militaire se soit jamais montré rude ou désagréable. Sa mère, en revanche, était d'un tempérament instable et violent. Il est difficile d'imaginer Susan en 1947, lisant Gide et Rilke dans son lycée de North Hollywood quand ses camarades se passionnaient pour le swing et les drive-in. La tête dans les classiques, les yeux rivés sur l'Europe, elle était déjà séparée de son milieu par un siècle et un continent fantasmés. Après un passage éclair au lycée, elle quitta le domicile familial à quinze ans pour suivre des cours à l'université de Californie à Los Angeles (UCLA), puis à Berkeley, puis à Chicago. Véritable enfant prodige, elle y obtint son diplôme à dix-huit ans, c'est-à-dire avec trois ans d'avance sur ses camarades. En passant ainsi d'une faculté à l'autre, elle avait pour ambition de se réinventer, de devenir ce qu'elle nommerait plus tard « une Américaine autoeuropéanisée[5] ».

Ce projet intellectuel coïncidait avec son éveil à la sexualité. En 1949, durant la session d'été de Berkeley, elle rencontra celle qui, dans les journaux posthumes publiés par son fils, n'apparaît que sous la forme d'une abréviation de discrétion, « H ». Il s'agit de Harriet Sohmers, bourgeoise rebelle de l'Upper West Side, le quartier le plus huppé de New York, qu'elle avait rencontrée au centre d'échange de livres du campus, et qui l'avait abordée en lui demandant si elle avait lu *L'Arbre de la nuit*, grand classique lesbien[6]. Harriet fit découvrir à Susan le milieu des bars lesbiens de San Francisco, le Tin Alley, le 299, le 12 Adler, le Paper Doll et un bar pour homosexuels nommé le Red Lizzard. Sontag comprit alors, avec une euphorie qui se reflète dans ses écrits de l'époque, qu'elle pouvait mener une vie où une sexualité passionnée aurait toute sa place, qu'elle n'était pas condamnée à l'enseignement ni au métier de bibliothécaire — car elle était encore persuadée que la vie de l'esprit ne s'accommode pas des plaisirs charnels. « Tout commence maintenant, je me sens renaître », écrit-elle ainsi le 31 mai 1949. Elle raconte dans son journal ses soirées arrosées et son exploration de la jouissance sexuelle avec Harriet pour initiatrice.

Féminine ou garçonne, elle s'essaye alors à plusieurs rôles sexuels avec diverses partenaires : « *Femme* pour H et "butch" pour L.[7] » Elle noircit ses carnets de listes thématiques de vocabulaire spécialisé (noms de bars, termes d'argot désignant les rôles et les types sexuels), comme si l'univers homosexuel était un territoire étranger dont il lui fallait dessiner la carte. Elle devait procéder ainsi toute sa vie, abordant chaque nouveau milieu en consignant d'abord ses contours, ses usages et ses principaux représentants, puis en créant sa propre grammaire sous forme de listes. Elle recourut au même système en arrivant à Paris, tout comme elle l'avait fait pour rédiger ses dissertations littéraires de licence. Ses premières esquisses autobiographiques — qui ne devaient jamais être développées — se présentent elles aussi sous forme de listes.

Dans ses carnets, outre ces listes qui en constituent la plus grande part, on trouve un grand nombre de portraits qui témoignent d'un grand art de la description physique, d'une grande finesse sociologique et, parfois, d'un humour ravageur. Elle aimait s'attarder sur tel défaut singulier de son modèle, quelque imperfection prêtant à sourire. Son portrait d'Anaïs Nin, brossé à la suite d'une conférence de l'écrivain à San Francisco, en offre un exemple caractéristique ; c'est ici la voix de l'oratrice qui est détaillée :

> Elle fait briller et polit chaque syllabe du bout de la langue et des dents. On a l'impression que, si on devait la toucher, elle se désintégrerait en poussière argentée. Sa théorie de l'art était précieusement impalpable (découverte de l'inconscient, écriture automatique, révolte contre notre civilisation mécaniste) [8].

Du haut de ses seize ans, elle pouvait se montrer cruelle envers les intellectuelles d'âge mûr, d'Anaïs Nin à Simone de Beauvoir. Mais il est une femme qui ne suscita jamais de sa part le moindre mépris : Djuna Barnes, cette Américaine qui avait vécu dans le Paris des années 1920 et dont elle avait fait son modèle littéraire, son guide imaginaire dans la découverte de la vie intellectuelle et érotique de Paris. En avril 1949, elle écrit ses premières lignes au sujet de *L'Arbre de la nuit* :

> C'est ainsi que je veux écrire — une prose riche et rythmique — une prose lourde et sonore convenant à ces ambiguïtés mythiques qui sont à la fois source et structure d'une expérience esthétique symbolisée par le langage [9].

Ces réflexions, d'une profondeur inattendue chez une jeune fille tout juste sortie du lycée, font écho aux dogmes alors en vogue (critique rhétorique de Kenneth Burke, critique archétypale de Northrop Frye), que Sontag absorbait à un rythme effréné, en cours ou ailleurs [10]. À elle seule, cette phrase à propos de Djuna Barnes illustre une qualité qui ferait bientôt la force des écrits critiques de Sontag : son aptitude à créer un style, un métalangage, capable de rendre séduisantes et solides des idées nouvelles, poussant le lecteur à comprendre cette nouveauté que leur auteur avait su maîtriser. À l'époque où elle faisait entrer *L'Arbre de la nuit* dans son panthéon littéraire, ses amies et elle se plaisaient à voir dans leurs aventures sentimentales une parodie de l'univers de Barnes :

> Je me suis retrouvée installée avec trois femmes : une qui s'appelait C, une avocate, environ trente-quatre ans, *distinguée**, comme ne cessait de le répéter H, née et élevée en Californie, avec un faux accent anglais qui se remarquait régulièrement, avant de disparaître à nouveau dans son inconscient, et une Crosley... H m'apprit qu'elle avait vécu avec elle pendant deux mois, jusqu'au moment où C avait acheté un revolver et menacé de les tuer toutes les deux... Les deux autres femmes étaient en couple, Florence et Roma... H avait eu une liaison avec Florence... À un moment C se mit à rire et nous demanda si nous nous rendions compte de cette parodie [de *L'Arbre de la nuit*] que nous formions... C'était vrai, bien sûr, et, à mon plus grand amusement, je m'étais déjà fait la réflexion plusieurs fois auparavant[11]...

Le narrateur omniscient, un gynécologue travesti et pervers, raconte l'histoire de trois femmes et de leur impossible passion amoureuse. Résolument irréaliste, le roman nous fait passer des forêts d'Amérique du Nord à des lieux aristocratiques et décadents en Italie ou à Vienne, mais il a pour centre indubitable la place Saint-Sulpice, à Paris, et plus précisément le Café de la Mairie, pourvu d'une terrasse animée qui en fait, aujourd'hui encore, un lieu idéal pour observer les passants, ainsi que l'hôtel Récamier, qui était alors un modeste établissement typiquement parisien. C'est la place Saint-Sulpice que devait choisir Georges Perec, en octobre 1974, pour un exercice littéraire intitulé *Tentative d'épuisement d'un lieu parisien* ; s'étant assis successivement dans les trois cafés de la place, il nota tout ce qu'il voyait et entendait de son poste d'observation : des pigeons, des autobus dont il précise le numéro, la cloche de Saint-Sulpice, des femmes traînant des cabas à roulettes, enfin tous les indices de la plus extrême banalité[12]. Chez Djuna Barnes, la place sert de cadre à d'extravagants intérieurs tropicaux, à des scènes de harcèlement alcoolisé et de passion ardente. Dans le chapitre le plus célèbre du roman, « Veilleur, qu'en est-il de la nuit ? », Barnes délaisse la fiction au profit de l'argumentation et de la polémique ; plutôt l'Europe et la vie nocturne, écrit-elle, qu'une Amérique sagement ordonnée. Pour Sontag, le roman de Barnes était comme une invitation à visiter Paris, à prendre un verre dans ce café, à dormir dans cet hôtel, à abandonner les certitudes diurnes de l'Amérique pour embrasser les délires nocturnes que promettait l'Europe. Elle choisit de répondre à cet appel — mais après un long détour par le nord de l'Amérique.

Humanités 3B

À l'automne de 1949, délaissant ce laboratoire intellectuel et sexuel qu'avait été San Francisco pour elle, Susan Sontag partit découvrir dans le Midwest un milieu universitaire plus stimulant : elle était admise à l'université de Chicago en troisième année. La ville lui parut hideuse. Dans l'attente d'une chambre en résidence universitaire, sans cercle d'amis, elle avait tout son temps pour envisager son avenir.

Le journal intime tenu à San Francisco semble presque annoncer, si l'on croit aux prémonitions, le tour inattendu que prendrait sa vie à Chicago quelques semaines plus tard. Les amis qu'elle cite à ce propos ne sont jamais nommés — sinon par une simple lettre, « E » et « F », ce dernier étant un homme —, mais leur exhortation semble fondée sur une expérience personnelle :

> Ta seule chance d'être normale [c'est] d'arrêter tout de suite. Plus de femmes, plus de bars. Tu sais que ce sera la même chose à Chicago — à la résidence universitaire, à la fac, ou dans les bars gay... Sors avec plusieurs hommes en même

temps. Garez-vous et laisse-les te caresser + prendre leurs petits plaisirs. Tu n'aimeras pas ça du tout, au début, mais force-toi à le faire… c'est ta seule chance. Et pendant ce temps, ne vois pas de femmes. Si tu n'arrêtes pas tout de suite[13]…

Comprendre : si elle n'arrêtait pas tout de suite, elle n'arrêterait jamais. La lecture de ses carnets ne permet pas de déterminer si les admonestations de ses amis étaient malicieuses, menaçantes ou simplement tactiques. De fait, elle s'essaya un peu aux garçons en Californie, avant de noter, avec un mélange de soulagement et de regret, que la bisexualité n'était pas dans sa nature : elle savait qui elle était.

Pourtant, les mises en garde de ses amis de San Francisco ne cessèrent de lui peser au cours de ses premiers mois de solitude à Chicago. Ayant déniché par hasard, dans une librairie de la ville, *Onanisme et homosexualité* de Wilhelm Stekel, elle en consigna la thèse principale dans son journal : tous les humains sont par nature bisexuels. Mais cette théorie, précise-t-elle, n'a jamais été admise que par une civilisation : les Grecs. Or, dans l'univers intellectuel de l'université de Chicago, les Grecs représentaient le centre du monde.

Un an plus tard, le 2 décembre 1950, coup de théâtre : « La nuit dernière ou peut-être tôt ce (samedi) matin ? je me suis fiancée à Philip Rieff[14]. » Vers la fin de son troisième semestre à Chicago, s'étant laissé courtiser pendant une dizaine de jours, elle épousa son répétiteur de sociologie, un intellectuel juif anglophile qui avait la mine et les manières d'un professeur d'Oxford. Il travaillait sur Freud. Quand leur mariage commença de battre de l'aile, huit ans plus tard, elle écrivit de cet homme dépressif et exigeant : « P saigne facilement, physiquement de fait, mais aussi émotionnellement[15]. » Autant Sontag était intense et ténébreuse, autant Rieff était sage et terne. Mais sur le plan intellectuel, si l'on en croit les descriptions de Susan, ils avaient des échanges éblouissants. Une de ses nouvelles, portrait à peine voilé de sa vie d'épouse et d'universitaire, présente un couple conversant avec une telle passion que le mari poursuit sa femme jusque dans les toilettes[16]. Ce ne sont pas là des problèmes conjugaux ordinaires. Sontag avait déjà connu quelques liaisons platoniques avec des amis, où un gratifiant échange d'idées se substituait aux rapports sexuels. Bien plus avancé qu'elle dans la hiérarchie universitaire, Rieff fit entrer la jeune étudiante précoce dans un monde d'intellectuels diplômés et occupant des postes d'enseignement. Le couple suscitait la perplexité, et la nouvelle du mariage fut colportée par leurs amis sur le mode de la plaisanterie : « Tu es au courant ? Philip a épousé une Indienne[17]. »

Tout lecteur du premier volume de ses journaux posthumes est frappé par l'étrange hiatus qui sépare sa joyeuse acceptation de son homosexualité, à San Francisco, et son mariage avec Rieff à Chicago, qui tombe là comme un cheveu sur la soupe. Son journal ne dit jamais s'il s'agit, en épousant Philip, de s'élever sur l'échelle sociale, si elle craint d'échouer dans ses études sans l'appui d'un compagnon doublé d'un mentor, si l'intensité de leur relation intellectuelle compense pour elle l'absence de passion sexuelle, ou si, plus simplement, il lui était agréable de se sentir adorée. Le lecteur doit se contenter de cette entrée énigmatique : « J'épouse Philip en toute conscience + avec la peur de mon désir d'autodestruction[18]. » Seules quelques lignes, dans une lettre adressée à un camarade durant les vacances de printemps précédant le mariage, laissent deviner la terrible situation financière qui sous-tend sa décision :

> Ma mère est sans ressources maintenant. Je m'y attendais depuis bien des années. Il ne faut plus compter sur la succession de mon père, oncle Claudius ayant coulé l'affaire pour de bon le mois dernier (causes multiples : alcool, courses, mauvaise gestion, filles légères, fraude bancaire). Il aura besoin de tout son argent pour éviter la prison. Pour nous, il ne reste plus rien. Du coup, ma mère devra trouver du travail et sans doute vendre la maison. Je travaillerai probablement dès le trimestre prochain, et en tout cas cet été et toute l'année prochaine ; si

ma bourse n'est pas reconduite, je devrai renoncer à Chicago. Conséquence immédiate : si je parviens tout de même à y rester — en gagnant de l'argent, en renouvelant la bourse, ou que sais-je encore — je pars pour l'Europe dans quinze mois. Je décroche ma licence, et je file[19] !

Les programmes d'études à l'étranger étaient très rares dans les années 1950. Elle aurait peut-être postulé à ceux que proposaient Smith College, Sweet Briar ou Sarah Lawrence, si elle en avait connu l'existence. Mais elle passait trop rapidement d'un établissement à l'autre, et ses sources de revenus se limitaient presque exclusivement à la bourse d'études de Chicago. Elle s'inquiète encore au mois de mai de ce qui l'attend : « Mes résultats aux examens sont vraiment médiocres : pour prix de cette folie, je devrai remettre l'Europe à plus tard[20]. » Dans les mois précédant son mariage, son esprit semble absorbé par ce désir d'Europe, comme elle le dit bien dans sa lettre : « En gagnant de l'argent, en renouvelant la bourse, ou que sais-je encore — je pars pour l'Europe dans quinze mois. Je décroche ma licence, et je file ! » Au lieu de quoi elle opta pour le mariage, et dut remplacer ses projets de vie en Europe par un voyage avec Philip en juillet et août 1951, juste après l'obtention de son diplôme[21].

Sur le plan littéraire, le texte le plus abouti de Susan Sontag durant ses années de licence est une dissertation consacrée à *L'Arbre de la nuit* de Barnes. Rédigé dans le cadre du certificat « Humanités 3B », ce travail revêt assez d'importance à ses yeux pour mériter plusieurs entrées dans son journal. Composé en troisième année de licence, au cours du printemps qui vit sa mère en proie à de graves problèmes financiers, il constitue une sorte d'échappatoire imaginaire pour une étudiante qui se sentait dans une impasse, et témoigne d'une certaine nostalgie pour une vie homosexuelle qu'elle s'efforçait vainement d'éviter — elle venait justement de passer les vacances de Noël à New York avec Harriet. Sa dissertation lui offrait l'occasion de relire ce roman homosexuel d'un œil moins passionné, plus universitaire, et de voir s'il lui plaisait toujours. Son exemplaire de *Nightwood* (conservé dans les archives de UCLA) est copieusement annoté, par elle-même et par Philip Rieff : un beau jour, dont la date reste inconnue, elle avait admis son époux sur le territoire romanesque jusqu'alors réservé à Harriet[22].

L'étudiante en critique littéraire à l'université de Chicago n'avait rien perdu de son enthousiasme pour *L'Arbre de la nuit*. Selon une technique qu'elle ne cesserait de pratiquer au long de sa carrière, elle ouvre le débat en prenant à contre-pied un intellectuel d'envergure, en l'occurrence T. S. Eliot, le poète et critique qui avait publié et préfacé *L'Arbre de la nuit* en 1937. Selon Eliot, sa « qualité d'horreur et de fatalité » apparente le roman à une tragédie élisabéthaine. Sontag lui oppose qu'il n'y a rien de tragique ni d'élisabéthain dans *L'Arbre de la nuit* :

> L'horreur et la fatalité sont certes omniprésentes dans *L'Arbre de la nuit*, mais il me semble que, sur un plan stylistique, le livre se rapproche surtout de certains écrivains fin-de-siècle comme Huysmans ou Wilde. La passion et [*mot illisible*] n'y présentent guère d'affinités avec la « salubrité » d'une tragédie élisabéthaine ; si le raffinement perceptif ultra-conscient de Mlle Barnes nous rappelle un style particulier, c'est celui de Pater — non celui de Marlowe ou de Webster. Si, dans le théâtre anglais de la Renaissance, les personnages tragiques apparaissent toujours grandis par la défaite et par la mort, *L'Arbre de la nuit* a pour thème principal la dissolution, mais aussi, comme nous le verrons, le paradoxe inhérent à toute dissolution[23].

La précocité intellectuelle de Susan Sontag a été maintes fois commentée. Elle éclate ici au grand jour, non sans un soupçon de pédanterie. Il est exact que le style halluciné de Barnes est plus proche des écrivains fin-de-siècle que de la tragédie élisabéthaine ; la comparaison qu'établit Eliot est pour le moins inattendue. De même, elle a raison de souligner que la décadence, la dissolution physique, voire le combat animal des dernières pages du roman, irréalistes et presque incompréhen-

sibles, ont quelque chose de triomphant, et même de volup-
tueux, plutôt que de tragique. *L'Arbre de la vie*, écrit-elle, opère
un miracle par la force même de sa langue : ce qui était dissolu
et dégradé se trouve magnifié, ce qui semblait abject finit par
s'élever.

Elle trouva en Kenneth Burke le directeur de mémoire
idéal. L'éminent professeur, respecté de tous à Chicago, venait
de publier sa *Rhétorique des motivations*. Plus serein, à cinquante-
quatre ans, qu'au temps de sa jeunesse new-yorkaise à
Greenwich Village, ce critique champêtre[24] du Vermont conci-
liait sa passion pour l'analyse rhétorique et la théorie sociale et
la création d'une œuvre poétique. Ayant abandonné ses études
pour se faire écrivain, il n'était pas titulaire d'un doctorat, ni
d'aucun autre diplôme. D'ordinaire, un titre universitaire était
requis pour enseigner dans le supérieur ; mais, pour recruter
Burke, l'Université avait fait une exception. Des qualifications
si peu conventionnelles avaient tout pour séduire Sontag. Ses
biographes l'ont bien compris : « Pour Sontag, Burke fut bien
plus qu'un enseignant : elle lui doit sa conception de la vie
littéraire. » Plus tard, elle devait se rappeler sa joie en apprenant que Burke avait jadis partagé un appartement avec Djuna
Barnes, à Greenwich Village : « Je vous laisse imaginer ma réaction[25]... » Avec sa symbolique appuyée, son style alambiqué et
son délectable mépris des conventions, *L'Arbre de la nuit* était
un roman idéal à explorer avec ce professeur qui, pour avoir
fréquenté l'auteur favori de Sontag, lui semblait encore tout
imprégné de son aura.

En matière de critique littéraire, la rigueur et la méthode
de Kenneth Burke compensaient largement son manque de
diplômes. Les carnets de Chicago de Susan Sontag illustrent
la méthode très artisanale qu'il enseignait alors : à partir d'un
texte littéraire, les étudiants étaient invités à créer un lexique
de termes clés qui leur servirait de grille de lecture ; évitant
ainsi de s'en tenir à un résumé de l'intrigue, ils pouvaient
entreprendre une analyse fouillée de la langue. Avant de
s'emparer de *L'Arbre de la nuit*, Sontag avait consacré un

commentaire bref à un roman de Joseph Conrad, *Victoire*, toujours dans le cadre du certificat Humanités 3B ; son relevé des termes clés était si précis que Burke, au fil d'annotations dactylographiées sur plusieurs pages, lui rappelle qu'il convient aussi de s'intéresser aux personnages, tout aussi utiles et révélateurs[26].

La liste préparatoire pour *L'Arbre de la nuit* comporte des « termes essentiels » (préhistoire, ombre, parfum du souvenir, mémoire du racisme, expérience oubliée) mêlés à diverses fonctions : le sommeil, la nuit, la mer, le fond, la matrice, et, comme toujours, le lesbianisme, « quêtant une essence dans l'image primordiale de la pure bête, associée à l'enfance — au double sens de premier âge et d'incapacité locutoire[27] ».

Quant à l'intrigue saphique du roman, l'analyse en est moins fouillée, et la langue plus ambiguë : à propos d'une relation hétérosexuelle dont la femme est l'élément dominant, Sontag écrit qu'elle « préfigure » l'homosexualité. Elle utilise à ce sujet un terme freudien déjà désuet, l'« inversion », qui correspond toutefois au renversement des valeurs observé dans le roman : la nuit s'y substitue au jour, la bête à l'homme, l'abjection à la pureté.

Mais il est une vérité qui, par la force des choses, demeure invisible à la jeune étudiante : de manière prémonitoire, son propre avenir apparaît dans le roman. L'héroïne de *L'Arbre de la nuit*, Robin Vote, épouse le faible Felix, un aristocrate juif dont elle aura un enfant, puis le quitte pour rentrer à Paris avec une femme, Nora Flood. De son côté, Susan Sontag épousa Philip Rieff, donna naissance à leur fils David, puis les quitta tous deux cinq ans plus tard pour aller vivre à Paris, où elle mena une existence qui n'est pas sans rappeler celle de Djuna Barnes et de Thelma Wood dans le Paris des années 1920, rue Saint-Romain, aventure dont les péripéties devaient inspirer *L'Arbre de la nuit*. Tout ce qui intéressait Sontag sur le plan privé, les jeux de rôles sexuels entre femmes, l'abolition des frontières entre amantes, ce qu'il peut y avoir d'agressif et de cruel dans la sexualité, la vie nocturne de bar en bar, figure aussi bien dans le roman de Barnes que dans les journaux intimes de Sontag. Quand elle affirme qu'elle entend faire sien le style de *L'Arbre de la nuit*, il faut aussi comprendre qu'elle veut vivre comme les personnages de ce roman. Jeune étudiante, elle dut laisser cette ambition de côté et se concentrer sur la structure romanesque, fort éloignée de ses propres désirs[28].

Quoique fort scolaire et pétri de non-dits, son devoir suscita la controverse au sein même de la faculté des Humanités de Chicago. Burke le trouvait « épatant », mais un deuxième correcteur se montra nettement plus critique. Un autre enseignant fut invité à arbitrer le différend : « Il l'a encore moins aimé[29] ! » Le conseil de la faculté fit donc appel à un quatrième correcteur, Wallace Fowlie, auteur d'un essai sur *L'Arbre de la nuit*; vieil ami de Burke au temps où il enseignait à Bennington College, il était justement de passage sur le campus de Chicago. Cet ancien étudiant de T. S. Eliot à Harvard, converti au catholicisme, était un ardent francophile et un esthète épris d'avant-garde[30]. Il se déclara enchanté par l'essai de Sontag[31]. Désaccord entre correcteurs, brève pagaille administrative, nécessité de faire appel à un chapelet de lecteurs, risque d'échec, et triomphe final grâce à une intervention extérieure : pour la jeune étudiante aux ambitions littéraires avant-gardistes, ce processus fut sans doute bien plus grisant que ne l'eût été un succès consensuel. Peu après l'obtention de son diplôme à Chicago, en 1951, Susan Sontag accompagna son mari à Cambridge, dans le Massachusetts — Rieff avait obtenu un poste à l'université Brandeis, à Waltham. Leur fils David vint au monde l'année suivante.

Plus tard — David avait alors trois ans —, Susan Sontag s'inscrivit en doctorat de philosophie à Harvard[32]. C'est donc la philosophie, non la littérature, qui l'incita à envisager une carrière universitaire sous la houlette de Paul Tillich, le grand théologien protestant qui avait fui l'Allemagne nazie. Après ses examens, où elle se classa première de son groupe de doctorants, Tillich l'aida à obtenir une bourse d'études de l'Association des femmes universitaires américaines ; ainsi pourrait-elle poursuivre à Oxford son travail sur les postulats métaphysiques de l'éthique. Elle négocia son départ avec soin, confiant son tout jeune fils à ses beaux-parents, et entreprit la traversée d'un océan « chiffonné et éclaboussé de lumière lunaire ».

À Oxford, l'atmosphère lui parut rapidement suffocante. Les Britanniques lui rappelaient Philip : « Il existe un type d'homme — le vierge mâle — très représenté en Angleterre, je suppose[33]. » Elle assista à des cours de J. L. Austin, éminent représentant de la philosophie « analytique » du langage ordinaire, et entreprit de rédiger une nouvelle dont l'héroïne était, comme elle, une femme bloquée en Angleterre :

> L'atmosphère ressemblait trop à celle qu'elle avait connue en Amérique — le carriérisme plein de tensions du monde universitaire, son côté bavard. Elle était malade de parler, malade des livres, de l'industrie intellectuelle, des manières désinhibées du professeur[34].

Elle trouvait encore le temps, durant les cours, de gribouiller sur le dos cartonné de ses cahiers l'adresse où se procurer, à Paris, des tickets de restaurant universitaire, ou encore une liste d'apéritifs anisés (« Pernod, Ricard, Berger »), sans oublier le mystère du processus chimique que l'on nomme *louchissement**. Pendant qu'Austin décortiquait les « actes de langage », Sontag se préparait à une nouvelle vie : « Le pastis, toujours de couleur jaune, vire au blanc quand on y ajoute de l'eau[35]. »

Elle finit pourtant par quitter l'Angleterre et la voie toute tracée menant au doctorat. La raison en est simple : Harriet Sohmers avait abandonné son cursus à Berkeley et vivait désormais à Paris. Harriet vint-elle chercher Susan en Angleterre, ou est-ce Susan qui se rendit à Paris pour retrouver Harriet ? Ce qui est certain, c'est que leurs retrouvailles furent décisives. Le couple passa ensemble les fêtes de fin d'année à Paris. Alors qu'elle était censée repartir après les vacances de Noël, Susan Sontag resta en France jusqu'à la fin de l'été.

Paris avec Philip, Paris avec Harriet

Sontag avait déjà visité Paris en 1951, au cours de l'été suivant son mariage : cette escapade touristique avait fait office de lune de miel. Au moment de monter dans un taxi avec Philip, devant la gare Saint-Lazare, elle avait lancé au chauffeur : « La Sorbonne, s'il vous plaît ! » Car tel était, dans la capitale, le seul lieu qu'elle fût en mesure de nommer. Ce furent là ses premiers mots en français. Des années plus tard, elle se plut à rappeler que Philip et elle étaient descendus par hasard à l'Hôtel des Étrangers, sans savoir que cet établissement avait jadis accueilli le jeune Rimbaud expulsé par l'épouse de Verlaine. D'une grande timidité, les jeunes mariés n'avaient parlé à personne au cours de cet « été muet[36] ».

De retour six ans plus tard, elle mena auprès de Harriet une vie bien différente. Pourtant, la ville avait à peine changé depuis sa visite de 1951 — c'était encore le Paris qu'avait connu Jacqueline Bouvier en 1949. La rive Gauche, qui avait échappé aux bombardements allemands, ne présentait guère de nouveaux bâtiments. En banlieue, ce n'est plus au Bourget mais à Orly Sud que se trouvait le principal aéroport commercial. À l'ouest, dans l'alignement des Champs-Élysées et de l'arc de Triomphe, le hall d'exposition du Cnit était alors en construction. Cette immense voûte en forme de vague fut sans doute le projet architectural le plus apprécié des années 1957-1958. Le métro ne parvenant pas encore jusque-là, rares étaient les étudiants américains qui connaissaient le quartier de la Défense[37]. En revanche, Sontag vit s'ouvrir le chantier de Jussieu sur les rives de la Seine : à partir de mars 1958, sur l'emplacement de l'ancienne halle aux vins détruite en 1944, l'université de Paris faisait construire les laboratoires et les salles de cours dont elle avait un besoin urgent. La Sorbonne ne pouvait plus faire face aux demandes d'inscription, démultipliées par l'arrivée massive de ressortissants d'un « Empire français en plein effondrement », selon la formule de Rosemary Wakeman[38].

Ce phénomène signalait un changement de grande envergure. Ayant perdu l'Indochine en 1954, la France s'était lancée la même année dans une guerre désespérée pour conserver l'Algérie française. Les signes d'une crise profonde étaient innombrables ; encore fallait-il être en mesure de les repérer. Une chanson de Boris Vian, *Le Déserteur*, écrite en pleine débâcle de Diên Biên Phu, fut censurée par le gouvernement. Quatre ans plus tard, on dénombrait en Algérie près d'un demi-million de soldats, pour la plupart des appelés du contingent expédiés depuis la métropole. Outre les bouleversements de l'histoire et l'afflux d'étudiants issus des colonies, un événement, pourtant modeste, devait avoir un effet immédiat sur la vie de Harriet et de Susan : l'ouverture des Beaux-Arts, du Mabillon et du Prince, trois restaurants universitaires où l'on pouvait s'offrir un repas complet, vin compris, pour 50 centimes.

Chambres d'hôtel

Le Paris de 1957 était encore un assemblage de quartiers aussi singuliers que des villages distants les uns des autres. Le 16e arrondissement de Jacqueline Bouvier, avec ses boutiques de luxe et ses immeubles bourgeois, se distinguait nettement du faubourg Saint-Germain où vivait Paul de Ganay dans l'un de ces imposants hôtels particuliers qui se dressent derrière la majestueuse esplanade des Invalides, et plus encore du Paris bohème de Susan Sontag, pourtant situé à un ou deux kilomètres à peine. En décembre 1957, dès son arrivée à Paris, Sontag écrit :

Saint-Germain-des-Prés. Pas la même chose que Greenwich
Village, pas exactement. [...] Pas de rupture d'identification
nationale, pas de mauvaise identification. [...] La routine du
café. Après le travail, ou quand vous voulez écrire ou peindre,
vous allez dans un café et cherchez des gens que vous connais-
sez. De préférence avec quelqu'un, ou au moins avec un
rendez-vous précis... On doit aller dans plusieurs cafés
— moyenne : quatre par soirée [39].

Sur la carte, le Paris de Susan Sontag se résume à une série
de cafés et de bars, d'hôtels et d'appartements tous situés dans
les 5e et 6e arrondissements, et plus particulièrement dans
deux quartiers : Saint-Germain-des-Prés et le quartier Latin.
Le premier abritait les principales maisons d'édition et les
grands cafés littéraires comme Le Flore ou Les Deux Magots,
que Sartre et Beauvoir avaient tant fréquentés sous l'Occupation — assis bien au chaud, ils écrivaient pendant des heures
en commandant des succédanés de café. En remontant le
boulevard Saint-Germain, on parvenait au quartier Latin :
autour de la Sorbonne et le long du Boul' Mich', les étudiants
trouvaient des dizaines de librairies et de restaurants à bas
prix.
La rive Gauche était le cœur littéraire d'un Paris qui se
considérait encore comme la capitale mondiale de la littérature. Évoquant le petit monde des écrivains français dans un
essai de 1940, *Qu'est-ce que la littérature ?*, Sartre se moque genti-
ment de cette communauté si soudée : « Avec un peu de
chance, un Américain pressé peut nous joindre tous en vingt-
quatre heures [40]. » Un Français pressé, eût-il pu ajouter, aurait
rencontré plus vite encore les Américains de Paris : dans les
années 1950, on trouvait la plupart d'entre eux dans ces ruelles
tortueuses qui mènent de la Seine au jardin du Luxembourg.
Pour écrire ou pour traduire, Harriet travaillait dans une
minuscule chambre de bonne « au sixième étage — sans ascenseur — d'un immeuble très chic, avec vue sur les toits »,

Susan Sontag (*au centre*), Harriet Sohmers (*à droite*) et Barbara,
la sœur de Harriet, sur le Pont-au-Double,
marchant en direction de Notre-Dame (1958).

Cliché pris par un photographe de rue anonyme.

non loin de la station de métro Rue-du-Bac[41]. À l'arrivée de Susan, les deux amies passèrent dix jours ensemble au Grand Hôtel de l'Univers, rue Grégoire-de-Tours, près du métro Odéon, avant de retrouver le logement habituel d'Harriet, l'Hôtel de Poitou, rue de Seine, derrière l'école des Beaux-Arts. Plus tard, un ami mathématicien d'Harriet, un certain Sam, devait leur prêter un appartement moins exigu dans la rue des Boulangers.

En arrivant à Paris, une amie de Susan nommée Annette Michelson, qui allait devenir une grande théoricienne du cinéma, avait commencé par loger à l'Hôtel des Carmes, logement estudiantin dont les chambres étaient pourvues d'un lavabo et du traditionnel bidet. En 1949, elle s'écarta un peu des sentiers battus lorsque son compagnon, Bernard Frechtman, racheta l'appartement de Jean Genet dans le 14e arrondissement, rue Joanès, celui-ci ayant fait le choix de vivre à l'hôtel. Les murs de l'ancien appartement de Genet étaient recouverts de jute sombre. En l'absence de pièce dévolue à la cuisine, le couple prenait ses repas au restaurant comme au temps où il vivait à l'hôtel[42]. Agent littéraire et fervent admirateur de Genet, Frechtman traduisait en anglais les œuvres complètes de son client; de son côté, Annette publiait des critiques d'art. Allen Ginsberg comptait parmi les voisins de Sontag — sans faire partie de ses intimes, il était pour elle un familier. Avec son petit ami Peter, il vivait à deux pas de la Seine dans une pension bon marché du quartier Latin, au n° 9 de la rue Gît-le-Cœur; cet établissement miteux, avec toilettes à la turque sur le palier et une unique baignoire pour quarante-deux chambres, était connu sous l'appellation « Beat Hotel [43] ». Le quartier abritait également Iris Owens, ancienne étudiante de Barnard College qui écrivait des romans pornographiques pour l'Olympia Press de Maurice Girodias. L'action de *The Woman Thing* se déroule presque entièrement dans une chambre d'hôtel de la rue Monsieur-le-Prince, au cœur du quartier de l'Odéon, dans un registre qui n'exclut pas l'humour — par exemple, cette

« queue aussi massive et dure que les flèches de la cathédrale de Chartres[44] ».

Qu'ils soient l'œuvre d'un Français ou d'un Américain, les textes décrivant la vie intellectuelle parisienne des années 1950 et 1960 mentionnent presque tous des chambres d'hôtel. Peu de nouveaux logements avaient vu le jour dans l'entre-deux-guerres, un contrôle strict des loyers limitant les bénéfices que pouvaient en tirer les propriétaires. À la Libération, Paris était au bord de l'explosion démographique. Faute d'appartements disponibles, beaucoup louaient une chambre au mois — une chambre simple avec toilettes sur le palier et, dans le meilleur des cas, un réchaud à gaz sur lequel on pouvait préparer une bouillie d'avoine ou une omelette. On pouvait également se rabattre sur les chambres de bonne ; au sixième ou au septième étage des immeubles bourgeois, ces minuscules espaces mansardés abritaient jadis les gens de maison. Avec la lente démocratisation de la population parisienne, on avait vu disparaître peu à peu les domestiques ; les chambres où ils logeaient naguère étaient donc louées à des étudiants, qui devaient souvent se contenter d'un unique WC par palier. Pour la toilette, ils se rendaient aux bains-douches de leur quartier, tels les Bains des Patriarches, rue Mouffetard, non loin de l'immeuble où résidaient Sontag et Sohmers. Ginsberg, Burroughs et Corso pouvaient s'offrir le luxe de prendre des bains au Beat Hotel, à condition de le signaler par avance et de payer un petit supplément[45]. La situation n'avait guère évolué depuis 1949 et le bain hebdomadaire des étudiantes de Smith.

Évoquant leurs souvenirs parisiens, Sontag comme Ginsberg décrivent un univers matériel résolument français et un milieu social très américain. Le français de Sontag était assez rudimentaire. À l'université de Chicago, elle avait obtenu des certificats de français (1a, 1b et 1c) dont la brochure de l'université signale qu'ils privilégiaient la compréhension écrite : « Premier objectif de ce cours annuel : lecture fluide et correcte du français de base. Objectif secondaire : expression et compréhension orales. L'accent sera mis sur certains aspects de la culture et de la civilisation françaises[46]. » Sontag parvenait sans doute à lire un peu le français, mais elle ne l'avait jamais appris au lycée (à Hollywood High, elle avait choisi l'espagnol) et ne s'était guère préparée à ce séjour à l'étranger ; par rapport à celui des étudiantes de Smith venues passer un an à Paris, son français était inexistant[47].

« Nous vivions dans une enclave parce que notre français n'était pas terrible », se rappelle Ginsberg[48]. Mais leur liberté était aussi une source d'isolement et de difficultés financières : pas de mère d'accueil pour leur préparer des repas, ni de bain linguistique pour améliorer leur français, ni de Mlle Saleil pour leur faire découvrir la vie culturelle parisienne. Comme des milliers d'expatriés depuis lors, Ginsberg mena dans la capitale une existence faite de petits rituels séculaires (glaner des aliments sur les marchés en plein air, préserver un minimum d'hygiène corporelle), sans vraiment fréquenter les Français, qui déambulaient devant lui telles de lointaines apparitions.

« Je suis venue à Paris en 1957 et je n'ai rien vu », dira Sontag quelques années plus tard, de retour dans la ville à l'occasion de la traduction de l'un de ses romans. Au journaliste qui l'interroge en français, elle répond sans difficulté dans la même langue : « Je suis restée cloîtrée dans un milieu qui était en soi un milieu d'étrangers. Mais j'ai senti la ville[49]. »

Harriet Sohmers vivait depuis 1950 à Paris, où il lui arrivait de travailler pour le *Herald Tribune*. Elle appartenait à cette population d'écrivains, d'artistes et de journalistes qui se sentaient très proches de la génération « beat » à l'étranger. Son carré à la Louise Brooks, sa mince silhouette et son accent américain auraient, selon le poète Edward Field, convaincu Jean-Luc Godard de confier à une jeune actrice originaire de l'Iowa, Jean Seberg, le rôle de Patricia, inoubliable dans les premières scènes de son *À bout de souffle* : avec sa marinière et sa coupe à la garçonne, elle arpente les Champs-Élysées en criant : « *New York Herald Tribune*[50] ! » Si l'hypothèse de Fields est fondée, Susan Sontag eut sans le savoir un lien privilégié avec le cinéma de la Nouvelle Vague, qui devait contribuer à lancer sa carrière de critique[51].

À n'en pas douter, Harriet Sohmers était bien plus mûre et plus réfléchie que la jeune fille enceinte, fraîche et innocente que présente le film de Godard. Elle posait pour des artistes, se voyait confier une traduction de temps à autre, peignait ou écrivait pour le plaisir. Elle travaillait de 18 heures à minuit aux bureaux du *Herald Tribune*, rue de Berri, puis traversait la Seine pour aller finir la soirée dans une boîte de nuit ou un bar de Saint-Germain-des-Prés. En 1953, elle apporta sa modeste contribution à l'histoire du modernisme littéraire. Grâce à son cercle d'amis, elle fut présentée à l'éditeur de Henry Miller, Maurice Girodias, qui avait hérité de la maison d'édition paternelle, Obelisk, bientôt rebaptisée Olympia Press. Cet éditeur publiait à Paris des livres en anglais que la censure américaine aurait interdits. En plus de cette littérature polissonne — ses *dirty books* —, Girodias publia des chefs-d'œuvre du modernisme comme le *Watt* de Beckett ou la *Lolita* de Nabokov, acquis grâce à son habileté et à la rigidité morale du marché littéraire anglais et américain. Les Américains de Paris savaient bien, quand ils étaient sans le sou, qu'ils pouvaient lui proposer un texte ou une traduction. C'est ainsi qu'Harriet en vint à traduire *Justine, ou Les Infortunes de la vertu* (version de 1787) de Sade. Même pour un traducteur exercé, il est difficile de rendre en anglais cette langue élégante du XVIIIᵉ siècle ; la traduction de Harriet se limite le plus souvent à un calque bizarre de l'original, dont elle perd au passage la puissance érotique, laquelle repose sur un candide aller-retour entre des scènes de débauche et de froides considérations philosophiques[52]. La même année, Austryn Wainhouse (sous le pseudonyme Pieralessandro Casavini) fut invité à traduire la version de 1791 ; plus longue et plus crue, celle-ci est intitulée *Justine, ou Les Malheurs de la vertu*[53]. Cette répartition des tâches obéissait à une certaine logique : Harriet Sohmers, en tant que femme, traduisait la version la moins obscène de

Justine, tandis que Wainhouse « Casavini » se chargeait de la suite, plus scabreuse[54]. Plus tard, en 1965, Wainhouse révisa sa traduction de Sade en vue d'une nouvelle édition, à New York, et se consacra à la traduction de textes français. Il en alla autrement pour Sohmers : son expérience de la traduction, indissociable de ses aventures parisiennes, devait se limiter à *Justine*[55].

Les écrivains américains de Paris formant un cercle assez restreint, Harriet connaissait la plupart d'entre eux. Outre les jeunes gens de la rue Gît-le-Cœur et ses collègues du *Herald Tribune*, elle fréquentait aussi les Noirs qui se retrouvaient au Café de Tournon, à deux pas du Sénat, et dont James Baldwin était en 1958 le plus illustre représentant[56]. Sohmers et Baldwin avaient publié des textes dans la même revue, *New Story*. Avant que Susan ne vienne la rejoindre, à l'hiver de 1958, Harriet avait vécu une passion amoureuse avec une actrice et dramaturge cubaine, María Irene Fornés ; elle en parlait si souvent que celle-ci, quoique absente, finit par devenir une sorte de troisième élément du couple. À San Francisco, Harriet avait fait découvrir à Susan le monde des bars et les milieux qu'elle fréquentait. Les bars étaient plus nombreux encore à Paris, et les milieux infiniment plus divers.

Avec Harriet Sohmers, Susan Sontag quittait l'univers intellectuel des critiques de Chicago et des philosophes d'Oxford pour découvrir le petit monde des expatriés de la *beat generation*. Mais une femme pouvait-elle être *beat* ? Rien de plus masculin ni de plus machiste, dans l'histoire de la culture américaine, que les poètes *beat* des années 1950 et 1960 : Ginsberg, Bowles, Kerouac et Corso s'entouraient de leurs amants ou de femmes qui n'étaient là que pour boire leurs paroles. Joyce Johnson a fait le récit émouvant de sa vie auprès de Jack Kerouac ; elle-même écrivain, elle ne fut jamais perçue comme telle à ses côtés[57]. Dans le milieu qu'elle décrit, une ambitieuse comme Sontag n'eût sans doute jamais trouvé un rôle à sa mesure parmi ces hommes-là. Sohmers et elle ne partageaient guère avec les écrivains *beat* qu'une géographie parisienne et quelques bonnes adresses. Tous allaient déjeuner au Café des Beaux-Arts, rue Bonaparte ; autour d'une table commune en bois, recouverte d'une nappe en papier, on y dégustait un repas complet pour quelques sous, vin compris. Pour boire un verre, on se retrouvait à l'Old Navy, sur le boulevard Saint-Germain — où l'on peut encore croiser Anna Karina à l'heure du cocktail —, ou au Monaco, le bar favori de Burroughs au carrefour de l'Odéon. Naturellement, tous ne jouissaient pas du même statut littéraire. Ginsberg et plus encore Burroughs étaient des rebelles établis que leurs expérimentations formelles avaient déjà rendus célèbres. Ginsberg était parti s'installer à Paris au moment où son poème *Howl* faisait les gros titres aux États-Unis, au lendemain d'un procès pour obscénité qui s'était conclu par un non-lieu. Sontag, étudiante de troisième cycle, n'avait pas encore publié ; et Sohmers, malgré tout son talent et son intelligence, était plus douée pour la vie que pour l'art.

Bien plus que New York ou San Francisco, note l'historien Barry Miles, Paris offrait un refuge aux écrivains *beat* soucieux de fuir le conformisme et le puritanisme de leur époque[58]. Pour Sontag, Paris représentait quelque chose de plus immédiat, de plus profond — une rupture inespérée avec le mariage et les exigences de la maternité. Quitter son époux était une audace en soi, mais partir sans son enfant semblait plus radical encore. Avec la publication posthume de ses journaux par son fils, David Rieff, on a pu découvrir cet aveu glaçant :

> Je ne rêve quasiment jamais de David et ne pense pas beaucoup à lui. Il n'a fait que de rares incursions dans ma vie imaginaire. Lorsque je suis avec lui, je l'adore totalement et sans ambivalence. Lorsque je m'éloigne, du moment que je sais qu'on s'en occupe bien, il s'évanouit très rapidement. De tous ceux que j'ai aimés, c'est lui qui est le moins un objet mental d'amour, qui est le plus intensément vrai[59].

Intensément vrai, et par là même irréel.

Susan Sontag ne fréquentait pas la communauté lesbienne de Paris, contrairement à Djuna Barnes peu auparavant — ou même au couple qu'elle avait formé avec Harriet à San Francisco. Elle n'avait aucun penchant communautaire. Ce qui se dégage de son journal intime, en dépit de la souffrance amoureuse que l'on y devine, c'est un sentiment de soulagement et d'appartenance : « C'était si bon de me retrouver dans mon univers, si on peut dire — que ce soit des femmes, et non des hommes, qui s'intéressent à moi[60]. » James Baldwin avait raconté l'année précédente, dans *La Chambre de Giovanni*, l'histoire d'un Américain qui finit par assumer son homosexualité à Paris. Une vingtaine d'années plus tôt, Djuna Barnes, son inspiratrice, avait elle aussi conçu des personnages de femmes amoureuses. Or Sontag, dans une nouvelle esquissée dans son journal et reflétant sa relation avec Harriet, fait de celle-ci un personnage masculin du nom de Hazlitt. Représenter la vie homosexuelle dans une œuvre de fiction ne l'intéressait pas. Sans doute estimait-elle que sa propre existence pouvait toucher des femmes aussi bien que des hommes, des hétérosexuels aussi bien que des homosexuels, dans la mesure où elle se libérait, comme tant d'autres expatriés avant elle, de toute forme de carcan social.

Une méthode sur mesure

À l'hiver de 1958, en plus de sa passion amoureuse pour Harriet, Sontag s'était éperdument éprise de la langue française. Si le poème bilingue de Jacqueline Bouvier traduisait une affection toute juvénile pour sa seconde langue, les journaux de Susan Sontag témoignent d'un amour du français franchement obsessionnel.

Les récits consacrés à l'apprentissage d'une langue comportent des éléments récurrents : grammaire aux pages

cornées, professeur vénéré ou redouté, fautes aussi cocasses
que gênantes, évocation du contexte justifiant le choix d'une
autre langue — qu'il s'agisse de l'expatriation, à quoi peut
contraindre une situation économique ou sociale, ou des vertus linguistiques d'une rencontre amoureuse. Tout comme
l'amour, l'acquisition d'une langue peut s'avérer un processus
trop complexe et trop affectif pour les sciences du comportement ; c'est pourquoi des ouvrages comme *Enfance*, de Nathalie
Sarraute, *Autres Rivages*, de Nabokov, ou *Retour à Brooklyn*,
d'Alfred Kazin, portés par un sens romanesque de l'incident et
du détail, parviennent à traduire, sinon la science, du moins
l'art de s'immerger dans une langue nouvelle[61].

La relation de Susan Sontag au français a ceci de particulier
qu'elle se dispensa de tout manuel, de professeur de langues, et
même des caprices de l'expérience : c'est elle-même qui conçut
sa propre méthode[62]. Elle prit soin de conserver les listes de
vocabulaire établies durant son séjour à Paris, et ces documents
sont aujourd'hui archivés à l'université de Californie à Los
Angeles. Dans des cahiers à spirale, sur d'innombrables pages,
figurent des colonnes entières de mots français avec leur traduction entre parenthèses ; quelques termes rares apparaissent
parfois dans la marge. À première vue, tout cela n'a guère plus
de valeur qu'une liste de commissions ; pour elle, c'était là une
démarche volontariste.

Une grammaire française courante (par exemple le *Cours de
langue et de civilisation françaises* de Mauger, longtemps utilisé
par l'Alliance française, ou le *French in Action* de Pierre Capretz,
dont l'esthétique est directement inspirée par la Nouvelle
Vague) présente le vocabulaire de manière thématique ; chez
Mauger : la famille, le dîner, la sortie à la campagne ; chez
Capretz : une amourette franco-américaine, le roman policier,
une promenade au jardin du Luxembourg. Motivée par le seul
désir de s'instruire, Sontag établissait des listes de vocabulaire
sur mesure correspondant à sa vie personnelle dans le Paris
bohème des années 1950. Ses carnets comportent aussi des
rubriques sur les sujets les plus divers : l'hygiène personnelle,

le sexe, le dialogue avec des enfants, quelques sobriquets insultants, les types physiques et les aptitudes mentales.

Harriet étant américaine, il n'était pas question d'apprendre le français sous la couette. Aucune aventure avec une autochtone ne se profilait — encore — pour Sontag, et du reste son cercle d'amis comportait très peu de Français. Elle étudiait pourtant, peut-être avec un soupçon d'amertume, toutes les nuances de l'amour et des diverses manières de l'exprimer; ses carnets signalent ainsi les nuances du verbe « aimer » selon qu'il est ou non flanqué d'un adverbe, et selon qu'on l'emploie en parlant d'êtres ou de choses :

> Aimer bien = *to like* (pour des personnes)
> Je l'aime bien = *I like him*
> Aimer bien = *to like all right* (pour des choses)

Suivent des explications précises : « Je l'aime beaucoup » est PLUS FORT que « Je l'aime bien » mais MOINS FORT que « Je l'aime ». Non contente de marquer la différence entre aimer et apprécier quelqu'un, Sontag rappelle le vieil usage français de la double négation comme affirmation : « Il [n']est pas mal » (d'un physique, d'un caractère) pour signifier « Il est sympathique ». L'exemple suprême figure tout en haut de cette page consacrée à l'amour : « s'éprendre de = *fall in love with*. »

Outre ce relevé des nuances amoureuses dans la capitale de l'amour, elle constitue un répertoire personnel reflétant ses ambitions et nourri de noms d'éditeurs et de critiques de théâtre (Robert Kemp et Jean-Jacques Gautier y sont qualifiés de « grosses légumes »). Une page offre un inventaire raisonné des principaux quotidiens et hebdomadaires (« *Combat*, de gauche, créé par Camus ; *Le Figaro*, conservateur, catholique, proaméricain ») ; une autre, les lieux réservés à ses loisirs : bars gay et lesbiens, clubs de jazz, boîtes de transformistes. À la fin des années 1950, son Paris rappelait encore celui des travestis des années 1930 à Montparnasse — photographié au Monocle par Brassaï et célébré par Djuna Barnes ou par la peintre Romaine Brooks. Les femmes rendues célèbres par le Monocle — le corps mince, les cheveux courts, l'œil paré d'un monocle — étaient une parodie des Anglais anémiques que Sontag avait connus à Oxford. À Paris, chaque bar et chaque club avaient leur public attitré : les ouvrières lesbiennes fréquentaient La Montagne, rue de la Montagne-Sainte-Geneviève ; le Tabou, une cave de la rue Dauphine, et le Club Saint-Germain, rue Saint-Benoît, véritables épicentres du jazz de l'après-guerre, accueillaient des vedettes comme Claude Luter, Boris Vian, Juliette Gréco ou l'Américain Miles Davis, trompettiste de génie. Ce Paris-là était très alcoolisé — comme en témoigne l'entrée du 12 janvier 1958 : « Retrouvé H au Flore après, et ai pris au moins cinq whiskies au Club Saint-Germain et au Tabou. Pas ivre jusqu'à l'abrutissement, mais assez pour m'accommoder du jazz plutôt moyen que nous entendions au Saint-Germain, et vivre le superbe moment sexuel que nous avons connu presque à l'aube, au lit[63]. »

La page la plus prophétique de cette grammaire personnelle, intitulée « Conduite intellectuelle », est sans doute celle qui lui tenait le plus à cœur ; elle n'a rien perdu de sa pertinence aujourd'hui, dans un pays qui considère la repartie comme une forme d'art : « *Exposer, discuter, raisonner, se couper, en soi, critiquer, contester, signifier, vouloir dire, analyser, très discuté, critiqué, c'est une bonne idée, d'ailleurs, qualifier**. » Volontaire, rationnelle, indépendante : la méthode linguistique de Susan Sontag reflétait sa conception de la vie en général. En parcourant ses listes, on a toujours l'impression qu'elle sait de quoi elle parle, et on note son penchant pour les typologies et les conventions, fussent-elles contestataires. Éternelle surdouée, elle maîtrisait même l'argot de l'époque (« bidule », « tantouze ») et l'expression du temps qui passe : elle apprit ainsi à utiliser « la veille » au lieu de l'anglicisme « le jour avant », habituel chez les débutants, traduction littérale de *the day before*. Bientôt, ses listes de vocabulaire se muèrent en un véritable guide de la nuit parisienne, avant de devenir une sorte d'almanach décrivant le découpage du territoire national en départements, et celui de la capitale en vingt arrondissements enroulés autour de son centre, comme au jeu de l'oie. Une note écrite au début de son séjour incarne bien cette soif de comprendre son pays d'accueil : « Lire le code Napoléon. »

Une Sorbonne virtuelle

Une décennie plus tard, Susan Sontag remit son rapport d'activité à l'Association des universitaires américaines ; de son année de boursière, censément consacrée à l'étude des postulats métaphysiques de l'éthique « à Oxford et à la Sorbonne », elle écrit qu'elle fut « sans doute l'année la plus précieuse de [sa] vie universitaire[64] ». Mais la Sorbonne de Susan Sontag, comme celle de tant d'étudiants américains de l'après-guerre, ne fut jamais la Sorbonne à proprement parler ; si l'on en juge d'après son journal intime et ses cahiers de notes, elle n'y suivit jamais de cours. Certains ne s'inscrivaient à la Sorbonne que pour obtenir une carte d'étudiant, indispensable sésame pour profiter des cafétérias estudiantines — c'est ce qu'avait fait Harriet dès son arrivée à Paris[65]. On pouvait fort bien être inscrit à la Sorbonne sans jamais y mettre les pieds.

Sontag mentionne la Sorbonne à quatre reprises dans ses journaux, sans jamais s'y attarder. La première remonte au 8 janvier 1958 : « Ai passé la fin de l'après-midi à explorer la Sorbonne. » Dans la deuxième, en date du 19 février, elle évoque un cocktail chez un professeur de cette université qui venait de donner une conférence sur Claudel. L'hôte en question était le poète et philosophe Jean Wahl, dont le journal de Sontag nous apprend qu'il portait ce jour-là un pantalon « avec trois grands trous au derrière, à travers lesquels on voyait ses sous-vêtements ». Elle ne précise pas — mais sans doute l'ignorait-elle — que Wahl avait jadis été déchu de ses fonctions en application des lois antisémites de Vichy, qu'il avait été arrêté et envoyé à Drancy, qu'il s'était évadé de ce camp de transit puis exilé aux États-Unis jusqu'à la fin de la guerre ; en poste à l'université Mount Holyoke, il s'était illustré comme l'un des grands intellectuels français en exil[66]. Comme la jeune Sontag, il avait vertement critiqué l'esthétique de T. S. Eliot, allant jusqu'à intituler « Four Anti-Quartets » un recueil de ses propres poèmes écrits (en anglais) pendant la guerre. Le cocktail donné par Jean Wahl — si l'on excepte la « répugnante compagnie » d'Allan Bloom, son ancien condisciple à l'université de Chicago devenu un chantre de la droite intellectuelle — présentait un cadre idéal que Sontag s'efforcerait un jour de recréer à New York en réunissant des penseurs liés au monde universitaire, mais sans esprit de chapelle.

La Sorbonne apparaît une troisième fois en date du 26 février : dans le cadre d'une conférence publique, devant un amphithéâtre d'étudiants de gauche, Simone de Beauvoir se demandait s'il était encore possible d'écrire un roman. Elle était alors au sommet de sa gloire : lauréate du prix Goncourt pour *Les Mandarins*, l'auteur du *Deuxième Sexe* avait vu ce livre, si controversé dans les années 1940, s'imposer peu à peu dans le paysage culturel. Elle mettait alors la dernière main à ses *Mémoires d'une jeune fille rangée*, beau récit d'une enfance bourgeoise et catholique. Sontag se montre aussi dure avec Beauvoir que naguère, à San Francisco, avec Anaïs Nin, et cible un même défaut : la voix. « Elle est très belle pour son âge, mais sa voix est déplaisante, un peu trop haut perchée + la vitesse nerveuse avec laquelle elle parle[67]... » Peut-être Sontag s'imaginait-elle déjà dans la même situation. Elle évoque une dernière fois la Sorbonne le 27 février, cette fois à propos d'un concert Beethoven et Mozart.

De même qu'elle s'était fabriqué sa propre méthode d'apprentissage du français et sa propre identité européenne, Sontag s'était créé son université personnelle. Elle dévorait la culture française, mais ailleurs que dans les salles de cours. Pourtant, sa vie presque isolée avec Harriet dans une chambre d'hôtel lui offrait aussi l'occasion de se cultiver : quand leur relation la tourmentait trop, elle allait au cinéma. Westerns, comédies italiennes, classiques du cinéma français, elle ne négligeait rien et voyait parfois plusieurs films par jour. « J'ai fui, en larmes, dans le métro à 4 heures et plongé dans un film », note-t-elle en mars. D'habitude, les gens vont au cinéma pour pleurer à leur aise ; pour Sontag, c'était tout le contraire : dans l'obscurité des salles parisiennes, elle séchait ses larmes.

Bien plus tard, à l'occasion du centenaire de la naissance du cinéma, elle publia un article où elle présentait le cinéma comme une école de la vie. Sans doute avait-elle encore à l'esprit son année à Paris :

> C'est notre visite hebdomadaire au cinéma qui nous a appris (ou permis de tenter d'apprendre) comment nous pavaner, comment fumer, embrasser, comment nous battre ou pleurer. Les films donnaient des conseils sur la façon d'être attirant, tels que... porter un imper est séduisant, même lorsqu'il ne pleut pas. Mais quoi que l'on emportât avec soi en sortant du cinéma, ce n'était qu'une partie de l'expérience plus importante qui consistait à se perdre dans des visages, dans des vies qui n'étaient pas les nôtres[68].

Le théâtre offrait à Susan Sontag un autre exutoire, et un accès supplémentaire à la culture française, comme, dix ans plus tôt, aux étudiantes de Smith College. Sontag rencontrait certes peu de Français dans la vie de tous les jours, mais elle absorbait un condensé de francité en allant au théâtre. Elle vit le *Henri IV* de Pirandello au Théâtre national populaire, *Don Giovanni* à l'Opéra, le *Britannicus* de Racine au Vieux-Colombier. Racine lui était plus étranger, écrit-elle, que le théâtre kabuki :

> Les émotions sont extériorisées, mathématiques. La pièce consiste en une série de confrontations de deux ou trois personnages au plus (pas de gâchis shakespearien !) ; le médium intellectuel n'est ni le dialogue ni le monologue, mais quelque

chose entre les deux, que je trouve déplaisant — la tirade. Aucun mouvement, juste des postures[69].

Sa réaction illustre le fossé culturel qui séparait alors — et continue de séparer — deux cultures qui n'ont pas le même sens du tragique. Les Américains, élevés dans Shakespeare et dans un type de théâtre qui ne cesse de réinventer et d'étirer la langue, découvrent le théâtre français avec quelques idées bien arrêtées, qui se voient aussitôt mises à mal. Ce qui fait la force du théâtre de Racine, c'est précisément ce qui est non pas montré sur scène mais simplement suggéré ; c'est aussi la contrainte de l'alexandrin et le raffinement de son vocabulaire. Le vocabulaire racinien, d'une sobriété proverbiale, se limite à trois mille deux cents termes environ (à peine mille six cents pour *Phèdre*, son chef-d'œuvre), quand Shakespeare en emploie quinze mille. L'idée même d'un art fondé sur la restriction, sur les limites, par opposition à une originalité et à une expressivité sans frein, constitue la pierre angulaire de cette discordance franco-américaine. Dans un récent essai consacré aux différences entre le style français et le style américain, Pascal Baudry avance l'idée qu'en matière de communication les Français favorisent l'implicite, et les Américains, l'explicite. Son livre s'adresse aux hommes d'affaires internationaux, mais ce qu'il relève là pourrait tout aussi bien s'appliquer au théâtre de Racine — ou à la différence entre une monarchie catholique friande de secrets et une démocratie protestante éprise de transparence[70]. Jacqueline Bouvier, toute à son souci des apparences et de la modération aristocratique, avait faite sienne cette particularité française ; Sontag, elle, se montrait récalcitrante.

Il est émouvant d'imaginer Sontag à vingt-quatre ans, tout feu tout flamme, au beau milieu de sa propre histoire d'amour, prenant place au Vieux-Colombier un jeudi après-midi — l'horaire dévolu aux classiques — et s'efforçant de déchiffrer tant bien que mal la trahison de Britannicus par Néron. Les décors de théâtre étaient très dépouillés dans les années 1950, et pour cette mise en scène de *Britannicus* ils se limitaient à de grands rideaux de velours noir dont les plis figuraient des colonnes romaines. Agrippine, la matriarche, portait une cape de velours et des colliers d'or incrustés d'émeraudes et de perles. Immobile sur la scène, elle parlait de la condition de mère et de la cruauté guettant le cœur de son fils Néron, lequel, vers la fin de la pièce, fera empoisonner Britannicus : « J'embrasse mon rival, mais c'est pour l'étouffer. » Comme toujours chez Racine, les actions importantes (Britannicus empoisonné, le traître Narcisse démembré par la foule) se déroulent hors scène. Si l'on ne comprend pas bien le texte déclamé, on risque donc de passer à côté d'une part essentielle de l'action. Roland Barthes, qui allait devenir le critique français préféré de Sontag, publia en 1958 son fameux *Sur Racine*. Cet essai polémique, qui s'en prend à la critique universitaire de son temps, rappelle que la grande question de Racine n'est pas tout à fait celle de Shakespeare : non pas « être ou ne pas être », mais plutôt « dire ou ne pas dire ». Quoique amoureuse de Britannicus, Junie se voit contrainte de le traiter avec froideur car elle se sait épiée par Néron. « Ces murs mêmes, Seigneur, peuvent avoir des yeux », dit-elle en espérant se faire comprendre à demi-mot ; mais Britannicus, se croyant éconduit, quitte la scène le cœur meurtri.

Le rythme chantant de l'alexandrin classique, avec sa pause à l'hémistiche, est au cœur même de l'éducation littéraire à la française : il n'est pas un écolier qui n'ait appris à le scander. Le *Britannicus* du Vieux-Colombier se vit âprement reprocher la diction défaillante de ses acteurs ; dans *Libération*, Jean Guignebert évoqua ainsi des alexandrins « boiteux », privés d'un ou deux pieds par des acteurs avalant leur texte[71]. Boiteuse ou sautillante, la diction n'était certes pas l'essentiel pour l'oreille américaine non exercée de Sontag. Ce n'est que bien plus tard, et par le biais de Barthes, qu'elle trouverait Racine à son goût.

D'une République à l'autre

Susan Sontag et Jean-Claude Brialy (*dans le fond*) parlent d'une lampe en papier dans *Le Bel Âge* (réalisation Pierre Kast, 1958).

En proie à une passion amoureuse éprouvante, Sontag s'abandonna cinq mois entiers, de décembre 1957 à avril 1958, au tourbillon des cafés, des restaurants, des cinémas et des théâtres. Quand il lui fallut étoffer ses modestes revenus de boursière, elle obtint un rôle de figuration dans un film par l'intermédiaire d'un ami d'Annette Michelson. Diplômé de l'Idhec, Noël Burch était l'assistant de Pierre Kast sur le tournage d'un film adapté d'un roman d'Alberto Moravia, *Le Bel Âge*. Grand habitué de Saint-Germain-des-Prés, Kast réunit dans son film de nombreux acteurs en vogue, tels Alexandra

Stewart, Jean-Claude Brialy ou Boris Vian. Auteur-compositeur, trompettiste, existentialiste et pilier du Tabou, Vian se vit confier le rôle de « Boris », propriétaire d'une boutique de meubles design à Saint-Germain-des-Prés[72]. Susan Sontag n'apparaît que dans une scène du film ; svelte, élégante dans sa jupe longue et ses talons hauts, elle se tient devant une grosse lanterne chinoise dont elle discute les mérites avec Brialy. Si Sontag n'a jamais rien écrit au sujet de cette figuration — elle n'était guère portée sur l'autobiographie —, on imagine aisément que cette expérience ne fit qu'aviver son histoire d'amour avec le cinéma français.

Le séjour très intense de Sontag à Paris, de l'hiver à l'été de 1958, comporte une zone d'ombre pour le moins surprenante. Même en tenant compte de sa jeunesse, de son obsession pour Harriet et de sa relative ignorance de la société française, on est surpris de constater que son journal intime, empli des réflexions d'une femme qui serait bientôt une féroce analyste de l'actualité internationale, ne mentionne nulle part que la France, le pays même où elle résidait, était au bord de la guerre civile.

Il n'est pas exagéré de dire que la France de 1957-1958 traversait sa plus grande crise depuis l'Occupation. En réalité, la guerre d'indépendance algérienne avait commencé au lendemain de la Seconde Guerre mondiale avec les massacres de Sétif, cette répression sanglante d'anciens combattants des troupes coloniales françaises. En 1954, le Front de libération nationale avait mené une première insurrection ; en 1957, alors que la guerre pour l'indépendance entrait dans sa quatrième année, la France continuait d'expédier en Algérie des contingents entiers de jeunes appelés. Sur place, les résidents français commençaient à craindre la fin de l'Algérie française. Les solutions pacifiques n'étaient plus à l'ordre du jour, non plus que les demi-mesures ou les promesses d'assimilation et de statuts spéciaux faites par le gouvernement. Le conflit s'étendit bientôt à la métropole avec l'arrestation, en février 1958, de deux cent soixante dix-sept Algériens musulmans à

Paris, dont cent deux membres du réseau FLN ; de son côté, le FLN répliqua en attaquant la police française. Le préfet Maurice Papon fut rapatrié de Constantine pour durcir la répression et mater les insurgés algériens à Paris. La police et l'armée pratiquaient une politique de torture visant à démanteler, à Paris et en Algérie, les réseaux clandestins de révolutionnaires algériens ; des fellaghas furent arrêtés en nombre et condamnés à mort. Des deux côtés de la Méditerranée, des voix toujours plus nombreuses soutenaient l'indépendance. Sartre s'en fit le partisan le plus ardent, suivi en cela par d'autres citoyens prêts à risquer leur vie pour l'indépendance de l'Algérie.

En décembre 1957, juste avant l'arrivée de Sontag à Paris, le grand amphithéâtre de la Sorbonne abrita un événement qui devait faire les gros titres de la presse nationale. Dans cette salle où s'étaient déroulées des centaines de soutenances, une thèse fut soutenue *in absentia* pour la toute première fois. Maurice Audin, assistant de mathématiques à l'université d'Alger, avait osé prendre parti pour le mouvement indépendantiste algérien ; arrêté par l'armée et jeté en prison, le jeune communiste était mort sous la torture. Son doctorat lui fut donc accordé à titre posthume, mais dans le strict respect du protocole universitaire, par un jury que présidait le mathématicien Laurent Schwartz, héros de la Résistance et fervent défenseur de l'indépendance algérienne. Susan Sontag, d'ordinaire fascinée par l'histoire intellectuelle de la Sorbonne, ne dit rien de cet événement marquant.

Au mois de février, alors qu'elle assistait à des spectacles de Brecht et de Pirandello, lisait *La Conscience de Zeno* d'Italo Svevo et *Reflets dans un œil d'or* de Carson McCullers, paressait au Café de Flore et au Café de Tournon, un autre communiste français, Henri Alleg, publia *La Question*. Dans ce petit livre, Alleg raconte son interrogatoire et ses séances de torture aux mains de l'armée française en Algérie. Aussitôt interdit et saisi, l'ouvrage fit cependant assez de bruit pour radicaliser une opinion publique échaudée par quatre années d'une guerre qui ne disait pas son nom.

À un jet de pierre de l'hôtel où vivait Sontag, Allen Ginsberg, de son « Beat Hotel », écrivait à son père sur ces aérogrammes bleus qu'il fallait plier en trois avant d'en coller le pourtour ; il lui racontait les manifestations en cours, les attentats à la bombe perpétrés par le FLN, les descentes de policiers armés de mitraillettes en pleine rue. Ce printemps-là, dans son journal, il griffonna une ode satirique au rédacteur en chef de *Time*, Henry Luce, dont le magazine couvrait le conflit algérien avec une francophobie assumée — plus tard, *Time* devait consacrer sa couverture au général Salan, conjuré du « putsch des généraux », et au général de Gaulle [73] :

> Étrange manière d'informer.
> Bienveillante, indifférente, sensible.
> Aux Français comme aux Algériens.
> Au meurtrier comme au meurtri.
> Au démocrate, au républicain,
> Au communiste, aux camps — et aux petites amies [74].

Au mois de mars s'ouvrit un procès qui devait conférer à la cause algérienne une portée internationale : pour sa participation à l'attentat qui avait fait exploser le Milk Bar, à Alger, Djamila Bouhired fut condamnée à mort par un tribunal français. Au cours de son témoignage, la jeune femme déclara qu'on l'avait torturée dans les jours suivant son arrestation ; l'ayant ligotée à une table d'opération, ses tortionnaires avaient fixé des électrodes sur ses parties génitales. Le procès lui-même ne fit qu'ajouter au scandale de sa détention, l'avocat de Bouhired, Jacques Vergès, ayant fait valoir que l'unique témoin à charge appelé par l'accusation était une prostituée déficiente mentale.

En date du 24 mars, Sontag note qu'elle doit « cesser de consacrer aussi exclusivement ce journal à la chronologie de [son] histoire avec H » ! Pas un mot sur Djamila Bouhired.

Cette belle jeune femme au teint mat, de deux ans sa cadette, avait comme Sontag une épaisse chevelure brune et un regard mélancolique ; à la une du *Herald Tribune,* de *France-Soir* et du *Figaro,* elle fixait tristement l'objectif comme pour éveiller la conscience politique de quiconque posait les yeux sur elle. Lors de son procès, elle se déclara anticolonialiste mais nullement antifrançaise. À la suite du tollé international que suscita sa condamnation, elle fut graciée par le président de la République.

La crise algérienne devait atteindre son paroxysme le 13 mai suivant. Ce jour-là, le général Massu, commandant en chef des forces françaises en Algérie, fonda un Comité de salut public (dont le nom renvoyait explicitement à la Terreur révolutionnaire) et prit part au putsch visant au maintien de l'Algérie française. Le 17 mai, par crainte des activistes de Massu, la loi martiale fut instaurée en France métropolitaine. La menace d'une guerre civile entre partisans et adversaires de l'indépendance alimentait toutes les conversations. Le *Herald Tribune* fut assailli d'appels téléphoniques affolés de la part d'Américains résidant à Paris, tandis que l'ambassade des États-Unis envisageait le rapatriement de ses ressortissants. Le *Herald Tribune,* où travaillait Harriet Sohmers, s'était mis au diapason du reste de la France : ce n'étaient plus les terroristes algériens qui faisaient trembler le pays, comme le journal l'écrivait encore au début l'année, c'était une poignée de généraux et leurs régiments de parachutistes. Le journal citait à ce propos un jeune sénateur du Massachusetts, un certain John F. Kennedy : « De mon point de vue, l'obstination de la France en Algérie coûte très cher au monde libre [75]. » Dans son discours, Kennedy presse le gouvernement américain de se prononcer pour une Algérie indépendante. Le sénateur avait pu se faire une idée précise de la situation coloniale française grâce à sa fiancée francophone qui avait traduit pour lui, avant la défaite de Diên Biên Phu, des textes de Hô Chi Minh et d'Argenlieu [76].

On serait tenté de voir, dans l'étonnant silence de Susan Sontag sur ces questions, la réaction caractéristique de bien des jeunes femmes de son âge, plus soucieuses de leur vie intérieure que des grands événements mondiaux. Mais il se trouve que Harriet Sohmers tenait elle aussi un journal, et que celui-ci confirme que les événements de mai étaient connus de tous. Elle y décrit comment Susan et elle ont dû fuir en catastrophe une ville en état de siège :

> 20 mai, Strasbourg. Temps de crise en France. Paris se vide de ses habitants. Les gens craignent un coup d'État sous l'impulsion des pieds-noirs. Hier soir, Sidney Leach nous a fébrilement invitées à « venir dormir au labo cette nuit si vous voulez voir de l'action » ; de petits groupes montent la garde partout dans Paris, et se préparent au combat. Nous avons quitté la ville en auto-stop. Ravie de ne pas être là ce soir pendant que ma ville adorée, si libre et si libertine, subit l'offensive de ces *salauds*, comme dit Sartre — les salauds de droite, les paras, les racistes[77].

Susan et Harriet prirent ainsi la route au moment même où la France menaçait de s'effondrer ; en ce sens, les événements de mai restent indissociables de leur vie quotidienne. En juin, alors que le couple voyageait en Allemagne, de Gaulle se rendit en Algérie pour rassurer la population française : « Je vous ai compris ! » Cette belle promesse, on le sait, devait sonner le glas de l'Algérie française : quelques mois plus tard, de Gaulle entamait des négociations avec le FLN.

Le journal de Susan, cet été-là, ne mentionne pas le contexte de leur départ précipité, n'emprunte aucun terme au vocabulaire sartrien et reste vierge de tout commentaire politique. Il s'agit avant tout de notes de voyage et de remarques d'ordre esthétique — de l'encens à Séville, des soldats américains à Munich, des ânes et des montagnes à Delphes. La future romancière y pratique l'art de la description. La pression des événements extérieurs n'est pas politique, mais conjugale ; en juillet, elle note ainsi que Philip lui envoie « des lettres pleines de haine, de désespoir et de bonne conscience. Il parle de mon crime, de ma folie, de ma stupidité, de ma complaisance avec moi-même[78] ». Sa correspondance avec Philip n'est pas conservée aux archives Sontag à UCLA, mais on peut supposer que sa réponse ne s'attarde pas sur le déclin de la IVe République.

En octobre, alors que la France se dotait d'une nouvelle Constitution — et d'une Ve République accordant des pouvoirs bien plus importants à son président —, Susan Sontag était de retour à New York, prête à mettre en œuvre les résolutions prises à Paris. À un mois près, elle manqua la sortie des *Amants* de Louis Malle, ce film sulfureux dont les dialogues étaient signés Louise de Vilmorin, celle-là même qui avait accueilli Jacqueline Bouvier dans son salon bleu de Verrières-le-Buisson en 1949. L'héroïne du film, Jeanne, interprétée par Jeanne Moreau, s'éloigne d'un époux qui la néglige et se rend à Paris aussi souvent que possible. Un jour que sa voiture est tombée en panne, elle fait la connaissance d'un séduisant jeune homme, Bernard, qu'elle invite à dîner chez elle. Les catholiques français — et les américains plus encore — furent surtout scandalisés par la fin du film : Jeanne couche avec Bernard sous son propre toit, puis quitte son mari et son adorable enfant pour partir avec son amant[79].

Susan Sontag avait elle aussi quitté son mari et son enfant pour prendre la route, mais sans se cacher, et en prévenant. Comme les héroïnes Nouvelle Vague de Malle, de Godard ou de Chabrol, elle avait traversé cette mythique saison de 1958 en se tenant à l'écart de l'histoire, du temps et de l'espace politiques — mais aussi hors de la structure familiale traditionnelle dont Paris l'avait aidée à se détacher[80].

IV

Susan Sontag

LE RETOUR

La fin des *Amants* de Louis Malle laisse une foule de questions en suspens : qu'arrive-t-il à Jeanne après qu'elle a abandonné sa fille et son mari ? Combien de temps durera le voyage avec son jeune amant ? Reverra-t-elle un jour son enfant ? Le spectateur n'aura pour seul indice qu'un ultime gros plan sur le visage des fugitifs, sur leurs regards chargés d'amour et d'inquiétude, comme s'ils savaient déjà que leur bonheur est voué à l'éphémère. Commencée en septembre 1957, l'escapade de Susan Sontag s'acheva en août 1958 — en même temps que sa bourse universitaire. Elle rentra donc à New York. À son mari venu l'accueillir à l'aéroport (ou au débarcadère, puisque l'on ignore si elle prit le bateau ou l'avion), elle annonça qu'elle voulait divorcer. C'est du moins ainsi qu'elle raconte l'épisode dans « La Scène de la lettre », une nouvelle publiée dans le *New Yorker* une trentaine d'années plus tard[1]. Ce mariage improbable avait duré huit ans.

À l'hiver de 1959, Sontag avait trouvé un appartement sur la West End Avenue, travaillait pour la revue *Commentary* et avait obtenu la garde provisoire de son fils David, lequel demeura auprès d'elle tout le temps que dura sa bataille judiciaire contre Philip Rieff jusqu'en 1962. « Être gay me rend vulnérable. Cela augmente mon désir de me cacher », écrit-elle en 1959. Mais aussi : « Mon désir d'écrire est lié à mon homosexualité. J'ai besoin de cette identité comme arme, pour lutter

contre l'arme que la société dirige contre moi[2]. » Durant ces
premières années new-yorkaises, Sontag eut une liaison amoureuse avec Irene Fornés, cette actrice cubaine qui avait vécu à
Paris avec Harriet — et qui occupait encore une si grande
place dans ses pensées, même après l'arrivée de Susan. Harriet
était elle aussi de retour à New York, et l'on croisait parfois les
trois femmes dans les mêmes soirées[3]. Bien plus tard, par
manière de plaisanterie, Harriet devait déclarer que Susan
l'avait amenée à renoncer à tout un mode de vie en s'accapa-
rant sa chère Irene : elle prit un mari, eut un enfant, ne coucha
plus jamais avec une femme[4]. Rieff ayant accusé son ex-épouse
de saphisme afin d'obtenir la garde de leur fils, Fornès et
Sontag, qui partageaient alors le même appartement, se présentèrent devant le juge dans une tenue — robe et rouge à
lèvres — censée attester, en ces temps rigoristes où prévalaient
les stéréotypes, leur parfaite normalité hétérosexuelle[5]. Dans
l'Amérique du début des années 1960, férue de psychanalyse,
les femmes en pantalon passaient encore pour des névrosées
incapables d'assumer leur féminité. Une photo prise en Grèce
à l'été de 1958 montre Susan Sontag, à vingt-cinq ans, dans une
petite robe droite sans manches ; la coupe courte de ses cheveux noirs vient accentuer la ligne du menton. Vers la fin des
années 1960, elle changea d'allure en arborant une chevelure
mi-longue, fidèle au portrait que fit d'elle Edward Field alors
qu'elle commençait à devenir célèbre à New York : bottes
noires, pantalon et col roulé, cigarette dans une main, l'autre
plaquée sur sa nuque, épaisse chevelure ramenée en arrière.
Au milieu des années 1970, Jacqueline Kennedy avait elle aussi
renoncé à se protéger derrière ses impeccables petites robes
droites et adopté des pulls en cachemire et des pantalons de
tweed, comme il sied à une femme qui travaille dans l'édition.
Comme elle, Sontag avait une conscience très fine des codes
vestimentaires, et c'était désormais à elle, l'intellectuelle, de
donner le ton en la matière.

La formaliste

Un combat judiciaire pour s'assurer la garde de son enfant, une nouvelle liaison sentimentale, un travail, les débuts d'une carrière d'intellectuelle en vue : de toutes ces évolutions, la dernière est sans doute l'essentielle et la plus difficile à exposer. Ses lectures et ses prises de position étaient pour Susan Sontag autant d'événements. En parcourant ses journaux de l'année 1958, puis ceux du début des années 1960, on a parfois peine à croire qu'elle a quitté Paris pour New York, car rien ne vient interrompre son analyse passionnée de la production littéraire et de la vie des idées. Quand on habite un paysage mental, le lieu de résidence importe peu.

En 1958, date de son retour aux États-Unis, un véritable événement secouait les milieux intellectuels : le vent avait tourné, il n'était plus question que de Nouvelle Vague, de Nouveau Roman et de révolution structuraliste. La destinée américaine de Sontag, son histoire si l'on veut, tient à sa façon surprenante de s'emparer de ces évolutions pour les faire siennes.

Côté français, l'existentialisme avait perdu de son pouvoir de séduction. Sartre, Camus et Beauvoir, maintes fois accueillis sur des campus américains à la fin des années 1940, étaient désormais des personnalités d'âge mur, assez importantes pour susciter des réactions dans la jeune génération. Dans le domaine philosophique, cette réaction avait les traits du structuralisme ; cette école de pensée remettait en cause l'engagement humaniste des existentialistes au profit d'une approche moins passionnée des surfaces et des formes. Dans le champ littéraire, la réaction était menée par Alain Robbe-Grillet, qui avait publié en 1953 un roman sobrement intitulé *Les Gommes*. Si la fiction existentialiste était porteuse d'un message, les tenants du Nouveau Roman bannissaient de leurs œuvres les éléments traditionnels du réalisme du XIXᵉ siècle, messages

politiques et sociaux compris. Milan Kundera n'évoque pas
sans répugnance cette fin des années 1950 qui voit la « réduc-
tion de l'esthétique au linguistique », phénomène menant
tout droit à la confiscation du roman par les universitaires.
Robbe-Grillet prétendait alors congédier cela même qui, selon
Kundera, constitue le roman : « les personnages ; l'histoire
(*story*) ; la composition ; le style (le registre de styles) ; l'esprit ;
le caractère de l'imagination⁶ ». C'est du moins ce qu'affirme
Robbe-Grillet dans un recueil d'essais, *Pour un Nouveau Roman*,
qui se voulait un manifeste de la modernité au même titre que
L'Ère du soupçon de Nathalie Sarraute. Dans un essai de 1963,
« *Muriel* de Resnais », Sontag souscrit pleinement au dessein de
Robbe-Grillet : « écarter le sens traditionnel, psychologique ou
social, d'un sujet, au profit d'une analyse formelle de la structure d'un sentiment ou d'un événement⁷ ». En révisant l'essai
qu'elle avait consacré à Sarraute en 1966, avant de l'insérer
dans le recueil *L'œuvre parle*, Sontag admit toutefois que les
théories des nouveaux romanciers avaient plus d'intérêt que
leurs romans mêmes ; plus tard, son enthousiasme finit par
retomber tout à fait⁸.

Robbe-Grillet et les autres écrivains proches du Nouveau
Roman eurent un certain succès auprès d'une petite élite américaine, constituée pour l'essentiel d'étudiants, de professeurs
d'université et de quelques lecteurs — dont Angela Davis —
prêts à affronter un récit sans intrigue ni personnages notables,
soit par sincère curiosité intellectuelle, soit par esprit de sou-
mission à l'avant-garde littéraire internationale. Le succès de la
fiction française d'avant-garde aux États-Unis prête à sourire
quand on considère qu'en France, à la même époque, c'est la
culture américaine de masse qui commençait à s'imposer :
c'est en 1960, par exemple, que le jeune Jean-Philippe Smet se
rebaptisa Johnny Hallyday afin d'enflammer la scène en se
faisant passer pour un chanteur américain. Il vendit des millions d'albums en imitant Elvis Presley, dont il reprit quelques
chansons en français. Ce dont rêvait alors cette jeunesse française éprise de rock, c'est précisément ce qui avait fait fuir

Sontag quand elle fréquentait le lycée de North Hollywood : les drive-in, les danses endiablées et tout le mode de vie des adolescents américains.

D'une certaine manière, Robbe-Grillet devait aussi aux États-Unis une bonne part de son succès. Là-bas, les professeurs de littérature française aimaient le Nouveau Roman parce qu'il se prêtait à l'analyse grammaticale, aux exercices lexicaux et à des interprétations sans fin. Au milieu des années 1960, *Les Gommes* et *La Jalousie* étaient repris dans les manuels et faisaient partie des œuvres françaises enseignées aux jeunes Américains au même titre que Balzac et Molière ; malgré leur apparente difficulté, ils étaient plus faciles à enseigner. Pour les Américains, Robbe-Grillet allait ainsi devenir le prototype même de l'écrivain français — scandaleux, raffiné et mystérieusement attirant. La France fut sensible à son prestige aux États-Unis, et son succès dans les universités américaines ne fit que consolider sa position éminente dans son propre pays — il fut élu en 2004 à l'Académie française. Sontag connut un destin étrangement symétrique : son pouvoir et son prestige aux États-Unis, son aura pour tout dire, étaient liés à tout ce qu'elle avait appris en France avant de le transmettre à son tour.

C'est par étapes qu'elle se familiarisa avec l'avant-garde culturelle française, ses jeux esthétiques et ses expériences formelles ; il est difficile de déterminer ce qui en fut absorbé durant son séjour parisien de 1958 et ce qu'elle en apprit après coup, une fois devenue, à New York, la grande intellectuelle américaine qui avait fait ses études à Paris. À en juger par ses journaux, elle avait vu à Paris autant de films français que de films américains. Elle avait découvert des pièces de Genet, de Pirandello et de Brecht, mais la plupart des auteurs mentionnés dans ses carnets (Hemingway, Oscar Wilde, Emma Goldman, Carson McCullers, Nathanael West) sont américains ou anglais, et leur profondeur psychologique correspond à l'état d'esprit d'une jeune femme partie vivre l'aventure à l'étranger. Aucune trace de Robbe-Grillet ni de Sarraute avant les années 1960 ; s'il avait déjà publié *Les Gommes* lors du séjour parisien de Sontag, Robbe-Grillet n'avait pas encore rassemblé les études qui formeraient son manifeste *Pour un Nouveau Roman*. Elle avait certes participé au tournage d'un film de la Nouvelle Vague, mais elle le devait à l'amitié d'une Américaine — du reste, ses raisons étaient surtout d'ordre financier. En 1958, le cinéma de la Nouvelle Vague n'en était encore qu'à ses prémisses ; on ne saurait donc s'étonner que Sontag ne mentionne jamais ni la revue phare du mouvement, *Les Cahiers du cinéma,* ni ses cinéastes les plus en vue. Ses articles sur Godard et Resnais ne furent écrits que bien plus tard[9]. Ce que lui avait enseigné Paris, un mode de vie, une manière d'écrire, une avidité culturelle qui n'avaient rien d'universitaire, était moins spécifique. Avec son mémoire sur *L'Arbre de la nuit,* ses études de philosophie et son année à l'étranger, elle avait mis au point un type d'argumentation et acquis un goût prononcé pour les jeux formels. Des raisons plus personnelles entraient sans doute en ligne de compte : si elle préférait la forme à l'intrigue et la difficulté à la transparence, c'était moins par goût, ou pour suivre la mode de l'époque, que par besoin de travailler sur des apparences complexes. Cette prédilection pour la forme devait coïncider, une fois acquise la prééminence du Nouveau Roman et de la Nouvelle Vague, avec l'apothéose du formalisme dans la culture française. Le formalisme avant-gardiste de Sontag lui permettrait bientôt de jouir d'un public américain restreint mais fidèle, d'un fort sentiment d'appartenance à une élite intellectuelle et, surtout, d'un projet intellectuel qui la distinguerait radicalement de ses confrères américains.

Probablement Paris

En 1960, en plus de son travail à *Commentary* et des cours de philosophie qu'elle donnait à Columbia et à Sarah Lawrence

College — en tant qu'ancienne de Harvard —, Susan Sontag entreprit la rédaction de son propre « nouveau roman », qu'elle publia en 1963 sous le titre *Le Bienfaiteur*. L'Association des universitaires américaines, qui avait financé ses recherches à l'étranger, rapporte en 1966 que « Susan Sontag compare l'état d'avancement de sa thèse à un "travail de couture interrompu dont il suffit de reprendre le fil" et envisage de la terminer sous peu[10] ». Rien, dans les premiers carnets de son journal, sinon peut-être son désir adolescent d'écrire des phrases dignes de Djuna Barnes, ne laisse deviner qu'elle souhaite devenir romancière. Mais, si elle comptait se détacher du milieu universitaire — et par là même de son ex-mari — et prendre modèle sur ses homologues européennes telles Beauvoir, Sarraute, Duras, alors un roman s'imposait : son entrée dans le monde littéraire la distinguerait ainsi de tous les journalistes pigistes et les assistants de philosophie qui n'avaient pas achevé leur thèse.

Fidèle en cela aux théories du Nouveau Roman, *Le Bienfaiteur* entend s'affranchir des intrigues linéaires conventionnelles, de la psychologie et des décors réalistes ; par ailleurs, le roman relève d'un genre philosophique typique de la littérature française, que Sontag décrit dans son journal comme « un sous-genre : les pseudo-mémoires », dans la « tradition française des *moralistes*[11] ». Le narrateur en est un certain Hippolyte, qui a décidé d'harmoniser sa vie et ses rêves. Il entretient une relation destructrice avec une femme qu'il se refuse à aimer et dont il souhaite tour à tour la mort et le salut. Il la vend à un marchand d'esclaves de Tanger, lui élève un palais, la regarde mourir. Marié, il devient infidèle. Les Allemands occupent la ville — Paris, peut-être — où il réside. Le roman comporte de nombreuses descriptions de rêves : ce sont ceux d'Hippolyte, le narrateur qui, tel un personnage de roman français du XVIIIe siècle, ou plutôt, dans ce contexte américain, tel William Burroughs lui-même, vit de ses rentes et peut s'offrir le luxe de consacrer son existence à la seule exploration de sa vie onirique.

Dès les premières pages du *Bienfaiteur*, Hippolyte fait état de son détachement : « Je me contentais, pour la politique, de la lecture du journal quotidien. Je ressemblais fort en cela à beaucoup d'individus de ma génération et de mon milieu, mais je trouvais d'autres raisons plus particulières de n'accorder à la politique qu'un intérêt limité. Les révolutions me passionnaient, mais je pense que les véritables révolutions n'ont rien à voir avec les changements de gouvernements ou d'équipes politiques, mais s'accomplissent du fait de bouleversements dans les façons de voir et de sentir qui sont beaucoup plus difficiles à analyser[12]. » Ce passage semble tout droit sorti d'un texte de Robbe-Grillet, lequel estimait qu'un écrivain s'engage vis-à-vis de la forme littéraire, non de la politique[13]. Pour tout fin connaisseur de la littérature française, il se dégage du *Bienfaiteur* un perpétuel sentiment de déjà-vu ; Hippolyte évoque successivement Michel, l'immoraliste de Gide, le Des Esseintes de Huysmans, l'Adolphe de Benjamin Constant. Dans sa phase avant-gardiste, Sontag eût rejeté avec dégoût tout penchant autobiographique ; ici, elle prête nombre de ses traits à son héros. Hippolyte est le rejeton solitaire et égotiste d'une famille provinciale sans rien de remarquable ; goûtant peu la compagnie des autres, il est convaincu de n'être pas comme eux ; assoiffé de savoir, il néglige cependant les cours à l'Université. Enfin, il se complaît dans une forme d'aliénation sexuelle.

Le roman suscita chez ses rares lecteurs américains une totale incompréhension, dont on mesure l'ampleur en parcourant les comptes rendus de l'époque. « *Le Bienfaiteur* pâtit de la subjectivité exagérément intense qu'il s'attache à décrire », note ainsi un critique de l'*Antioch Review*, pourtant plus susceptibles que bien d'autres revues d'accueillir à bras ouverts une fiction expérimentale ; « Le roman ne crée pas un univers, il se contente de commenter, non sans brio, un univers curieusement dissimulé à nos regards »[14]. Effaré, le critique de *Time* intitule son article « Probablement de la prose » pour railler la jaquette du livre, où il est dit du roman qu'il se déroule dans une ville anonyme, « probablement Paris[15] ». *Le Bienfaiteur*, écrit-il en guise de conclusion, ressemble à « une vague traduction de quelque langue étrangère ». Les débuts littéraires de Sontag furent cependant mentionnés dans les plus grandes revues de l'époque, généralistes ou spécialisées : la *Saturday Review*, la *New York Review of Books* ou encore l'*Evergreen Review* — satellite des éditions Grove Press, cette revue littéraire avait publié de nombreux expatriés américains. Roger Straus, son éditeur chez Farrar, Straus & Giroux, l'avait prise sous son aile ; relativement indifférent aux chiffres des ventes, il était déjà disposé à investir, sur le long terme, dans le talent d'écrivain et de critique que manifestait à ses yeux la jeune Susan Sontag.

Celle-ci faisait ses débuts dans un monde où l'écriture expérimentale jouissait encore de la bienveillance des milieux culturels, surtout quand les jeunes auteurs savaient se mettre en valeur. Naguère déçue par le manque d'éloquence d'Anaïs Nin et de Simone de Beauvoir, elle prit alors cette résolution : « Ne pas accorder d'entretien avant d'être aussi claire et irréfutable que Lilian [Hellman] dans la *Paris Review*[16]. » Dès 1965, elle avait compris que tout ce qui entoure une publication peut s'avérer aussi important que le livre lui-même.

Le grand roman antiaméricain

C'est en se mesurant à Sartre que Robbe-Grillet s'était fait une place dans les milieux littéraires. Et Susan Sontag ? Les romanciers américains qui comptaient à ses yeux, ses rivaux potentiels en 1960, étaient des hommes tels que Philip Roth, son exact contemporain, ou Saul Bellow, de dix ans son aîné, deux intellectuels juifs formés comme elle à l'université de Chicago[17].

Dans un carnet daté de 1960, des listes entières sont consacrées à des auteurs américains : Saul Bellow, Ralph Ellison,
James Baldwin, Philip Roth, Herbert Gold, Bernard Malamud
et Grace Paley, la seule femme du lot. Comme ces écrivains,
tous juifs ou noirs, Sontag entend « accepter la réalité de
l'expérience américaine [18] ». On ne trouve pas trace d'un autre
contemporain, John Updike, qui venait de publier le très américain *Cœur de lièvre.*

La comparaison avec Philip Roth est particulièrement révélatrice. Arrivé à Chicago l'année même où Sontag en partait, il
y prépara un master d'anglais tout en donnant des cours d'écriture aux étudiants de première année. À l'été de 1958, l'été
parisien de Sontag, Roth se trouvait lui aussi en France pour
recevoir le prix que la *Paris Review* avait attribué à « Epstein »,
portrait d'un vieillard juif confronté à la perte du désir. La
nouvelle fut reprise dans son premier livre publié, *Goodbye,
Columbus,* qui lui valut le National Book Award en 1960 et fit de
lui l'héritier naturel de Bellow.

Les récits de Roth sont truffés de dialogues parce que les
personnages, inspirés par la communauté juive de Newark où
l'auteur a grandi, passent leur temps à se disputer, à se
plaindre, à discuter, à ricaner ou à s'apitoyer sur leur sort. On
y trouve la description détaillée, et souvent cocasse, des mille
odeurs et saveurs associées aux minorités ethniques des États-
Unis ; le quartier noir de Newark, implanté sur l'ancien quartier juif, est évoqué en ces termes dans *Goodbye, Columbus* :
« Même les odeurs y étaient encore attachées : merlan,
corned-beef, tomates aigres — mais à présent, par-dessus
celles-là, il y avait l'odeur plus forte, plus graisseuse, des
garages, la puanteur aigre des brasseries ; et dans la rue, au
lieu du yiddish, on entendait les cris des enfants noirs jouant à
Willie Mays avec un manche à balai et la moitié d'un ballon en
caoutchouc [19]. »

À ce stade de sa carrière, Sontag pratiquait une écriture abstraite, aérienne et contemplative, voire solipsiste, y compris

pour décrire les relations qu'entretiennent ses personnages. Ainsi s'exprime Hippolyte, le narrateur du *Bienfaiteur* :

> Fort occupé de ces investigations préliminaires qui devaient me conduire à ce que je pourrais nommer la « certitude », j'éprouvais la nécessité de réviser toutes les notions qui m'avaient été présentées. De ce fait, aucune d'elles ne s'imposait à moi de façon définitive. Cette totale liberté d'esprit laissait entier le problème de savoir comment il me fallait, dans l'intervalle, imposer un ordre à mon existence. Au moment où je la remettais en question, je ne voulais pas que tout s'en aille à vau-l'eau[20].

À la recherche formelle s'oppose ici la quête d'une voix narrative, et c'est bien là ce qui différencie le projet littéraire de Susan Sontag et celui de Philip Roth.

Quelle mouche l'avait donc piquée ? Dans un entretien accordé aux *Inrockuptibles* en 2000, alors qu'elle est revenue longtemps auparavant à des récits conventionnels avec intrigue et personnages, Sontag déclare qu'elle s'est sentie tenue, pour cette première incursion dans le champ littéraire, d'adopter ce qui lui apparaissait comme le style de l'époque : « Quand j'ai découvert le Nouveau Roman, j'ai trouvé ça intéressant et j'ai pensé qu'il fallait aimer ça. Mais, en toute sincérité, je n'ai jamais réussi à aimer ça[21]. »

« Il fallait aimer ça » : curieux sentiment d'obligation, que ne partageait aucun de ses pairs américains, pas même ceux qu'elle avait côtoyés en France dans les années 1950 et 1960. Parmi les grands écrivains expatriés de l'époque figuraient Baldwin et Wright, Mailer et Bellow, qui rentraient d'une année « en Sorbonne ». Mailer avait bénéficié d'une bourse *GI bill* en 1947, et Bellow avait obtenu en 1948 la bourse Guggenheim[22]. Aucun d'eux n'avait subi l'influence du formalisme français. Du fait même de son éloignement, Paris inspirait surtout à Bellow de sensuelles réminiscences de Chicago. Le modernisme européen, dit-il un jour, « n'est pas le genre de chose que pratiquerait spontanément un gamin ayant grandi dans les années 20 et 30 à Chicago[23] ». Même les Américains qui effectuaient de longs séjours en France ne semblaient guère affectés par ces recherches formelles. Aux yeux de Sontag, le modernisme, fruit du XIXe siècle, de Rimbaud et de Baudelaire, était la condition essentielle d'une vie intellectuelle authentique. Pour ce qui est des affinités littéraires de Sontag à cette époque, mieux vaut se tourner du côté des poètes : Harry Mathews, par exemple, dont l'œuvre rappelle aussi bien l'écriture expérimentale d'un Raymond Roussel que celle du poète américain John Ashbery. Rédacteur en chef de la *Paris Review*, Mathews finit par s'installer dans la capitale. Son premier roman, *Conversions*, parut un an avant *Le Bienfaiteur*, en 1962. On peut aussi citer Alfred Chester, excentrique flamboyant qui fut un proche de Sontag à Paris comme à New York ; auteur de récits expérimentaux ayant connu un grand succès critique, il sombra progressivement dans la schizophrénie[24]. Il faudrait également citer Ginsberg, le voisin du « Beat Hotel » ; s'il rejetait le réalisme et connaissait bien la poésie française, il n'est rien de plus américain que les rythmes de son long poème *Howl*. Même dans les deux derniers romans de Sontag, qui signalent un retour à une narration traditionnelle, on ne reconnaît rien de spécifiquement américain.

Ce refus de l'écriture américaine relevait d'une stratégie délibérée. Une entrée du journal de l'année 1963 qualifie *Le Bienfaiteur* et deux autres textes de « méditations sur des *faits accomplis* dissociatifs[25] », ce qui revient à en admettre l'approche oblique. L'action se passe en France, mais cela pourrait aussi bien être un tout autre pays ; Hippolyte croit à une sexualité aussi impersonnelle que possible ; comme autant de somnambules, les personnages se plaisent à décrire leur être intérieur sans vraiment l'habiter. « Vois-tu, l'homosexualité, c'est une sorte de jeu avec les masques », déclare ainsi Hippolyte — mais il serait simpliste de réduire ce premier roman à une tentative, de la part de Sontag, pour dissimuler ses véritables désirs ou s'en dissocier[26]. Ce qui est clair, c'est qu'il ne s'agissait nullement pour elle de faire entendre une « voix américaine » — ni du reste une voix sincère. « Je n'utilise qu'une seule langue, celle des Américains », déclarait Saul Bellow, devenant ainsi un contre-exemple pour Sontag[27]. Depuis ses seize ans, celle-ci était bien décidée à se créer un personnage aussi éloigné que possible de la réalité, et à cultiver une voix qui ne fût ni divertissante ni transparente. Le grand roman antiaméricain qu'elle avait rêvé d'écrire s'avéra, dans une Amérique encore fragilisée par le maccarthysme, aussi prétentieux que courageux.

Américaine malgré elle

Avec ce qu'il doit à la tradition littéraire française, *Le Bienfaiteur* avait tout pour séduire l'avant-garde parisienne en 1966, quand parut sa traduction en français. Il n'en fut rien.

Si les critiques américains jugeaient le roman trop européen à leur goût, les critiques français n'entendaient pas faire entrer Sontag dans leur panthéon pour autant. Michel Mohrt, responsable de la littérature nord-américaine chez Gallimard et critique littéraire au *Figaro*, trouve curieux que la romancière ait fait le choix d'un narrateur masculin. Dans un article qu'illustre une photographie de l'auteur légendée « Sous le masque d'un homme », il dénonce la « stérilité » et l'« onanisme » de l'ouvrage, comme s'il suggérait à son auteur d'écrire en tant que femme et de laisser la philosophie aux hommes. Le roman fut analysé dans le quotidien montréalais *Le Devoir*, sous la plume d'un écrivain irakien francophone installé à Montréal, Naïm Kattan, qui avait fréquenté la Sorbonne en 1958 et que son expérience de l'exil rendait plus susceptible qu'un autre, peut-être, d'apprécier la position intellectuelle de Sontag. Or, à ses yeux, la romancière tourne le dos à la science et à la politique et tient en bride le moindre sentiment ; malgré une évidente influence européenne, « c'est la réalité américaine qui prend le dessus dans ce roman. Susan Sontag traite, en vérité, des thèmes semblables à ceux aussi bien de Mailer que de Bellow et de Malamud. Et d'abord de l'identité ». En prenant le contre-pied de ses contemporains, conclut Kattan, Sontag prouve surtout le bien-fondé de leur position[28].

Ce n'était pas là une entrée fracassante dans le monde litté-raire, mais c'était un début. Les photographies illustrant ces articles montrent une Sontag mal à l'aise, avec une mine d'écolière et un sombre regard expressif. Dans un double compte rendu du *Bienfaiteur* et de *L'œuvre parle*, en 1966, une journaliste française présente Sontag en « apôtre de l'avant-garde[29] » : « Cette intellectuelle a la beauté d'une Andalouse, une souveraine aisance, une distinction nonchalante, de sombres yeux de velours. Malgré ses affinités françaises, lui dis-je, le héros du *Bienfaiteur* me semble plus proche de ceux d'Updike et de James Purdy que de ceux de notre Nouveau Roman. » On imagine la surprise de Sontag apprenant que son Hippolyte avait des points communs avec le Rabbit Angstrom d'Updike...

Le reste est du même acabit. En Amérique, les critiques littéraires attirèrent l'attention sur Sontag en jugeant son écri-ture absurdement française ; en France, on lui reprochait d'écrire comme une Américaine malgré elle. Cette position intermédiaire lui correspondait à merveille[30]. Comme tant d'autres versants de sa vie, le rapport de Sontag à la France fut d'abord une affaire de livres, puis une expérience vécue. Trois ans après *Le Bienfaiteur*, la publication de *L'œuvre parle* la propulsa au sommet. Renonçant à écrire « sous le masque d'un homme », elle devint aux yeux du public l'intellectuelle par excellence. Les études recueillies dans le livre avaient toutes été publiées sous forme d'articles, notamment dans la *Partisan Review* et dans la toute récente *New York Review of Books*.

Susan Sontag devant Notre-Dame (vers 1965).

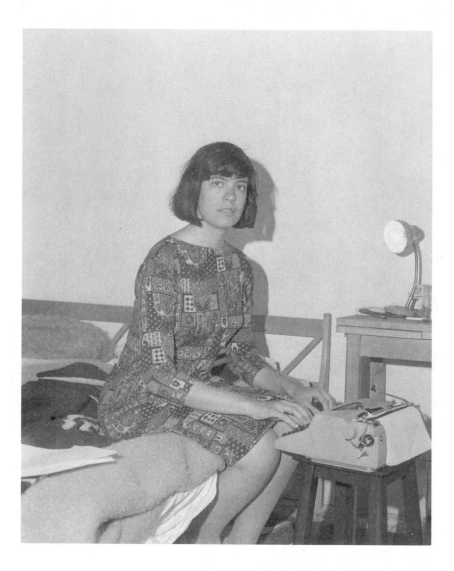

Susan Sontag devant sa machine à écrire portative,
dans une chambre d'hôtel à Paris (vers 1965).

L'œuvre parle est un livre curieux pour peu qu'on en lise les chapitres dans l'ordre prévu. Il s'ouvre sur un plaidoyer pour l'autonomie des œuvres d'art («À propos du style») et s'achève sur une apologie de la sensibilité culturelle des Juifs et des homosexuels («Le style *camp* »). On a pu voir dans ce dernier chapitre une préfiguration des études *queer*. Sans jamais évoquer son propre saphisme, Sontag devint par la suite un soutien important de la sensibilité homosexuelle masculine. Entre ces deux essais d'ouverture et de clôture, *L'œuvre parle* recueille une série d'articles sur l'art qui aurait pu s'intituler «À propos de la France» : des analyses fouillées y sont consacrées à toute une gamme d'écrivains et de cinéastes français, de Nathalie Sarraute à Robert Bresson en passant par Ionesco et Jean-Luc Godard. Dans les pages de la *New York Review of Books*, Sontag était devenue une experte en matière de culture française et du corpus philosophico-littéraire que l'on nommerait, une dizaine d'années plus tard, la *French theory*. Dans la préface de son livre, Sontag avoue avec un peu de gêne sa tendance à «attribuer une note» aux œuvres d'art, comme si elle était encore tributaire de sa formation à l'université de Chicago, où prévalait l'évaluation du canon littéraire[31]. À cette époque, les meilleures notes allaient aux Français

Le facteur X

Avec deux livres à son actif, Sontag continua de conjuguer une vie intérieure assez secrète avec une vie mondaine toujours plus éclatante. Elle s'efforçait d'associer étroitement ces deux pans de son existence, mais, derrière les manuscrits empilés, les sorties culturelles et les réseaux intellectuels, vibrait un perpétuel souci, une lutte qui devait la préoccuper tout l'hiver de 1960, passé aux côtés d'Irene et de son fils David. Elle baptisa ce souci d'une simple lettre, «le X», pour désigner un irrépressible désir de plaire, d'amadouer, de se percevoir à travers la réaction des autres, de ménager leurs sentiments, de suivre leurs avis. Les femmes, à ses yeux, étaient des êtres X ; l'Amérique elle-même, avec son culte de la popularité, était « un pays très X ». Dans une lettre de février 1960, Sontag note : « Le X, la plaie. Comment pourrais-je m'en guérir pour de bon ? » Elle établit une liste de situations provoquées par le X, d'émotions X, de traits particuliers X, avant d'associer son problème personnel à un concept existentialiste : « Le X, c'est la "mauvaise foi" de Sartre [32]. » Toute à son combat pour devenir écrivain, elle s'efforçait de comprendre ce qu'elle avait accompli avec *Le Bienfaiteur* et quelle direction il lui fallait suivre à présent : « L'écriture est une porte étroite, écrit-elle dans son journal ; certains fantasmes, comme des meubles trop gros, refusent de passer [33]. » En 1965, dans l'un de ces cours de français qu'elle se fabriquait sur mesure, Sontag recopia la préface de Bataille à son roman pornographique *Madame Edwarda,* sans omettre l'épigraphe de Hegel à propos de la mort. Bataille propose une définition complexe de l'érotisme comme « dépassement intolérable de l'être », entre autres considérations philosophiques inaugurant cette histoire de prostituée qui officie parfois dans un taxi. Rien, dans l'histoire personnelle de Sontag, ne la prédisposait à cet exercice éminemment catholique qu'est le blasphème — d'où, sans doute, son intérêt pour Bataille et pour ce mélange de gravité philosophique et de perversion qu'elle-même devait cultiver dans ses premiers textes de fiction [34].

Soirs d'été

Sur le plan social, l'année 1968 fut triomphale pour l'auteur de *L'œuvre parle.* Richard Avedon fit son portrait pour *Vogue* aux côtés de son fils David, âgé de quatorze ans. Sontag l'avait inscrit au lycée français de New York, où les cours d'histoire et de littérature, mais aussi de physique et de mathématiques, étaient donnés en français ; il jouirait ainsi de l'ouverture intellectuelle dont elle-même avait tant rêvé à son âge. Elle prit l'habitude de venir en France au début de l'été, la pressante envie qu'ont les Parisiens de voir leurs amis avant leur départ en vacances se traduisant alors, entre juin et juillet, par une succession de dîners mondains.

Paris est une ville septentrionale où, fin juin, il fait encore jour après 10 heures du soir. Le ciel se pare alors d'un bleu profond qui annonce le crépuscule, et l'heure du dîner. Pas une terrasse qui ne soit prise d'assaut à la belle saison, de jour comme de nuit. Un perpétuel été semble alors s'emparer des terrasses de café, comme celle que décrit Roger Grenier juste en bas de chez lui, rue du Bac : « Dès que paraît un rayon de soleil, la foule se presse à la terrasse, tandis qu'à ses pieds s'étale le boulevard Saint-Germain, pareil à un bras de mer. C'est notre plage[35]. »

Chaque séjour estival était l'occasion de découvrir un nouveau quartier, ses cafés et ses restaurants, son kiosque à journaux et sa bouche de métro, un nouvel appartement, ses meubles et ses livres — elle logeait le plus souvent chez un écrivain ou un artiste français, ou chez des amis américains expatriés à plein temps. Ainsi passa-t-elle l'été de 1966 sur l'île Saint-Louis, chez Anthony Glyn, un exilé britannique qui profitait alors de l'appartement de Sontag à New York. Quelques années plus tard, mieux intégrée dans le petit milieu des artistes et écrivains parisiens, elle se fit prêter un appartement dont chaque mètre carré dut lui paraître enchanteur : il appartenait à Alain Resnais, dont les films avaient tant compté pour elle, et à son épouse et assistante Florence Malraux, la fille d'André[36]. Le couple ne figurait pas dans le *Bottin mondain*, contrairement aux familles de Ganay et de Noailles, mais l'élite intellectuelle et artistique de la capitale vivait en vase clos au même titre que l'aristocratie du faubourg Saint-Germain que fréquentait en son temps Jacqueline Bouvier.

Comme tant d'autres intellectuels américains, Susan Sontag appréciait surtout à Paris cette superposition des strates historiques que laissent chaque année, dans tel quartier ou dans tel appartement, de nouvelles expériences et de nouvelles amitiés. En plein cœur de Paris, la pointe de l'île Saint-Louis offre une vue splendide sur Notre-Dame et sur l'Hôtel de Ville. Bien avant que des flots de touristes ne viennent déguster les sorbets de la maison Berthillon, l'île Saint-Louis était un village à part entière où voisinaient des aristocrates, de petits artisans et des poètes sans le sou — Baudelaire, par exemple, habita les combles d'un hôtel particulier du quai d'Anjou.

Un séjour estival à Paris n'était pas envisageable sans un dialogue continuel avec New York, d'où le poète Richard Howard, le plus proche ami et soutien littéraire de Sontag depuis 1960, l'informait sur son propre travail et lui signalait les écrivains qui, ayant lu ses textes, souhaitaient la rencontrer à Paris, tels Maurice Nadeau, critique et rédacteur en chef de la toute nouvelle *Quinzaine littéraire*, et Roger Caillois, un proche de Georges Bataille. Howard pria Sontag de lui procurer la suite de *L'Âge d'homme* de Michel Leiris (sa traduction par Howard avait fait l'objet d'un article de Sontag dans la *New York Review*), *Les Mots et les Choses* de Michel Foucault et l'*Introduction à la lecture de Hegel* de Kojève [37].

Ces échanges marquent le début d'une remarquable collaboration entre Sontag et Howard, qui contribuèrent largement à la diffusion de la pensée française auprès des lecteurs américains des années 1960 aux années 1970. Richard Howard fut le traducteur de Barthes, de Leiris et de Cioran ; Sontag leur consacra des articles à l'intention du public américain. Tous deux occupaient une place de premier plan dans les débats dont s'accompagnait la *French theory*, cet agrégat constitué à parts égales de Walter Benjamin, de Roland Barthes, de Michel Foucault, de Jacques Lacan et de Jacques Derrida.

Roland Barthes devint pour tous deux une figure essentielle. La tuberculose l'avait contraint d'interrompre ses études supérieures pour séjourner dans un sanatorium ; la souplesse de sa pensée lui permettait d'opérer à sa guise à l'intérieur comme à l'extérieur du milieu universitaire, de maîtriser les grandes tendances intellectuelles du moment (derniers feux de l'existentialisme, sémiotique, psychanalyse) et de séduire une jeune génération d'écrivains et de critiques venus écouter son séminaire sur l'amour à l'École pratique des hautes études[38]. Sontag suivait tous les débats animant alors les deux principales revues intellectuelles de l'époque, *Tel Quel* de Philippe Sollers et *Critique* de Jean Piel. Elle adressa la version française du *Bienfaiteur* à un jeune philosophe, Jacques Derrida, qui se montra très encourageant : « Est-il vrai que vous soyez seule et méconnue aux États-Unis ? Si cela était vrai, là-bas ou ici, il ne faudrait pas que cela vous dévie ou vous ralentisse. Une certaine "méconnaissance" est souvent le meilleur signe, vous le savez bien[39]. » Elle fit parvenir *Against Interpretation* à Derrida, qui lui adressa ses félicitations ainsi que les tirés-à-part de ses « deux derniers articles, ou critiques, contre l'interprétation », rédigés dans le cadre d'un livre en préparation : « Cela s'appelle *De la grammatologie*[40]. »

« Son hyperactivité du dépressif héroïque » : c'est avec cette formule qu'elle devait décrire, bien des années plus tard, le personnage du collectionneur dans *L'Amant du volcan*[41]. Son propre rapport à la vie intellectuelle était celui d'une collectionneuse ; listes à foison, fierté que suscite l'accumulation de savoirs, appétit dévorant pour les livres et les revues, correspondance avec des intellectuels de renom — tous documents archivés avec soin. Comme bien des collectionneurs, Sontag ne s'estimait jamais satisfaite. Elle note ainsi dans son Journal, à la date du 20 août 1965 : « Voir davantage les couleurs, les rapports spatiaux, la lumière. » Ou encore : « Ma vision est fruste, mal dégrossie[42]. » En 1976, dans une lettre à Fredric Jameson, qui lui réclamait une contribution pour une nouvelle revue d'études marxistes, *Social Text*, elle se propose de jouer les prospecteurs culturels : « Je passe environ cinq mois par an à Paris, et je lis des tas de revues plus ou moins obscures que vous n'avez sans doute pas le temps ou l'occasion de parcourir.

Je pourrais aussi lire et évaluer les articles soumis à la revue. Quoi d'autre ? Je n'en sais rien [43]. »

Dans une lettre de l'été 1966, Richard Howard lui parle des bombardements américains au Vietnam, du président Lyndon Johnson, des horreurs de la guerre. Les objecteurs de conscience étaient nombreux à Paris. Pour Sontag, la neutralité politique n'était plus envisageable. À côté du mouvement pacifiste, le mouvement pour la libération des femmes commençait à lui inspirer des prises de position publiques. En 1968 parut dans le *New York Times* cet encart publicitaire : « Susan Sontag vous appelle à la rejoindre à Washington le 15 janvier : des milliers d'Américaines [...] exigeront du Congrès qu'il mette un terme à la guerre du Vietnam et à la crise sociale qui agite notre pays. La main-d'œuvre féminine, une force politique [44]. »

En mai 1968, alors que la révolution battait son plein à Paris, Sontag cosigna avec James Baldwin, Norman Mailer et LeRoi Jones une lettre de protestation au rédacteur en chef du *New York Times*. Les quatre écrivains y incriminaient la police d'Oakland qui, au cours d'une fusillade, avait tué un membre désarmé des Black Panthers, un jeune homme de dix-huit ans nommé Bobby James Hutton, et blessé plusieurs autres participants [45]. En France, les deux cinéastes les plus engagés de la Nouvelle Vague, Jean-Luc Godard et Agnès Varda, prirent fait et cause pour les Black Panthers et partirent tourner à Oakland en 1968 : Godard y réalisa *Sympathy for the Devil* et Varda, *Black Panthers*. Jean Genet leur emboîta le pas. Quant à Sontag, elle se rendit à Hanoi, malgré son dégoût de la propagande. Elle était désormais un porte-drapeau, une intellectuelle dont on respectait les prises de position. Sa correspondance quotidienne se fit plus politique : un professeur d'anglais à l'université de Californie lui fit savoir à l'automne de 1969 que le philosophe Herbert Marcuse, bouleversé par les difficultés que rencontrait alors Angela Davis, menaçait de démissionner si sa jeune collègue était interdite d'enseignement [46]. L'affaire de la jeune philosophe noire, renvoyée parce qu'elle était membre du Parti communiste, avait galvanisé les milieux intellectuels.

Pour Sontag comme pour tant d'autres sociologues des années 1960, la guerre menée au Vietnam et le racisme perceptible sur le sol américain étaient des sujets étroitement liés appelant une analyse conjointe. La race blanche, écrit-elle dans sa réponse à un questionnaire de la *Partisan Review* consacré à l'actualité américaine, « est un cancer qui affecte l'histoire de l'humanité[47] ». Elle s'était refusée à tout compromis durant sa période formaliste ; à présent, son engagement esthétique laissait la place aux passions politiques les plus ardentes.

Hôtel Rothschild

C'est au beau milieu de ces années farouchement politiques que Susan Sontag, enfin, tomba amoureuse d'une Française. Rien que de très prévisible, dira-t-on, étant donné ses séjours estivaux dans divers appartements d'emprunt, son intérêt passionné pour Paris, pour la culture et la langue françaises, les listes de mots et d'expressions toujours plus complexes consignées dans ses carnets, et les interminables séances à la Cinémathèque qui avaient fait d'elle une véritable experte en cinéma français.

La rencontre eut lieu au Festival de Cannes. Nicole Stéphane s'y trouvait déjà en 1969 pour la projection de *Détruire dit-elle*, un film de Marguerite Duras dont elle était la productrice ; en 1971, elle y était cette fois en quête d'un financement[48]. Sontag avait sans doute déjà aperçu Nicole Stéphane à l'écran, des années plus tôt, dans une salle d'art et d'essai new-yorkaise ou à la Cinémathèque française — fidèle à son habitude, elle allait voir plusieurs films dans la même journée, à Paris comme à New York ; or *Les Enfants terribles*, dans lequel Nicole Stéphane tenait le rôle principal, est mentionné dans une liste de 1965[49].

En 1970, s'étant elle-même aventurée dans la réalisation, Sontag consigna le nom de Stéphane dans son journal, cette fois dans une liste de producteurs français : elle faisait désormais partie des gens à rencontrer[50]. C'est la dernière fois que Sontag eut l'occasion de tenir, dans une relation amoureuse, le rôle de l'innocente : elle avait alors trente-six ans, soit dix de moins que sa nouvelle compagne.

Deux films doivent beaucoup à l'envoûtante présence de Nicole Stéphane : *Le Silence de la mer* (1947) et *Les Enfants terribles* (1950), tous deux réalisés par l'un de ces grands anciens que célébrait la Nouvelle Vague, Jean-Pierre Melville. Dans *Le Silence de la mer*, adaptation de l'ouvrage éponyme de Vercors consacré à la Résistance, Nicole Stéphane interprète la jeune fille qui habite avec son oncle une maison réquisitionnée par un officier allemand. Ce sont les débuts de l'Occupation, et, pour faire acte de résistance, la jeune fille choisit d'opposer un silence total à cet hôte de plus en plus curieux et bavard, qui se confie volontiers à eux. Avec une raideur tout aristocratique, il évoque sa nostalgie de la musique allemande et son amour tourmenté pour la littérature française. La force que dégage Nicole Stéphane nous apparaît sans doute mieux aujourd'hui que dans les années 1950, car notre culture est prompte à reconnaître la beauté androgyne, en l'occurrence un visage de statue grecque, une courte chevelure blonde ondulée, une grande intensité dans chaque geste. À vingt-six ans, elle était aussi éloignée que possible de Brigitte Bardot et de son visage poupin.

Son grand rôle reste celui d'Élisabeth dans *Les Enfants terribles*, une adaptation du livre de Cocteau. Élisabeth est la sœur possessive et passionnée de Paul, un turbulent jeune homme que sa brutalité a fait renvoyer du lycée. Après la mort de leur mère, Paul et Élisabeth vivent ensemble dans une incestueuse promiscuité jusqu'à l'arrivée d'Agathe, qui tombe amoureuse de Paul. Afin de détruire leur amour naissant, Élisabeth intercepte une lettre de son frère à Agathe et induit les deux amants en erreur. Au désespoir, Paul avale du poison ; il lui reste assez de vie pour percevoir la traîtrise de sa sœur et tout expliquer à Agathe. Enfin démasquée, Élisabeth se regarde dans le miroir avec une intensité tragique — Cocteau songe manifestement à Électre —, s'arrache les cheveux de rage et revendique sa monstruosité. Le film s'achève sur un coup de feu derrière un paravent ; la caméra s'élève doucement dans les airs, et l'angle de champ s'élargit jusqu'à faire apparaître le corps d'Élisabeth et le pistolet tombé au sol.

Dans la vraie vie, l'actrice qui immortalise ici la folle passion d'Élisabeth n'était pas moins captivante. Née Nicole de Rothschild, appartenant à la septième génération de la branche britannique de la célèbre dynastie de banquiers, elle était la petite-fille de Henri de Rothschild, le médecin et dramaturge dont la fortune avait financé de nombreux hôpitaux — mais aussi les recherches de Marie Curie, dont Sontag avait fait une idole de son enfance. La guerre mit un terme à cette situation privilégiée. En 1942, Nicole parvint à s'enfuir de la capitale menacée par les nazis grâce à de faux papiers au nom de « Nicole Regnier ». Ayant franchi la frontière espagnole avec sa sœur, elle fut, comme tant d'autres réfugiés, interceptée par la *guardia civil* de Franco, emprisonnée, puis relâchée. Ayant gagné l'Angleterre après être passées par Lisbonne, les deux sœurs s'enrôlèrent à Londres dans la Résistance[51]. Après la guerre, elle fut repérée par Melville dans un cours d'art dramatique, et tourna dans deux grands films sous sa direction. Elle interpréta ensuite quelques rôles de second plan, dont celui de Marie Curie dans un court métrage de Georges Franju. Au cours du semestre parisien de Sontag, en 1958, Stéphane avait interprété à l'écran une martyre juive de la Résistance, Denise Bloch, dans un film britannique d'inspiration patriotique intitulé *Carve Her Name with Pride*. À partir de 1960, elle n'interpréta plus que des rôles secondaires, soit par choix personnel, soit parce que son physique et sa personnalité ne répondaient plus aux attentes d'un public friand de starlettes.

Ce n'est donc pas une actrice mais une productrice que rencontra Sontag — la nuance est de taille. Un accident de voiture ayant mis fin à sa carrière d'actrice au début des années 1960, Stéphane choisit de faciliter les choses pour d'autres actrices et pour des scénaristes, finançant par exemple un documentaire politique sur la guerre d'Espagne, *Mourir à Madrid*, ou encore un film sur Israël coproduit avec sa compagne. Plus tard, dans Sarajevo assiégé, elle finança la mise en scène par Sontag d'une pièce de Beckett, *En attendant Godot*. Elle fut également la productrice de Marguerite Duras qui, pour son tout premier film, avait choisi d'adapter l'un de ses propres romans, *Détruire dit-elle*; auteur célébré de l'envoûtant scénario d'*Hiroshima mon amour*, tourné en 1959 par Alain Resnais, Duras devint ainsi une réalisatrice à part entière grâce au soutien de Nicole Stéphane.

Celle-ci finançait avant tout des films documentaires, mais c'est à une œuvre littéraire qu'elle doit la plus grande aventure de sa carrière de productrice. Elle acheta en 1964 les droits cinématographiques du grand œuvre de Proust, *À la recherche du temps perdu*, pourtant presque impossible à adapter en raison d'une langue extravagante et d'une approche de la sensualité au microscope. Déterminée à porter ce chef-d'œuvre à l'écran, elle chercha pendant des années le scénariste et le réalisateur convenant le mieux à ce projet. Elle fit successivement appel à Luchino Visconti, à Harold Pinter, à René Clément et à Joseph Losey. En vain. En 1984, elle parvint enfin à produire *Un amour de Swann* grâce aux efforts conjoints de trois scénaristes, Peter Brook, Jean-Claude Carrière et Marie-Hélène Estienne, et du réalisateur Volker Schlöndorff. Ainsi Sontag se retrouvait-elle en territoire proustien de part et d'autre de l'Atlantique, son ami Richard Howard ayant entrepris de traduire l'intégralité de la *Recherche* pour Farrar, Straus & Giroux.

Aussi intrigant soit-il, ce bref aperçu de la vie et du travail de Nicole Stéphane ne donne qu'une vague idée de ce qu'elle pouvait représenter aux yeux de Sontag : un subtil feuilleté alliant la culture, l'histoire, la France et le judaïsme. Pendant quelques années, Stéphane logea sa compagne dans son appartement de la rue de la Faisanderie, à deux pas du bois de Boulogne, dans une partie du XVIe arrondissement plus luxueuse encore que l'avenue Mozart qu'avait connue Jacqueline Bouvier dans les parages du métro Jasmin. Elle avait acheté le pavillon situé à l'arrière du jardin de l'hôtel de Goldschmidt-Rothschild ; cette belle demeure à deux étages, dont la façade était couverte de stuc blanc, appartenait à la baronne du même nom, lointaine parente de Nicole et célèbre collectionneuse d'art qui avait abrité des réfugiés juifs dans les années 1930 — Walter Benjamin, autre grand modèle de Sontag, l'avait sollicitée au moment de fuir l'Allemagne pour s'installer à Paris. C'est ainsi que Sontag vécut et travailla plusieurs mois d'affilée au-dessus du garage des Goldschmidt-Rothschild[52].

D'un hôtel particulier à l'autre : le monde et l'aura de Nicole Stéphane, loin des salons du faubourg Saint-Germain où, sous la houlette de Paul de Ganay, Jacqueline Bouvier dansait sur des mélodies de Claude Luter dans sa robe noire à bustier, évoquaient tout à la fois les ambitions des Rothschild sous l'Empire, la force morale de la France libre, la voluptueuse élégance du cinéma des années 1950 et un engagement politique bien ancré à gauche. D'une remarquable force de caractère, Stéphane était une femme très volontaire. Amie de cœur et productrice de Sontag, elle lui apprit aussi à gérer sa carrière, lui suggéra d'écrire des scénarios et la poussa à consulter un cancérologue français qui, en 1975, la sauva d'un premier épisode de cancer du sein[53]. Sontag découvrait enfin la France de l'intérieur — Nicole Stéphane, pourtant, en tant que juive, ancienne résistante, handicapée, et surtout en tant que membre de la famille Rothschild, n'avait rien d'une Française ordinaire.

Susan Sontag à Paris (1972).

Il arrivait que Sontag se ravise sur les conseils de Stéphane. À l'été de 1973, Alain Resnais et Florence Malraux étant absents de Paris, leur appartement de Belleville servit de bureau à Sontag et au cinéaste américain Noël Burch, également expatrié. Sontag avait acquis les droits d'adaptation du premier roman de Simone de Beauvoir, *L'Invitée* (1943), qui fait le portrait d'un douloureux ménage à trois — la liaison de Sartre avec deux sœurs polonaises avait profondément affecté Beauvoir à l'époque. Ce mélodrame, dont l'atmosphère évoque la vie d'hôtel que Sontag allait bien connaître à Paris en 1958, aurait pu tout aussi bien inspirer un film noir : comme pour se venger du réel, c'est par un meurtre que Beauvoir conclut son roman. Après un été de travail acharné, Sontag fit savoir à un Burch éberlué qu'elle renonçait au projet, Stéphane ayant décrété qu'il risquait de nuire à sa carrière[54].

Corrections, interrogations

De 1966 à sa mort, Sontag se fit la passeuse, l'adaptatrice, l'interprète et la collectionneuse passionnée de tout ce que la France lui avait apporté. En égard à ses intérêts intellectuels particuliers, elle attachait une importance extrême à la traduction. La traduction de ses livres, notamment vers le français, était pour elle l'occasion d'exprimer sa crainte d'être mal comprise, de contrôler la réception de son œuvre, de se faire connaître au-delà des confins de sa langue maternelle. Dans un discours sur la traduction prononcé devant l'Académie américaine de Rome, elle invita la communauté des écrivains à rejoindre son combat contre ces traducteurs qui comptent sur le fait que leur auteur ne maîtrise pas la langue cible : « Mes livres sont traduits dans quinze langues au moins, le plus souvent assez mal. [...] Mon conseil à mes collègues écrivains : exigeons de ces pleutres un droit de regard sur leur travail[55]. »

Cette hostilité vis-à-vis des traducteurs n'excluait pas d'autres approches : Sontag entretenait avec eux une correspondance nourrie, souvent affectueuse, qui témoigne d'un goût prononcé pour ce type d'échanges. Elle a conservé pour la postérité d'innombrables lettres et télécopies portant sur le choix de tel mot, de telle tournure, de tel titre particulier. Ces archives donnent une image originale de sa passion pour la langue. Une discussion sur la traduction en français du titre *The Volcano Lover* — ce roman historique dont les personnages sont le collectionneur lord Hamilton, son épouse lady Emma et l'amant de celle-ci, l'amiral Nelson — révèle une certaine arrogance (« Le français, écrit-elle à son agent, est la seule langue étrangère que je maîtrise à peu près parfaitement ») en même temps qu'une inquiète humilité[56]. Elle s'inquiète du titre français de son roman comme elle se souciait autrefois, dans ses carnets d'étudiante, des différences entre « aimer », « aimer bien » et « s'éprendre de ». Faut-il traduire *The Volcano Lover* par *L'Amant du volcan* ou par *L'Amoureux du volcan* ?

> « *The soul of the lover is the opposite of the collector's* » : vous m'avez tout d'abord convaincue que, dans cette phrase, « amoureux » convient mieux qu'« amant » pour traduire *lover*. Quant à la question, plus générale, d'une éventuelle modification du titre, la compétence me fait ici défaut pour exprimer une opinion — même si vos arguments ont fait naître en moi un véritable doute. [...] Vous dites donc, si je comprends bien, que « amant » est trop spécifiquement sexuel (au sens large) en français. En anglais, comme vous le savez, ce n'est pas le cas. On peut dire qu'un tel est l'amant d'une telle, mais aussi qu'un tel est un *music lover* ou un *lover of travel*. Je suis ravie que vous ayez attiré mon attention sur ce point, même si cela me trouble beaucoup. Comment faire, selon vous, pour parvenir à trancher[57] ?

C'est à Philippe Blanchard qu'elle manifestait le plus de respect. Ce traducteur savait se montrer aussi réceptif que diplomate avec Sontag, même quand il s'agissait de répondre à vingt-huit pages de corrections et de questions :

> J'aurais dû, cher Philippe, prendre un avion pour Paris : une rencontre eût été plus plaisante que la rédaction de cette lettre, qui m'a demandé près de quinze heures en tout, réparties sur deux jours !

Elle s'interroge aussi sur le temps à adopter pour son récit :

> Je sais qu'en français on peut utiliser le présent pour décrire une action passée (ce que l'anglais n'autorise pas), mais je ne veux pas procéder ainsi. De plus, comme je l'ai signalé, il y a un problème de cohérence. Dans vingt pour cent des cas vous écrivez DISAIT, et dans quatre-vingt pour cent des cas DIT. Je préfère DISAIT dans tous les cas de figure[58].

Il semble avoir échappé à Sontag qu'à la troisième personne du singulier, le verbe « dire » se conjugue de la même manière au présent et au passé simple. Loin de lui reprocher cette méprise, Blanchard redouble de tact dans sa réponse :

> En plusieurs endroits, le mot *said* est trop proche d'un marqueur temporel pour qu'on puisse le traduire par un imparfait. J'ai alors utilisé le passé simple (mon idée, dans la version précédente, était d'utiliser le temps qui semble le plus naturel dans la phrase)[59].

Sontag se flattait d'avoir une longueur d'avance sur ses traducteurs, de même qu'elle se flattait d'avoir une longueur d'avance sur les tendances de l'époque. À cet égard, la traduction de certains ouvrages français et le succès de sa chère *French theory* dans les universités eurent un effet ambigu : une fois les classiques structuralistes traduits en anglais et assimilés par les départements de français — on dirait aujourd'hui « mondialisés » —, l'expertise de Sontag dans ce domaine apparut moins indispensable. D'autres passions succédèrent ainsi à son histoire d'amour avec la littérature française : l'Europe de l'Est (où elle travailla en tandem avec Philip Roth), ainsi que deux auteurs qu'elle était fière de faire découvrir à ses contemporains : Joseph Brodsky et W. G. Sebald. On a pu reprocher à cette ancienne adepte de l'avant-garde d'avoir, vers la fin de sa vie, défendu l'idée d'« œuvre magistrale » et de « grand écrivain », se montrant par là aussi conventionnelle que les professeurs de l'université de Chicago qui, bien des années plus tôt, avaient critiqué son travail sur *L'Arbre de la nuit*. Une remarque faite dans le cadre d'un entretien, sur un mode intimiste assez inhabituel, semble révélatrice à cet égard ; Sontag se déclare effarée par la transformation de la gare d'Orsay en un musée d'art du XIXᵉ siècle :

> En visitant le musée d'Orsay nouvellement ouvert à Paris, j'ai fondu en larmes. Parce que nous pensions que le canon du XIXᵉ siècle était bien établi. Nous pensions qu'il était clair pour tout le monde que Degas vaut mieux que Bouguereau. Et voici qu'un musée vient nous signifier que tout se vaut, ou même, à vrai dire, que l'art médiocre vaut mieux que l'art de qualité parce qu'il est plus divertissant[60].

Elle reprochait au musée de faire à des œuvres académiques l'honneur d'un accrochage dans les vastes salons de l'ancienne gare d'Orsay. De fait, les conservateurs avaient confiné les chefs-d'œuvre de l'impressionnisme au cinquième étage, dans un espace mansardé. Sontag continuait de protester et de refuser tout compromis, mais elle évoquait désormais, avec un « nous » de majesté, le triomphe de l'impressionnisme et une distinction très nette entre le grand art et l'art mineur. Elle aurait pu, tout aussi bien, estimer que les impressionnistes étaient à leur place sous les combles — où, après tout, les reléguaient déjà leurs contemporains. Au lieu de quoi elle parle de prérogatives, de hiérarchie, de privilèges mérités.

Appréhendé sur le long terme, son parcours est ponctué de revirements stupéfiants, de renaissances, de réévaluations. La jeune étudiante si éprise de sa liberté sexuelle qu'elle n'avait pas, ou si peu, remarqué la crise algérienne, devint l'une des adversaires les plus déterminées de la politique étrangère américaine, et choqua profondément ses concitoyens en examinant le terrorisme du point de vue des terroristes[61]. La jeune intellectuelle qui regrettait de n'avoir aucun sens visuel devint la compagne d'une actrice emblématique, puis de la grande photographe Annie Leibovitz, et apporta une contribution remarquable à la théorie de la photographie[62]. L'ancienne cancéreuse devint une observatrice influente et secourable des préjugés liés à cette maladie. La femme que troublait tant le plaisir sexuel (« Si seulement le sexe me faisait le même effet que l'écriture », confiait-elle à son journal en 1965) entreprit de décrire avec une empathie et une délicatesse rares, dans *L'Amant du volcan*, la passion sexuelle qui unit deux amants vieillissants[63].

Sontag maîtrisait à merveille, dans sa vie publique, cette arrogance que Beauvoir avait toujours tenue pour un droit fondamental des philosophes. Elle avait fini par l'emporter sur le X, le compromis, le désir de plaire, et s'était forgé une réputation de personnalité difficile et péremptoire ; nombre de ceux qui l'ont rencontrée ont découvert, loin de la furie qu'ils attendaient, une femme capable de joies simples et presque enfantines, toujours soucieuse de charmer ses interlocuteurs. En 1980, alors qu'elle se plaignait de la traduction française de *La Maladie comme métaphore*, mis sous presse alors qu'elle se remettait de sa chimiothérapie, son éditeur au Seuil lui répondit en ces termes :

> Pour finir, puis-je vous dire ceci : en près de dix-huit années de travail comme éditeur, j'ai eu des échanges avec de nombreux auteurs, français ou étrangers, souvent difficiles, mais vous êtes la seule à m'écrire TOUJOURS (seule exception, une lettre de vous datée du 15 novembre 1978) par l'intermédiaire de votre PDG [l'éditeur Roger Straus]. On peut dire sans offenser personne que cela complique inutilement nos relations. Et ce n'est pas poli[64].

Roger Straus avait également joué les intermédiaires lorsque Jacqueline Onassis avait réclamé à Susan Sontag un texte de présentation. L'échange mérite d'être cité, car il donne un précieux aperçu de ces deux femmes dans le milieu de l'édition. Au printemps de 1980, Jacqueline Onassis s'apprêtait à publier un recueil de photographies de mode sélectionnées par son amie Diana Vreeland, ancienne rédactrice en chef de *Harper's Bazaar* et de *Vogue*. Ayant fait parvenir à Sontag une partie des épreuves avant publication, elle lui soumet cette requête :

> Je vous serais très reconnaissante de bien vouloir rédiger un court texte de présentation […], d'indiquer comment [le] regard singulier [de Vreeland] met en valeur ces images — par le recadrage, la mise en page, la juxtaposition. Voir les photographies dont elle s'est souvenue et qu'elle a retenues ici, et que nous n'aurions jamais découvertes sans cela. Connaissez-vous Paul Haviland ? Je crois qu'il est l'auteur de onze des photographies. Son *Paquebot dans le lointain* m'évoque un Whistler. Et Elsa Maxwell : Callas et son mari dans une boîte de nuit, c'est du Fellini tout craché. Je pourrais parler de ce livre pendant des heures — il faut me pardonner. Je voudrais faire tout mon possible pour que ce soit un beau succès. [Diana Vreeland] est une femme admirable, à qui je suis toute dévouée. D'autant qu'il s'agit d'un excellent livre !

La lettre s'ouvre sur un « Chère Susan » et se termine par « Avec ma vive affection, Jackie ». Elle reçut une réponse de Roger Straus (« Chère Mme Onassis »), à qui Sontag avait remis la lettre et l'extrait du livre « alors qu'elle avait déjà un pied à bord d'un avion pour la Pologne ». L'éditeur s'en explique ainsi :

> J'ai tenté de vous joindre au téléphone pour vous dire qu'elle [Sontag] ne pourra accéder à votre requête, car elle s'interdit de commenter tout « livre d'images ». Cela, bien sûr, à cause de son livre *Sur la photographie* ; je suis pour ma part, comme elle l'est elle-même, certain que vous comprendrez.

Joignant à sa lettre les pages transmises à Sontag, il souhaite à Mme Onassis un beau succès éditorial avant de signer « Sincères salutations, Roger W. Straus[65] ».

Difficile de lire cet échange sans en vouloir à Sontag d'ignorer ainsi le soutien personnel et circonstancié qu'apporte Jacqueline Onassis au recueil original de Diana Vreeland ; la lettre comporte même une subtile allusion à Maria Callas, ancienne maîtresse d'Aristote Onassis. Tout se trouve réduit à un « livre d'images ». Le plus surprenant est encore que ces deux femmes, que leurs origines et leurs choix de vie semblaient opposer en tout point, aient fini par évoluer dans les mêmes centres — la formule de politesse et la signature indiquent en effet qu'elles s'appelaient par leur prénom.

Si la grande réussite de Jacqueline Kennedy fut de devenir une femme de tête quand tout la destinait à la vie superficielle d'une femme du monde, celle de Sontag est assez comparable sur le fond : issue d'une famille ordinaire de l'Arizona, elle devint, selon un magazine français, la « figure de proue de l'intelligentsia nord-américaine », évoluant dans des sphères inaccessibles au commun des mortels, guère impressionnée par ce que représentait Jacqueline Kennedy Onassis — et peut-être soucieuse de manifester un certain détachement[66]. Si elle ne prit même pas la peine de répondre en personne à Jacqueline Onassis, Sontag conserva toutefois dans ses archives une invitation à un cocktail dans son appartement de la 5e Avenue, sur laquelle sont griffonnés ces mots : « Susan, restez donc pour le dîner, Jackie[67]. » Seul un être qui a longtemps lutté contre son désir de plaire se sent tenu d'afficher ainsi son indifférence.

Pied-à-terre parisien

Souvent considérée comme l'intellectuelle new-yorkaise par excellence, Sontag voyait dans Paris son « autre capitale

imaginaire[68] ». Dans les mémoires d'Annie Leibovitz, *La Vie
d'une photographe,* on voit Susan Sontag dans son dernier domicile parisien du 2 rue Séguier, à deux pas de l'appartement
naguère partagé avec Harriet ; il s'agissait cette fois d'un hôtel
particulier du XVIIe siècle, l'hôtel Feydeau de Montholon,
monument historique classé. Une photographie la montre
accoudée au parapet de pierre qui longe le quai des Grands-
Augustins, observant les bouquinistes sur l'autre rive. En mars
2002 elle donna sa toute dernière lecture au Village Voice
Bookshop, la librairie située juste derrière la place Saint-
Sulpice, lieu central de son cher *Arbre de la nuit.* Elle ne venait
jamais à Paris sans s'y attarder quelques heures, parcourant les
rayonnages et discutant avec la propriétaire des lieux, Odile
Hellier, de ses lectures en cours, passées ou à venir. L'après-
midi, elle s'installait au Café de Flore, se calait le dos contre le
mur et rédigeait son journal tout en observant les passants.
C'est ainsi que je l'ai aperçue en mars de cette année-là, alors
que je descendais le boulevard Saint-Germain. Son épaisse crinière n'était plus traversée par cette zébrure blanche qui, selon
Daniel Mendelsohn, la faisait ressembler à Athéna, mais il
s'agissait sans conteste de Susan Sontag[69]. Il m'a semblé que ce
siège lui était réservé de toute éternité, et que du reste, dans ce
café-là ou dans un autre, il y en aurait toujours un pour un être
comme elle, un écrivain qui rédige son journal afin de mieux
saisir le monde.

À la mort de Sontag, en 2004, son fils David, qui ne disposait
pas d'instructions mais qui connaissait sa mère mieux que personne, fit transporter son corps à Paris. C'est ainsi qu'elle
repose au cimetière du Montparnasse, auprès de nombreux
auteurs qu'elle connaissait par cœur : Beauvoir, dont elle avait
écouté une conférence à la Sorbonne et dont elle avait envi-
sagé d'adapter un roman au cinéma ; Duras, dont Nicole
Stéphane avait produit le premier film ; Ionesco, qu'elle critique si sévèrement dans *L'œuvre parle* ; et Beckett, le grand
transfuge linguistique, dont elle avait monté une pièce à
Sarajevo. Le cimetière abrite également Sartre, porte-

Susan Sontag sur le quai des Grands-Augustins,
près de son domicile parisien (2000).

étendard critique et politique d'un demi-siècle de vie intellectuelle française ; bien après ses années d'étudiante à Saint-
Germain-des-Prés, Sontag avait vécu quelques jours dans son
appartement de la rue Bonaparte.

« Tout est renouvelé quand on parle dans une autre langue,
confiait Susan Sontag à Chantal Thomas au cours d'un entretien radiodiffusé, et quand on vit dans un autre pays ; j'ai
compris mon pays en vivant ici, évidemment par contraste ; je
suis très attachée par tempérament au statut de l'étranger, de
ce qu'on apprend, de ce qu'on éprouve quand on est étranger. [...] Même si j'habite New York, je n'ai pas l'impression
d'être new-yorkaise[70]. »

En 1979, dans une émission animée par Bernard Pivot, on
entend Sontag évoquer brièvement ses origines ; puis elle
condense son livre *Sur la photographie* en quelques déclarations

Susan Sontag et Bernard Pivot parlant photographie
sur le plateau d'*Apostrophes* (8 juin 1979).

philosophiques biens senties, sous l'œil admiratif des photographes Marc Riboud et Robert Doisneau[71]. Elle a si bien
assimilé la topographie mentale de son pays d'accueil que, au
lieu de préciser : « J'ai grandi dans l'Ouest américain » ou :
« J'ai été élevée sur la côte Ouest », elle s'exprime comme le
ferait un Français : « J'ai été élevée en province. » Elle dit cela
avec gourmandise, comme si elle débarquait de Bordeaux ou
de Dijon, comme si, tel un personnage de Stendhal ou de
Balzac, un Julien Sorel ou un Rastignac, elle avait nourri les
mêmes ambitions qu'eux durant sa jeunesse en Arizona,
comme si elle avait un jour, elle aussi, des hauteurs du Père-
Lachaise, défié la capitale : « À nous deux maintenant ! »

V

Angela Davis

1963-1964

Quatre ans après le départ précipité de Susan Sontag et Harriet Sohmers fuyant en auto-stop un Paris sous loi martiale, une étudiante de deuxième année à l'université Brandeis, Angela Davis, que son circuit estival avait menée dans la capitale, célébrait l'indépendance de l'Algérie sur la place de la Sorbonne. Dans ce court laps de temps, quelque chose d'essentiel avait changé dans le rapport des jeunes Américains à eux-mêmes et à leur pays. En France aussi, la fin de la guerre d'Algérie inaugurait une période d'agitation et de remise en question des valeurs nationales dont les effets se feraient sentir au-delà de Mai 1968.

Selon l'historienne Whitney Walton, les étudiants américains séjournant à l'étranger dans les années 1960-1970 réservaient l'essentiel de leurs critiques à leur propre pays, non à leur pays d'accueil[1]. Pour cerner les motivations de ces jeunes gens, il faut bien comprendre à quoi ressemblaient alors les voyages internationaux des Américains : d'un côté les hôtels de la chaîne Hilton, avec l'idée que le confort à l'américaine était accessible partout dans le monde ; de l'autre, le Corps de la Paix créé en 1961 par Kennedy pour envoyer une jeunesse privilégiée dans les endroits les plus reculés et les plus défavorisés de la planète. Pour certains Américains, le début des années 1960 fut une période d'idéalisme et d'altruisme — menacée, il est vrai, par le spectre d'une intervention militaire au Vietnam. Pour la jeunesse noire, pour Angela Davis, ce furent des années d'une lutte sans merci pour obtenir les droits fondamentaux du citoyen.

Après une enfance à Birmingham, en Alabama, où la ségrégation raciale était la norme, Angela Davis poursuivit ses études dans le Nord. Elle fréquenta ainsi deux établissements qui, du fait de leur histoire particulière, dispensaient une éducation progressiste : le lycée Elisabeth-Irwin de New York, dont plusieurs enseignants avaient figuré sur la liste noire du maccarthysme, et l'université Brandeis, nommée en hommage à un juge juif de la Cour suprême de l'après-guerre, qui se consacrait à la justice sociale et au bien-être de la communauté juive. Tout en suivant les cours à Elisabeth-Irwin grâce à une bourse quaker, Angela Davis trouva le temps de perfectionner son français et de lire le *Manifeste du Parti communiste*; à Brandeis, elle se plongea dans la littérature française et découvrit la philosophie avec Herbert Marcuse. Au cours d'un voyage à Helsinki, à l'automne de 1962, elle fit un détour pour découvrir Paris ; dans le cadre du programme à l'étranger de Hamilton College, en 1963-1964, elle passa en France une année d'études financée par sa bourse de Brandeis. Elle obtint son diplôme de littérature française en 1965 avec mention très bien.

L'acquisition du français constituait la première grande étape sur la voie qui devait mener Angela Davis de la littérature à la philosophie, puis de la philosophie au radicalisme politique et à l'enseignement. Les terribles événements qui eurent lieu après son retour aux États-Unis (son inculpation pour complicité après une prise d'otages meurtrière dans un tribunal, son arrestation, son procès pour meurtre) auraient pu ne lui laisser de son séjour en France que de vagues souvenirs. Or, la France occupa toujours une place centrale dans sa vie, depuis son adolescence en Alabama jusqu'à sa carrière d'enseignante et de penseuse radicale.

Gertrude Stein déclara un jour, à propos de ce pays où elle vécut près de quarante-cinq ans : « L'essentiel n'était pas ce que la France vous offrait, mais ce qu'elle ne vous prenait pas[2]. » Le problème des droits civils ne l'effleurait même pas. La situation d'Angela Davis, jeune étudiante noire, n'avait pas grand-chose à voir avec celle de Stein, de Sontag ou de Bouvier. Aucune de ces trois femmes ne s'était vu interdire l'accès à un restaurant, à un hôtel, à un café ; elles connaissaient sans doute la tristesse ou la crainte de l'avenir, mais du moins elles n'avaient pas à défendre sans cesse leur droit à l'existence.

Angela Davis passa toute son enfance à Birmingham. Devant un journaliste qui l'interroge à la télévision sur cette période de sa vie, elle évoque ses premiers souvenirs auditifs : des bombes explosant dans son quartier. À cette époque, en effet, une population blanche hostile à l'intégration des Noirs leur imposait une répression farouche. Les années passant, elle découvrit le français comme un enfant découvre une langue secrète ; dans son cas, cependant, une telle découverte correspondait à un besoin vital. Dans un monde qui redoublait de violence, elle sut trouver dans la langue française, puis dans le peuple français, le vecteur de ses exigences, en prélude à des prises de position personnelles en tant que philosophe militante. Ses propos allaient enfin trouver un écho auprès de centaines de milliers de francophones, qui en firent un élément de leur propre discours de libération. Commencée en Alabama, cette histoire devait s'achever à Aubervilliers.

Alabama

Née en 1944 à Birmingham, Angela Davis n'a que très rarement évoqué ses origines : « J'ai cherché mon histoire personnelle dans l'histoire de la colonisation de ce continent, et j'y ai trouvé des silences, des omissions, des distorsions, ainsi que de mystérieuses et fugaces insinuations[3]. » Ses parents avaient quitté leur milieu rural pour le cœur industriel de l'Alabama.

Son père était né dans le comté de Marengo, jadis fondé par des vétérans de l'armée napoléonienne et baptisé en l'honneur de la célèbre victoire impériale ; parmi ces expatriés fuyant la Terreur blanche, certains s'étaient installés à Philadelphie — tel Michel Bouvier, l'ancêtre ébéniste de Jacqueline[4]. Sa mère avait été élevée par une famille d'adoption dans le comté de Talladega, où, depuis les années 1760, des mariages mixtes unissaient des Indiens Creek à des colons espagnols ou français.

Du côté paternel, la grand-mère d'Angela était une femme aimante, toujours ravie d'accueillir ses petits-enfants à la ferme. Le grand-père, quant à lui, représentait un grand mystère pour ses petits-enfants : il était blanc[5]. Selon la rumeur, ce prospère citoyen du comté de Marengo était venu à Birmingham diriger une scierie. Les enfants ne l'avaient pas connu, mais ils savaient que les mariages mixtes étaient illégaux en Alabama. « Quand vous avez la couleur d'Angela, déclara son avocat en conclusion de son procès en 1972, chaque fois que vous observez votre peau, vous comprenez que votre arrière-grand-mère a été violée par quelque maître blanc[6]. » La Française qui logea Angela en 1963 reste persuadée, cinquante ans plus tard, que l'un des grands-parents d'Angela était français. Pur fantasme, à l'évidence. Dans le Sud américain des années 1940, et bien au-delà, prévalait la vieille règle de la goutte : une seule goutte de sang noir suffisait à vous déclasser. Aucun Blanc ne pouvait donc avoir la moindre ascendance noire, et aucun Noir ne pouvait revendiquer un aïeul blanc. Dans un essai qui a fait date, Patricia Williams décrit son impossible héritage : arrière-petite-fille d'une esclave achetée puis violée par son maître, elle se retrouve dans la position paradoxale d'avoir à « revendiquer une ascendance dont l'origine même constitue [sa] dépossession[7] ». Cette dialectique brutale de l'héritage et de l'exhérédation n'a pas grand-chose à voir avec l'arbre généalogique aristocratique imaginé par le major Bouvier et offert à

Jacqueline, ni avec la généalogie intellectuelle conçue par Susan Sontag au moment de se réinventer en Européenne.

Les parents d'Angela Davis, Frank et Sallye Davis, étaient des membres respectés de leur communauté à Birmingham. Son père, enseignant diplômé de St Augustine's College de Raleigh, en Caroline du Nord, où il avait obtenu sa licence, était propriétaire d'une station-service. Sa mère était institutrice. Sallye était une femme d'un grand courage, qui avait quitté des parents adoptifs plus soucieux de la mettre au travail que de la laisser poursuivre ses études. Elle vécut dans un foyer de l'Union chrétienne de jeunes filles, puis le directeur de l'établissement où elle faisait ses études l'accueillit dans son propre foyer ; c'est à cette époque qu'elle abandonna le prénom Sally Mae au profit de Sallye Marguerite qu'elle jugeait plus sophistiqué, si l'on en croit l'affectueux souvenir de sa fille Fania. Licenciée de Miles College, elle obtint une maîtrise en sciences de l'éducation à l'université de New York. Marguerite : on ne saurait dire le sens exact que pouvait revêtir ce prénom à ses yeux. Elle rêvait d'un monde plus vaste que le comté de Talladega, plus vaste que Birmingham [8]. À sa fille aussi, elle donna un deuxième prénom français : Yvonne.

Sallye Davis était une militante en même temps qu'une enseignante. Elle travaillait pour le Congrès de la jeunesse noire du Sud, qui manifestait depuis les années 1930 pour obtenir le droit de vote. Elle fit pression sur ses propriétaires pour obtenir l'eau courante et des toilettes dans l'unité d'habitation où Angela vit le jour [9]. Plus tard, les Davis s'offrirent une maison à la lisière d'un quartier blanc ; quelques autres familles noires avaient pu s'installer là, ce qui explique les nombreuses bombes posées par des ségrégationnistes qui valurent au quartier le surnom de « Dynamite Hill ». Entre 1957 et 1962, Birmingham fut le théâtre de cinquante attentats non élucidés [10]. Comme tous les enfants noirs, Angela était scolarisée dans un établissement où les conditions matérielles étaient déplorables. Du moins y apprit-elle les rudiments de l'« histoire nègre », grande absente du programme des écoles blanches de l'Alabama[11]. Elle sut dès son plus jeune âge qu'elle voulait apprendre le français, mais cette langue n'était pas enseignée dans son école ; s'étant procuré un manuel de grammaire, elle se mit à travailler de son côté avant de transmettre son savoir à ses camarades, en prenant soin d'avoir toujours une leçon d'avance sur eux[12].

Utilisée dans les écoles publiques depuis sa parution en 1927 (et jusqu'au milieu des années 1950), *Histoire de l'Alabama* transpire l'idéologie dominante de son époque. L'auteur de ce manuel, professeur d'histoire à l'université de l'Alabama, évoque avec nostalgie le monde disparu des grandes plantations et des braves contremaîtres soucieux de la santé et du bien-être des esclaves, lesquels sont comparés à des animaux de ferme[13]. Afin que nul n'oublie l'époque où la ségrégation était dans l'ordre des choses, et inscrite dans la loi, la rhétorique de l'ouvrage offre une version édulcorée de la propagande brutale du Ku Klux Klan.

Dans un Sud où les lois Jim Crow[14] étaient en vigueur, les aspects les plus simples de la vie quotidienne s'avéraient problématiques pour une jeune Noire. Les vacances familiales sans possibilité d'aller à l'hôtel. L'enfant qui se précipite vers sa place favorite à l'avant du bus, juste derrière le conducteur, et que sa cousine terrifiée ramène vers l'arrière du véhicule. Les fontaines réservées aux Blancs. L'interdiction de fréquenter cinémas et parcs de loisirs. Fania Davis, elle, utilisait régulièrement des toilettes réservées aux Blancs : elle savait que c'était interdit, mais ses parents lui avaient aussi appris que cette loi était injuste[15].

Plus tard, quand Angela Davis devint un personnage public, la presse la présenta comme un pur produit de l'enseignement privé et d'une éducation française qui aurait été happée par la révolution — une sorte de privilégiée qui aurait mal tourné. Or, ses racines politiques en Alabama constituaient pour elle une assise solide, et le soutien indéfectible de sa famille lui donnait un fort sentiment d'appartenance. Sans doute plus portée sur la lecture et plus introvertie que ses parents, elle apprit néanmoins auprès d'eux que tout héritage est un combat. Tout ce qu'elle accomplit par la suite montre qu'elle se voulait exemplaire et non pas exceptionnelle, consciente d'être une Noire parmi des millions d'autres luttant pour leur libération.

Au milieu des années 1950, Sallye Davis suivit les cours d'été de l'université de New York pour y préparer sa maîtrise. Elle emmenait avec elle la petite Angela, qui découvrit tout un monde de privilèges insoupçonnés : zoos, parcs et plages accessibles aux Noirs, compagnons de jeux noirs, blancs ou portoricains, possibilité de s'asseoir juste derrière le conducteur de bus. Au lendemain de ce premier été new-yorkais, le retour à Birmingham entraîna une douloureuse prise de conscience. Plus tard, même la prétendue harmonie raciale dont bénéficiait le Nord lui inspira toujours de la méfiance. Elle entendit parler d'un couple mixte qui ne trouvait pas de logement. Du jour au lendemain, elle vit disparaître avec désarroi le père de son amie Harriet, James Jackson : membre actif du Parti communiste, il avait dû se résoudre à la clandestinité pour échapper à la chasse aux sorcières menée sous McCarthy[16]. Les pressions conjuguées que représentaient, dans le monde de ses parents, la race, le militantisme et les lois Jim Crow, mirent Angela Davis en situation de déchiffrer les signes avec une grande finesse. Elle apprit à repérer, devant la caisse d'un cinéma qui lui demeurait interdit, « une foule d'enfants aux boucles blondes, accompagnés de mères à l'air mesquin » ; les mots « gens de couleur » ou « blancs », que les enfants noirs connaissaient avant même d'apprendre à lire ; l'invisible ligne de démarcation séparant sa maison de Center Street du quartier réservé aux Blancs, de l'autre côté de la rue ; et l'interdiction absolue faite aux Noirs de traverser la ville d'est en ouest[17]. Bien plus tard, à la télévision française, elle affirmerait que la ségrégation n'était pas un élément parmi d'autres de son enfance : elle en était le principal souvenir[18].

Il est facile de déceler, chez la jeune Angela Davis, des traits qui semblent annoncer son destin de philosophe.

Sémioticienne précoce, créatrice de règles et de principes de vie, pétrie de qualités intellectuelles, elle s'en remettait à une réflexion minutieuse et rationnelle. Dans un monde comme celui-là, une femme comme elle ne pouvait faire l'économie d'une vie imaginaire parallèle — une vie de rêves et de voyages fantasmés. Dans son autobiographie, publiée en 1975, Davis observe l'état d'esprit d'une enfant noire élevée dans un Sud où la ségrégation était la règle. Une chose était d'apprendre à composer avec sa rage — c'est parfois une question de survie —, tout autre chose était de composer avec sa jalousie, c'est-à-dire avec le désir d'être blanc, au risque de se muer en son propre ennemi. Quoi de plus naturel, pourtant, que d'aspirer aux privilèges et à la liberté dont profitaient les Blancs au détriment des autres ? La tentation était forte, pour une jeune Noire, de se croire responsable du racisme qu'elle subissait ; les filles blanches, de leur côté, ne se posaient pas ce genre de questions.

Son premier acte de résistance consista à imaginer un subterfuge lui permettant de tromper son désir de peau blanche en prenant le contrôle de son identité ethnique :

> J'avais inventé une histoire dans laquelle je me glissais derrière un masque blanc qui me permettait d'aller sans cérémonie au cinéma, au parc d'attractions, où je voulais. Après m'être bien amusée, je faisais une apparition dramatique et grandiloquente devant les racistes blancs et, dans un geste décisif, arrachais le masque blanc en riant sauvagement et en les traitant tous de fous [19].

Frantz Fanon, psychiatre martiniquais qui aurait sur elle une influence notable, raconte une expérience similaire dans *Peau noire, masques blancs* (1952), où il analyse la psychologie raciale aux Antilles. Il y évoque une jeune Martiniquaise qui, chaque fois qu'elle se sent insultée, noircit les Blancs en leur versant un encrier sur la tête ; plus tard, faute de « négrifier le monde [...] elle va tenter dans son corps et dans sa

pensée de le blanchir » en devenant blanchisseuse[20]. L'imagination d'Angela abritait une scène de théâtre où elle pouvait,
à sa guise, revendiquer son identité noire ou porter un
masque blanc, qu'elle finissait toujours par arracher : ce
n'était là qu'un faux-semblant aussi temporaire que stratégique.

Avec l'adolescence vint le moment de réaliser son fantasme :
le masque qu'elle se trouva était une langue étrangère, et cette
langue était le français. Désormais lycéenne à Elisabeth-Irwin,
à New York, elle suivait un cours de langue intensif donné par
une enseignante française, Madeleine Griner. Ce redoutable
dragon, que ses élèves entre elles appelaient « Madeleine »,
était une ancienne auxiliaire de l'armée américaine ; férue de
discipline, elle appréciait tout spécialement les dictées. Les
professeurs ne manquaient pas de rigueur dans cet établissement progressiste, mais nul ne rivalisait avec Madeleine, impla-
cable avec les élèves peu doués. Ayant déjà appris un peu de
français par elle-même, Angela forma le vœu d'exceller dans
cette matière, la plus difficile de toutes[21].

Un jour que la lycéenne était rentrée à Birmingham, elle
se lança dans une aventure — elle-même avait dix-sept ans, sa
sœur n'en avait que treize[22] :

> Ma sœur Fania et moi étions en train de descendre en ville,
> à Birmingham, quand je lui proposai spontanément un plan :
> nous allions faire semblant d'être des étrangères et, en nous
> parlant français, nous entrerions dans le magasin de chaussures
> de la 19e Rue demander avec un fort accent à voir une paire de
> chaussures.

Le plan se déroula comme prévu :

> À la vue de deux jeunes femmes noires qui parlaient une
> langue étrangère, les employés du magasin se précipitèrent
> pour nous aider. Leur goût de l'exotisme suffit, bien que tem-
> porairement, à dissiper leur mépris habituel du peuple noir.

Donc, Fania et moi, nous ne fûmes pas dirigées vers le fond du magasin où d'habitude, hors du champ de vision des clients blancs « respectables », l'unique employé noir nous aurait attendues. Nous fûmes invitées à prendre place en devanture de ce magasin Jim Crow. Je faisais semblant de ne pas parler du tout anglais et l'anglais écorché de Fania était extrêmement difficile à saisir.

Captivés par l'idée de parler à des étrangères — même s'il se trouvait qu'elles étaient noires — mais frustrés par le manque de communication, les employés firent chercher le directeur. [...] Il s'inquiéta de notre histoire — d'où nous venions, ce que nous faisions aux États-Unis, et ce qui diable nous avait amenées dans un endroit comme Birmingham, Alabama ? [...] Au bout d'un certain nombre de tentatives, toutefois, le directeur parvint à comprendre que nous venions de la Martinique, et que nous passions à Birmingham en faisant le tour des États-Unis.

Scène incompréhensible pour qui n'a jamais connu l'univers ségrégationniste. Il faut bien comprendre que, dans les années 1950, Birmingham était une petite ville reculée à l'atmosphère très provinciale. La véritable stupéfaction causée par l'arrivée d'un étranger, d'où qu'il vienne, faisait oublier un moment les codes racistes en vigueur. Déguisées en étrangères noires qui ne menaçaient en rien l'ordre établi, les sœurs Davis avaient obtenu un accès provisoire à la société de consommation des Blancs, du moins dans cette boutique particulière. La classe sociale et l'exotisme l'avaient emporté sur les considérations de race.

La tromperie s'acheva, comme dans le rêve éveillé d'Angela : les sœurs tombèrent le masque et manifestèrent qu'elles venaient de prendre leur revanche sur la société. Le geste est si théâtral qu'il semble irréel ; or, le théâtre en question était bien réel, tout comme le courage de ces deux adolescentes jouant avec le feu. L'affaire aurait pu mal tourner : à peine quelques années plus tôt, dans le Mississippi, le jeune Emmett Till avait été enlevé et massacré pour avoir sifflé sur le passage d'une Blanche — du moins l'en avait-on accusé. La transgression d'Angela et de sa sœur était mûrement réfléchie et bien plus audacieuse :

> Nous éclatâmes de rire. [Le directeur] commença à rire avec nous, en hésitant, de la façon dont les gens rient quand ils ont l'impression d'être les dindons de la farce. «Y a-t-il quelque chose de drôle ? » murmura-t-il. Soudain, je me mis à savoir l'anglais, et lui dis ce qui était si drôle. «Tout ce qu'il reste à faire aux Noirs, c'est de prétendre qu'ils viennent d'un autre pays, et vous nous traitez comme de grands personnages.» En riant toujours, ma sœur et moi, nous nous levâmes et quittâmes le magasin [23].

L'été de 1962

«Tout ce qu'il reste à faire aux Noirs, c'est de prétendre qu'ils viennent d'un autre pays. » On a envie d'ajouter : pourquoi ne pas *partir* s'installer dans un autre pays ?

Si les Américains effectuant un séjour d'études en France critiquaient tant leur pays dans les années 1960 et 1970, c'est en grande partie parce que la France leur indiquait une voie possible. Angela passa son premier été parisien juste avant sa deuxième année à Brandeis. Elle avait travaillé sur le campus et à New York pour s'offrir le voyage à Helsinki, où avait lieu le Festival mondial de la jeunesse et des étudiants ; en route pour la Finlande, elle fit un détour par la France, où l'attendaient des amis.

En 1962, elle continuait d'affiner son éducation politique. Des organisations et des personnalités progressistes, à commencer par les Jackson, que fréquentaient ses parents à Birmingham, et le Congrès de la jeunesse noire du Sud, lui offraient un modèle à suivre. Ils lui conseillaient aussi de voyager. Au lycée, en tant qu'allocataire d'une bourse quaker, elle avait logé chez le révérend Melish ; non content de diriger une association d'amitié américano-soviétique, celui-ci bataillait depuis longtemps avec son diocèse pour rester en place malgré son engagement auprès de victimes du maccarthysme. À Elisabeth-Irwin, elle avait pris part à un groupe de travail nommé Advance ; elle y avait croisé Bettina Aptheker, fille de l'historien Herbert Aptheker, l'une des grandes figures du marxisme américain. Quand vint le moment de se choisir une université, elle opta pour Brandeis : on y trouvait un département de sciences sociales réputé où enseignaient Herbert Marcuse, éminent spécialiste de philosophie politique, et Philip Rieff, l'ex-mari de Susan Sontag, sans doute plus conservateur que son collègue. De tout ce qu'elle avait appris en première année — y compris grâce aux textes de Sartre, de Beauvoir et de Camus qui l'avaient fascinée —, rien n'avait préparé Angela Davis à ces quelques semaines dans un Paris en proie aux grèves, aux manifestations et aux festivités en l'honneur de l'Algérie.

Les voyages transatlantiques avaient évolué depuis que Jacqueline Bouvier et Susan Sontag avaient traversé l'Océan sur un paquebot, avec une paisible semaine devant elles pour faire la transition entre le Nouveau Monde et la vieille Europe. Angela Davis, elle, fit le voyage en charter : c'était l'ère de la Pan Am, de la Caravelle, des transistors diffusant les dernières nouvelles sur toute la surface du globe. Tout était plus direct et bien plus rapide.

Dans le petit monde des Américains à Paris, cependant, certaines choses semblaient immuables. Tout comme Susan Sontag, Angela Davis commença par loger dans un hôtel du quartier Latin. Une grève à la gare du Nord lui ayant fait manquer son rendez-vous avec son amie Harriet Jackson, elle reprit contact par le biais de l'agence American Express — celle-là même où Susan Sontag allait chercher les lettres acerbes de l'époux qu'elle venait d'abandonner. Utilisée comme boîte de dépôt avant la Première Guerre mondiale, cette agence était devenue une sorte d'ambassade informelle pour les jeunes expatriés. Les deux voyageuses s'installèrent bientôt dans la chambre de bonne d'une amie d'Harriet, absente pour l'été. Située dans le XVIe arrondissement, à un sixième étage, celle-ci était éclairée par un unique vasistas par lequel on apercevait la tour Eiffel et ses ascenseurs chargés de touristes. La sociologie parisienne avait ceci de remarquable que l'on pouvait loger dans un quartier huppé, et jouir d'une vue sur de grands monuments, tout en faisant partie des couches les plus défavorisées de la société urbaine : il suffisait pour cela d'habiter sous les combles. Angela partageait cet espace minuscule avec deux colocataires : Harriet Jackson — dont le père, James Jackson, natif de la Jamaïque, militait à Birmingham dans les années 1950 pour le droit de vote et pour le droit au travail, dans le cadre du Congrès de la jeunesse noire du Sud — et Florence Mason, sa condisciple à Elisabeth-Irwin et, comme Angela, membre du groupe militant Advance.

Trois filles de dix-huit ans, assez politisées, sans attachement officiel et sans autre projet que la découverte du monde[24]. Quartier huppé, mansardes, escalier de service : c'était bien le Paris qu'avait connu Sontag avant elles. Mais ce que ressentait Angela Davis, ce qu'elle voyait en passant la tête par le vasistas, était radicalement différent. Sontag expliqua par la suite que son univers parisien, en 1958, était en grande partie américain — par exemple, elle parlait anglais tous les jours. Exclue de la société civile, étrangère dans son propre pays, Angela Davis était venue en France après une longue expérience de la discrimination ; Sontag, elle, venait y chercher la liberté sexuelle et le raffinement intellectuel. Ce qu'Angela Davis put observer en France cette année-là, ce qu'elle put voir et comprendre mieux que ses compatriotes blancs, c'est un grand drame migratoire, un mélange explosif d'intolérance raciale et de misère économique.

Ce fut un été particulièrement intense. Aux masses de soldats démobilisés, rentrés d'Algérie par bataillons entiers, s'ajoutaient près de cinq mille rapatriés par jour depuis un an. Davis se souviendrait toujours des immigrés algériens arrivant

aussi par centaines de milliers ; quittant leur pays tout juste
sorti d'une guerre d'indépendance, ils venaient chercher en
métropole les maigres ressources qui leur permettraient de
subsister. Ils étaient le fruit de la défaite française. Certains
attendaient une intégration complète, d'autres espéraient
faire des études ou se constituer un petit pécule.

Elle remarqua aussitôt la présence d'Algériens dans la rue,
mais elle commença par se lier avec une famille de la
Martinique — l'archipel même dont elle se prétendait issue
naguère, dans la boutique de chaussures de Birmingham. Sur
son palier, une Martiniquaise fraîchement débarquée occupait une chambre tout aussi minuscule que la sienne ; loin de
l'élégante et magnétique jeune fille des Caraïbes pour laquelle
s'était fait passer Angela, cette dame habitait là avec ses quatre
grandes filles[25].

Contrairement aux musulmans algériens, gratifiés d'une
citoyenneté au rabais même quand l'Algérie était française, les
habitants des trois départements d'outre-mer (Martinique,
Guadeloupe, Guyane) étaient des citoyens français à part
entière[26]. Dans la première moitié du XXe siècle, une petite
élite issue des Caraïbes contribuait au prestige intellectuel et
littéraire de la France. Citons notamment René Maran (1887-
1960), romancier et administrateur colonial, né à la
Martinique et formé à Bordeaux, lauréat du prix Goncourt en
1921 ; le poète martiniquais Aimé Césaire (1913-2008), bour-
sier dans les meilleurs établissements parisiens, fondateur du
mouvement de la Négritude et chef de file des anticolonialistes
à l'Assemblée nationale ; Gaston Monnerville (1897-1991), né
à Cayenne, licencié de lettres et de droit à la faculté de
Toulouse, qui se distingua dans la Résistance et devint le président du Sénat — lequel assure l'intérim en cas de vacance du
chef de l'État ; enfin, le Martiniquais Frantz Fanon (1925-
1961), ancien résistant, qui poursuivit des études de philosophie et de psychiatrie à Lyon et dont l'engagement en faveur
de la « révolution algérienne » devait avoir une influence
considérable sur la conscience révolutionnaire de toute une

génération. Dans les années 1950, une migration lente mais régulière attira vers la métropole une frange des populations de Guadeloupe et de Martinique chassées par la misère agricole dont s'accompagnaient la mécanisation des plantations et le déclin du secteur sucrier. Leur nombre s'accrut brusquement avec la création, en 1963, d'un Bureau pour le développement des migrations, sorte de bureau de placement à l'intention des immigrés de ces deux îles : dans une économie en plein boom, le besoin en main-d'œuvre était pressant en France métropolitaine [27].

La mère célibataire habitant sur le même palier qu'Angela appartenait à cette catégorie sociale. De nombreuses Martiniquaises étaient disposées à reprendre les modestes emplois que dédaignaient les Françaises de métropole ; certaines furent ainsi affectées au tri postal et à la distribution du courrier, d'autres grossirent les rangs du petit personnel hospitalier ou des maisons de retraite, d'autres encore devinrent employées de maison [28]. Un an plus tard, quand Angela Davis revint à Paris pour sa troisième année d'études, la France signa des accords de coopération avec le Mali, le Sénégal et la Mauritanie. Alors même que l'afflux de travailleurs immigrés créait en France une diversité ethnique sans précédent, le visage architectural de Paris redoublait de blancheur : c'est à partir de l'été 1962 que Malraux y ordonna un grand ravalement des façades, et que l'on put redécouvrir la peau crayeuse de bâtiments noircis par la suie.

On prétend souvent, non sans optimisme, que les Noirs antillais vivant en métropole se perçoivent comme exclusivement français et ignorent toute forme d'identité ethnique — comme si cette citoyenneté suffisait à leur éviter les discriminations. Certes, la nationalité française n'est pas un mince privilège ; mais la discrimination est un phénomène complexe qui, même quand la citoyenneté n'est pas en cause, repose sur des critères aussi divers que la classe sociale, le contexte, les rapports sociaux et la couleur de la peau. Certes, une Martiniquaise en quête de travail risquait fort de se trouver en butte

au racisme dans la France de 1962 ; mais rien ne pouvait égaler
la violence faite aux immigrés arabes et berbères d'Algérie,
identifiés à une longue et sanglante guerre d'indépendance.
Être algérien à Paris passait alors pour si dangereux que, le
soir, les voisines martiniquaises d'Angela Davis racontaient
« d'horribles histoires où elles avaient été prises pour des
femmes algériennes[29] ». Les Martiniquais, qui pouvaient avoir
des origines africaines, indiennes et européennes, disposaient
d'un vocabulaire spécifique pour décrire les divers métissages :
*café au lait** pour un mulâtre (métis blanc-noir) ; *chabin** pour
les personnes au teint clair, avec yeux verts et taches de rousseur ; *câpre** pour les métis issus d'un Noir et d'une mulâtre ou
inversement ; *coulis** pour un métis noir-indien. Bien des Martiniquais avaient le même teint cuivré que les Algériens d'origine arabe. Or, dans la France de 1962, la guerre d'Algérie
avait alimenté une haine si viscérale que le terme « algérien »
était parfois utilisé comme une insulte dont on gratifiait, sans
distinction, toute personne de couleur.

Le cauchemar avait pris fin, au moins en apparence. Le
5 juillet 1962, l'indépendance de l'Algérie fut célébrée dans
les rues de Paris : grands défilés, couscous gratuit dans les
cafés, omniprésence du drapeau vert et blanc de la nouvelle
nation. Le gouvernement tenta d'interdire ces manifestations
de joie, par crainte d'un affrontement entre Algériens et
partisans de l'OAS. Cette armée secrète, naguère vouée au
maintien de l'Algérie française, poursuivait la lutte malgré
l'indépendance, multipliant les complots et les attentats à
la bombe. Dans les semaines précédant le 5 juillet, jour de la
proclamation d'indépendance, le *Herald Tribune* évoqua des
cafés musulmans « criblés de balles de pistolet ou de
mitrailleuse, tirées par des individus à bord d'automobiles
avançant au ralenti[30] ». Le quartier où résidait Angela Davis
avait connu son lot de violences : en mai, un homme de vingt
ans s'était posté à sa fenêtre de la rue de Sontay, en uniforme de parachutiste, et avait commencé à tirer en pleine
rue[31].

On était loin de la France décrite par Jacqueline Kennedy, qui, cet été-là, prenait la pose pour les photographes devant le mobilier français de la Maison-Blanche, qu'elle venait de restaurer[32]. Angela et ses amies purent cependant s'adonner à divers loisirs culturels, dont une rétrospective Miró au musée d'Art moderne et une soirée à l'Opéra, où l'on donnait des œuvres de Debussy. Le grand magasin du Printemps accueillait alors cent cinquante touristes par jour, dont 75 pour cent d'Américains ; cette clientèle recherchait avant tout les produits les plus français qui soient : plats à escargots, bérets, presse-ail, torchons ornés de poèmes français, coquilleurs à beurre, camembert[33]. Les tickets de rationnement, ce sésame indispensable pour les étudiantes de Smith en 1949, relevaient à présent d'une époque révolue. Seuls les Français de plus de trente ans avaient connu les restrictions alimentaires.

La société française était alors très hiérarchisée : à une extrémité du spectre, des touristes étrangers achetaient les produits de luxe fabriqués en France ; à l'autre extrémité, les immigrés français de Martinique et de Guadeloupe étaient là pour les servir — sans oublier, tout en bas de l'échelle sociale, les Algériens.

C'était là un pénible retour à la réalité pour la jeune Noire américaine qui, au cours de sa première année à Brandeis, avait assisté à une conférence de James Baldwin, le grand écrivain noir américain parti chercher la liberté à Paris. De fait, pour bien saisir le rapport d'Angela Davis à la France en tant que femme, en tant qu'étudiante et, plus tard, en tant que philosophe et théoricienne de la révolution, il faut se rappeler que la France avait acquis aux yeux des Noirs américains une dimension mythique. Tel était — tel est encore aujourd'hui — l'héritage de deux guerres mondiales. Au lendemain de ces conflits, des soldats américains choisirent de rester sur place et de refaire leur vie dans un pays qu'ils jugeaient bien plus tolérant que le leur[34]. Écrivains et artistes noirs jouissaient en France d'une grande considération ; le Paris des années 1950, tout comme celui des années 1930, abritait notamment le romancier Richard Wright, James Baldwin, Chester Himes et Joséphine Baker — qui, naturalisée française dans les années 1930, avait pris part à la Résistance pendant la guerre. C'est Richard Wright qui avait enseigné à Simone de Beauvoir les théories de W. E. B. Du Bois et son concept de double conscience, ou perception d'une identité raciale plurielle, qui allait servir de référence au *Deuxième Sexe*[35]. De même que les femmes savaient que leur monde ne leur appartenait pas, qu'il était la propriété des hommes, de même les Noirs étaient sans cesse confrontés à une réalité blanche. Quand Beauvoir évoque un « écran » — comme s'il s'agissait pour les femmes de tenir un rôle à l'intention des hommes —, Du Bois recourt à l'image du « voile », tandis que Fanon et Angela Davis parlent d'un « masque blanc ».

Depuis la Première Guerre mondiale, la France était l'un des endroits où les Noirs pouvaient tomber le masque. À l'abri du racisme qu'ils subissaient en Amérique, ils gratifièrent leur pays d'accueil d'une riche production dans le domaine de la musique, de la littérature et de la danse. Paris vibrait au son du be-bop ; sous les auspices de Boris Vian, le jazz de Miles Davis et de Dizzy Gillespie enflammait les caves de Saint-Germain-des-Prés. Sidney Bechet, qui aimait rappeler ses origines créoles, fut une grande figure musicale en France tout au long des années 1950[36]. Par le biais du jazz, qui occupe une place importante dans *La Nausée* (1938) de Sartre comme dans nombre de ses livres parus après la guerre, où il crée une ambiance et donne l'occasion au philosophe de manifester son audace, l'existentialisme noua des liens étroits avec la culture noire américaine. Pour une jeune étudiante noire comme Angela Davis, se déclarer existentialiste sur le campus de Brandeis signifiait presque une forme d'exil mental. La glorification de la culture noire américaine par les Français pouvait cependant irriter les artistes noirs de Paris ; James Baldwin affirmait ainsi qu'il voulait écrire, à l'intention des lecteurs français, une histoire qui aurait pour titre *Je ne joue pas de la trompette*[37].

L'attachement de Richard Wright à la France était bien connu. Il y avait selon lui « plus de liberté dans un seul pâté de maisons à Paris que dans tous les États-Unis[38] ». Pour certains écrivains noirs américains de Paris, Wright n'était qu'un traître, le chouchou d'une gauche française qui confortait ses intellectuels dans l'idée que leur pays était moins raciste que les États-Unis. En 1957, cependant, Wright lui-même avait commencé à disséquer les travers de son pays d'accueil[39]. Pour les observateurs de l'époque, la guerre d'Algérie venait d'anéantir le « mythe d'une France insensible à la couleur de la peau » : à l'évidence, le racisme ne se cantonnait pas au territoire américain. Un roman presque oublié de l'écrivain noir américain William Gardner Smith, *The Stone Face*, donne la mesure de cette désillusion[40]. Il a pour personnage principal un journaliste noir de Philadelphie, Simeon, qui s'exile en France après avoir été malmené par un policier blanc. À Paris, il défile aux côtés des Algériens du FLN lors de la manifestation du 17 octobre 1961, organisée en réaction au couvre-feu imposé par la préfecture. L'épisode s'inspire de la brutale réalité historique : ce jour-là, des centaines de manifestants furent tabassés et jetés dans la Seine. D'autres furent emmenés au Palais des Sports, en un sinistre écho à la rafle du Vél' d'Hiv[41]. Dans le roman, Simeon est arrêté et conduit au vélodrome ; on ne tarde pas à le relâcher, mais les Arabes qui ont manifesté avec lui — ceux qui ont survécu — y restent prisonniers. La police lui fait comprendre qu'il n'a rien à faire avec ces gens-là, que le conflit algérien ne le concerne pas : « Ici, on aime les Noirs, il n'y a pas de racisme en France, on n'est pas aux États-Unis. Vous préférez vivre ici, c'est très compréhensible. Ce serait dommage de devoir vous expulser[42]. » L'expérience fictive de Siméon dans *The Stone Face* reflète aussi, plus généralement, l'expérience bien réelle de nombreux Noirs américains vivant à Paris dans ces années-là : préservés des violences que subissaient les Algériens, ils étaient conscients de leur situation privilégiée, de leur utilité symbolique pour les Français, mais aussi de la misère où étaient réduits les Arabes. De son côté,

Wright craignait de perdre son droit d'asile en critiquant la politique de la France ; il choisit donc de garder le silence, non sans un tenace sentiment de culpabilité[43].

À propos de ses années en France, Baldwin note quant à lui : « Je vivais surtout parmi les misérables, et à Paris les misérables étaient algériens[44]. » L'analogie s'imposait à quiconque connaissait les deux cultures : à bien des égards, la lutte d'indépendance menée par les Algériens au bout d'un siècle de ségrégation et d'inégalités était comparable avec la situation des Noirs américains luttant pour leur libération dans le sud du pays. Les expatriés noirs américains en débattaient dans les cafés mêmes où William Burroughs, Susan Sontag et Harriet Sohmers se retrouvaient quelques années plus tôt : le Monaco, non loin de la rue Monsieur-le-Prince où habitait Richard Wright, et le Café Tournon, à deux pas des jardins du Luxembourg, que fréquentaient Baldwin et tous les intellectuels noirs arrivant à Paris[45]. Lors de son premier séjour estival à Paris, Angela Davis sortait tout juste de sa première année d'études, et sa culture en la matière avait dix ans de retard. Mais ce qu'avaient bien compris ces grands écrivains et intellectuels, ce qui avait troublé leur exil parisien, était tout aussi actuel pour la jeune étudiante de Brandeis que les « graffiti anti-algériens défigurant les murs des immeubles et des stations de métro[46] ». En juillet 1962, ayant assisté à une manifestation proalgérienne place de la Sorbonne, elle écrit : « Quand les flics la dispersèrent à coups de lances d'incendie à haute pression, ils se montrèrent aussi vicieux que les flics au cou rouge de Birmingham qui avaient reçu les marcheurs de la Paix avec des chiens et des lances d'incendie[47]. »

Lectures

Dans l'autobiographie d'Angela Davis, ses années de fac sont décrites comme une période de lecture et de contempla-

tion. Au cours de celle qui précéda son premier voyage à
Paris et à Helsinki, elle lut Sartre et Camus par intérêt personnel et suivit les cours d'Yves Bonnefoy sur Baudelaire et
Rimbaud. Bonnefoy comptait parmi les universitaires étrangers de renom invités à Brandeis pour y animer la vie intellectuelle des facultés de lettres ; fondée quinze ans plus tôt,
l'université devait affiner son identité — elle était alors une
sorte de jeune cousine juive et libérale de Harvard et de l'université de Boston. On imagine mal un autre établissement
supérieur de cette ville choisir *Howl*, de Ginsberg, comme
lecture d'été pour la promotion de 1965. Pétrie de philosophie, la poésie de Bonnefoy fait parfois entendre des échos
de Hegel et de Heidegger. Historien d'art, traducteur de
Shakespeare, il fit profiter son auditoire d'une culture aussi
large que diversifiée. Il ne devait jamais oublier la meilleure
étudiante de cette année-là ; passionnée de philosophie, celle-
ci avait acquis le respect de son collègue et ami Marcuse, qui
jugeait la jeune femme très prometteuse[48].

Puis vint la découverte de Proust. À Brandeis, les étudiants
de deuxième année suivaient les cours sur la *Recherche du temps
perdu* donnés par Milton Hindus. Ce professeur de littérature
comparée était célèbre pour avoir publié l'un des rares entretiens accordés par Céline durant son exil danois, après la
guerre ; son *Reader's Guide to Marcel Proust* avait paru en 1963[49].
Certains professeurs de lettres doutent qu'il soit possible, à
vingt ans seulement, de bénéficier en rien de la lecture de
Proust ; à les entendre, il faut avoir éprouvé soi-même le passage du temps, les intermittences du cœur, la manière dont un
tempérament modèle un visage au fil des ans, celle aussi dont
les mystères de l'adolescence s'éclairent avec le grand âge. Il
n'est pas difficile d'imaginer le Proust que découvrit Angela
Davis sur ce campus presque entièrement blanc, juif et progressiste ; n'était-il pas, comme elle, un subtil déchiffreur de
signes ? Elle passait alors ses journées à la bibliothèque, ou,
comme elle l'écrirait plus tard, « cachée quelque part avec
[ses] livres[50] ». Ainsi rejoignait-elle le narrateur du *Temps*

retrouvé : « L'idée de mon œuvre était dans ma tête, toujours la même, en perpétuel devenir[51]. »

Si Proust pouvait aider Angela Davis à mieux comprendre sa propre société, c'est notamment à travers l'humour corrosif avec lequel il analyse les travers des structures sociales du Paris de son temps, l'intolérance et le rejet que manifestait son petit milieu à l'égard des Juifs et autres « Orientaux », la violence produite par la Grande Guerre en ville comme au front. En raison de son intelligence aiguë et de son intense expérience de la vie, la jeune femme trouva sans doute en lui un compagnon de rêverie, un maître des apparences et des longues phrases apaisantes.

Le stage de prérentrée

La République algérienne démocratique et populaire avait un an, à l'automne de 1963, quand Angela Davis s'embarqua pour la France dans le cadre du programme d'études à l'étranger de Hamilton College. Son groupe fit le voyage à bord du paquebot *France*, les organisateurs continuant de préférer la voie maritime aux charters aériens. Vu ce qu'elle savait du racisme français depuis son séjour de l'été 1962, on peut s'étonner qu'elle ait choisi de retourner en France passer toute une année universitaire. Si elle ne croyait plus au mythe de la France comme ultime échappatoire au racisme américain, peut-être était-elle séduite par l'idée de cet empire colonial battu en brèche : n'était-ce pas là un terrain idéal pour mener de nouvelles luttes de libération et découvrir des penseurs analysant la décolonisation dans une perspective internationale ? Sartre, son auteur préféré, écrivait régulièrement dans *Les Temps modernes*, depuis 1956, des articles traitant du droit à l'autonomie du peuple algérien, de la torture, du colonialisme comme système. Il avait préfacé en 1961 *Les Damnés de la terre* de Fanon. L'appartement qu'il habitait rue Bonaparte fut plastiqué par les ultranationalistes de l'OAS, dans une ultime tentative pour maintenir l'Algérie française. Vivre en France, c'était vivre dans le pays de Sartre.

Mais il y avait une autre raison, plus immédiate encore. À vingt ans, Angela Davis avait choisi le français comme matière principale. Férue de philosophie et de littérature, posée, autonome, elle poursuivait ses études avec discipline. Ce qui l'attirait en Sartre, à ce stade de sa formation intellectuelle, était moins l'intellectuel engagé que le romancier, le dramaturge et surtout le philosophe. En plus de son œuvre romanesque et de ses pièces de théâtre, elle s'était d'elle-même efforcée de lire *L'Être et le Néant*. Elle avait rencontré à Brandeis un étudiant allemand, Manfred Clemenz, qui lui avait fait découvrir d'autres auteurs. Ils s'étaient fiancés, puis Manfred était rentré en Allemagne. Selon des étudiantes du programme à l'étranger, Angela s'était rendue en France pour se rapprocher de lui[52].

Quant à sa propre éducation politique, elle était en voie d'élaboration et la pratique n'avait pas encore remplacé la théorie. Pour son ami Howard Bloch, étudiant à Amherst College participant au séjour d'études à l'étranger de Hamilton, elle était un véritable modèle car, aussi sérieuse fût-elle, elle ne prenait pas son intelligence trop au sérieux. Selon lui, l'extrême réserve d'Angela Davis était indissociable d'une perpétuelle activité intellectuelle : « Pour moi, il ne faisait aucun doute qu'elle était toujours en train de cogiter. Elle avait une longueur d'avance sur tout le monde[53]. »

Christie Stagg, originaire d'une petite ville du Vermont et étudiante à Wells College, fut la compagne de chambre d'Angela Davis durant leur séjour en France. Le secrétariat de Hamilton lui avait demandé au préalable si elle acceptait de partager sa chambre avec une Noire. Dans une lettre à ses parents, elle décrit en ces termes sa nouvelle camarade :

> C'est une fille absolument exceptionnelle. Elle parle le français mieux que je ne le parlerai jamais, elle lit « furieusement »,

elle apprend l'allemand parce que son fiancé est allemand, et sa conversation est passionnante. Elle est beaucoup plus mûre que nous, sans doute parce qu'elle a suivi des cours à New York pendant deux ans avant de s'inscrire à Brandeis, et que c'est son second voyage en Europe[54].

Son ancienne camarade Vivian Goldberg évoque un « rire timide et mélodieux » et une beauté saisissante : « Quand elle sortait une cigarette à la cafétéria, les garçons se précipitaient pour lui donner du feu. » Elle se rappelle aussi une étudiante travailleuse et disciplinée, qui maîtrisait les sujets et conservait une grande quantité de fiches[55].

La femme qu'admiraient de loin tant de ses condisciples faisait preuve, avec ses amis proches, d'un esprit aiguisé et d'une grande affection. Au début des années 1960, les jeunes filles effectuant un séjour d'études à l'étranger portaient encore des jupes et des twin-sets, des gaines et des bas nylon — ou des collants par temps froid. Au moment de préparer ses bagages pour aller faire du ski en Allemagne avec Manfred, elle dut emprunter un blue-jean à Howard, lequel fut dès lors affublé d'un sobriquet sur mesure : « Howard le falzar »[56].

Au printemps précédant son premier séjour à l'étranger, cette même jeune femme avait fait l'objet d'un portrait dans le *Birmingham World,* le quotidien de la communauté noire de sa ville natale : tout en élégance, les cheveux bouffants, lisses et décolorés, les mains croisées sous le menton, elle paraît plus mûre que ses vingt ans, à l'image de toutes les jeunes filles de l'époque quand elles s'apprêtaient un peu. Elle figurait par ailleurs sur la *dean's list,* ou liste du proviseur, regroupant les meilleurs étudiants de l'année :

Miss Angela Davis, fille de Mr et Mrs. B. Frank Davis, domiciliés à Birmingham, 11th Court North, figure sur la *dean's list II* de l'université de Brandeis, Waltham, Massachusetts. Miss Davis a effectué un séjour d'études à Paris dans le cadre du programme de Brandeis. À son retour à Birmingham, elle a prononcé un discours devant les membres de l'association Frontiers International, section Birmingham, à laquelle est affilié son père[57].

L'invitée d'honneur de la section Birmingham de Frontiers International, seule organisation nationale regroupant des chefs d'entreprise et des responsables d'associations noirs[58], n'était pas encore la militante politique radicale qui laisserait un jour son empreinte dans l'histoire. Elle faisait cependant déjà une redoutable adversaire de la bureaucratie : bénéficier du programme de Hamilton n'était pas une mince affaire pour une boursière de Brandeis, mais elle avait remporté cette victoire contre l'administration[59].

Quand elle revint à Paris en 1963-1964, dans le cadre du programme français de Hamilton College pour étudiants de troisième année, la pratique du séjour d'études à Paris s'était généralisée dans le système éducatif américain : l'université du Delaware avait inauguré le sien dès 1923, Smith en 1925, Sweet Briar en 1948, Sarah-Lawrence en 1953, et un Programme fédéral d'année universitaire à l'étranger en 1960. Plusieurs de ces programmes, dont celui de Hamilton, avaient leurs bureaux français à Reid Hall[60]. Le programme de Hamilton remontait à 1957, l'année où Susan Sontag avait séjourné à Paris.

En 1963, Hamilton était l'une des plus anciennes universités de l'État de New York, avec des effectifs limités et une tradition d'excellence académique. Elle accueillait exclusivement des garçons ; en revanche, son programme d'études en France était ouvert aux filles comme aux garçons, et à bien des étudiants issus d'autres établissements supérieurs. Cette année-là, sur quarante-six étudiants, huit seulement venaient de Hamilton[61]. Jim Davis, qui avait soutenu peu auparavant, à l'université de Pennsylvanie, une thèse intitulée « Autonomie et relativisme dans le roman français contemporain », était le directeur en résidence du programme, dont il occupait le logement de fonction avec son épouse française. Responsable du bon déroulement des opérations, il veillait à ce que les étudiants suivent les cours prévus à Sciences Po, à la Sorbonne et à l'Institut britannique, vérifiait que tout se passait bien avec les familles d'accueil, faisait en sorte que les étudiants tirent le plus grand profit possible de leur séjour.

Si les étudiants de Smith faisaient leur stage de prérentrée à Grenoble avant de s'installer à Paris, ceux de Hamilton commençaient l'année à Biarritz. Cette station balnéaire, la plus chic de la côte basque avec son casino et son fastueux Hôtel du Palais, avait été sous Napoléon III la destination estivale favorite des familles fortunées d'Angleterre ou de Russie. Dans *Chéri*, de Colette, c'est à Biarritz que la courtisane Léa part se consoler du mariage de son jeune amant. Avec l'immense succès de la Côte d'Azur, toutefois, Biarritz était un peu passé de mode et constituait souvent une simple halte pour les touristes en route vers l'Espagne. Quant aux étudiants de Hamilton, répartis dans des familles d'accueil, ils venaient là pour réviser leur grammaire française. Christie Stagg et Angela Davis furent logées par une charmante veuve, Mme Salerni, qui les emmena un jour faire du shopping en Espagne. Entrée, plat, dessert étaient servis à sa table midi et soir ; il lui arrivait aussi d'apporter la soupe dans la chambre des filles pour la leur faire goûter avant le repas[62].

En ce mois de septembre 1963, Biarritz subissait une invasion massive de puces. La ville s'était vidée de ses touristes, les boutiques de souvenirs restaient vides, et les étudiants américains se grattaient la peau jusqu'au sang. Pour la jeune existentialiste de Brandeis, la situation avait sans doute quelque chose de sartrien : dans *Les Mouches*, c'est une nuée d'insectes que les dieux répandent sur la cité d'Argos pour la punir du meurtre d'Agamemnon. Entre les puces, son imagination philosophique et les tragiques nouvelles qui n'allaient pas tarder à lui parvenir des États-Unis, elle ne put jamais envisager Biarritz sous un jour innocent et paisible.

Angela Davis (*à droite*) pendant son année d'études en France,
lors du stage de prérentrée à Biarritz (automne de 1963).
À gauche : Diana Sumner. *Au centre* : Howard Bloch.

Tragédie par voie de presse

Reconstituer la vie de trois jeunes femmes durant leur séjour
en France, c'est aussi faire la cartographie de leurs petites habitudes et des lieux qu'elles fréquentaient : les amphithéâtres de
la Sorbonne, les cafés du quartier Latin, les cahiers de notes à
petits carreaux que Jacqueline Kennedy évoquait avec nostalgie. L'une de ces habitudes, si naturelle qu'elle en passe
presque inaperçue, constitue peut-être la clé de la révolution
potentielle que représentait — et que représente encore — un

séjour d'études en France pour un étudiant américain : la simple lecture d'un journal.

C'est un cliché que l'on véhicule régulièrement auprès des étudiants américains dans leurs cours de civilisation française : la presse hexagonale se distinguerait par un ton engagé et souvent passionné, un ton d'éditorialiste, à l'inverse d'une presse américaine qui serait un modèle d'équilibre et d'objectivité. Comme le découvrent lesdits étudiants une fois à l'étranger, même la neutralité est relative ; derrière le communiqué de presse le plus impartial en apparence, il y a toujours un point de vue, lequel se traduit par la présence ou par l'absence de certaines données, par la mise en avant de tel détail essentiel, par l'ordre dans lequel sont rapportés les faits.

Le 16 septembre 1963, à Biarritz, Angela Davis acheta un exemplaire du *Herald Tribune*. C'est pour ce journal que travaillait naguère Harriet Sohmers, la compagne de Susan Sontag, et c'est ce même journal que Jean Seberg, dans le rôle de Patricia Franchini, vend à la criée dans *À bout de souffle*. En France, le *Herald Tribune* était une institution au même titre que l'agence de l'American Express ou la librairie anglophone Shakespeare & Co. Lire le « Trib », c'était comme rentrer au pays sans quitter la France. Mais ce qu'apprit Angela Davis en l'ouvrant ce jour-là, ce qu'elle découvrit à la une et dans la dépêche qui suivait, devait rester à tout jamais gravé dans sa mémoire. Quatre petites filles de Birmingham âgées de onze à quatorze ans, des amies habitant le même quartier, étaient mortes sur le coup dans un attentat à la bombe visant l'église baptiste de la 16e Rue. Elles se nommaient Denise McNair, Cynthia Wesley, Addie Mae Collins et Carole Robertson. Carole était une bonne amie de Fania, et Cynthia habitait juste derrière la maison de la famille Davis [63].

Le premier article du *Herald Tribune*, une dépêche de l'agence United Press datée du même jour, commence par signaler l'attentat et la mort des quatre fillettes, avant de poursuivre dans le deuxième paragraphe :

Des milliers de Noirs furieux sont sortis de chez eux pour envahir la zone entourant les décombres de l'église baptiste de la 16e Rue. La police a bataillé pendant deux heures pour les maîtriser, en tirant des coups de fusil en l'air.

Le lecteur apprend ensuite que les élus municipaux, craignant des débordements nocturnes, ont réclamé de l'aide ; que le gouverneur Wallace a aussitôt dépêché la police nationale et demandé à la garde nationale (ou armée de réserve) de se préparer à intervenir ; qu'il a fallu à la police « deux heures pour disperser la foule massive et hurlante des quelque deux mille Noirs qui s'étaient précipités vers l'église après l'explosion » ; enfin, que l'événement a suscité la peur dans toute la ville, qui a connu quarante attentats à la bombe ces dernières années — mais l'article ne précise pas que ceux-ci avaient toujours eu des cibles afro-américaines, tels le Motel Gaston ou le domicile du père de Martin Luther King. Il faut attendre le onzième paragraphe pour lire le nom des victimes. Quant aux éventuels responsables de l'attentat, ils ne sont évoqués qu'à la dernière colonne de l'article — qui en comporte quatre à la une. Pour conclure, l'article donne la parole à un policier : « On a reçu un appel radio d'un collègue signalant la présence de deux individus à bord d'un véhicule, modèle 1960. Selon lui, ils avaient la peau sombre   il peut s'agir de Noirs ou de Blancs. » Aujourd'hui, ce passage semble aberrant : l'auteur de l'article entend-il vraiment insinuer que des Noirs avaient perpétré cet attentat contre l'église de Birmingham ? Il cite le grand-père de l'une des victimes, qui dit vouloir mettre le feu à la ville entière. Il décrit le prédicateur qui traverse la foule, pressant les gens de rentrer chez eux. Pour Angela Davis, cette hostilité sous-jacente et cette peur des représailles étaient sans doute un énième signe de malveillance — à ajouter aux innombrables autres qu'elle avait relevés au cours de son existence. Lorsqu'elle rédigerait son autobiographie, dix ans plus tard, elle se souviendrait du moment précis où elle avait acheté cet exemplaire du *Herald Tribune*, sa consternation, son

impression que ses amis blancs du programme de Hamilton
étaient incapables de comprendre ; elle se rappellerait,
comme on se rappelle un mauvais rêve, qu'elle s'était éloignée
du groupe pour rester seule avec sa douleur. Elle ne cite aucun
passage de l'article du *Herald*, dont la lecture nous permet de
mesurer aujourd'hui, de manière presque viscérale, la totale
incompréhension des Blancs, même et surtout dans la presse
généraliste.

Les journaux français se montrent plus sensibles que le
Herald Tribune au drame de Birmingham. *L'Humanité* lui
consacre un gros titre à la une dès le 16 septembre : « La terreur raciste sévit toujours en Alabama », désignant d'emblée
l'origine raciste de l'attentat. Le journal décrit alors les
hommes et les femmes quittant l'église couverts de sang avant
de s'écrouler sur le trottoir ; il précise que cette église était un
lieu de rendez-vous pour des manifestations « en faveur de
l'égalité raciale ». On apprend aussi que des témoins ont vu
deux Blancs prendre la fuite à bord d'une voiture, et que le
gouverneur Wallace a fait encercler le quartier par l'armée
afin de prévenir toute manifestation[64].

L'hebdomadaire populaire *Paris-Match*, dont les professeurs
de français aux États-Unis appréciaient la langue accessible,
les potins mondains et les grandes photos en noir et blanc,
avait dépêché un reporter à Birmingham au lendemain de
l'attentat. Le grand reportage présentait George Wallace
comme un odieux personnage ayant déclaré, au cours d'une
conférence de presse à Baltimore : « On parle beaucoup de
ces attentats, mais ils n'ont fait aucun mort. » Et *Paris-Match* de
commenter : « Nos envoyés spéciaux qui ont entendu Wallace,
gouverneur de l'Alabama, prononcer ces mots à la télévision,
ont eu le sentiment qu'il déplorait presque le peu d'efficacité
des terroristes. » L'hebdomadaire ajoute alors que les morts
de Birmingham ont eu lieu à peine « soixante-douze heures
plus tard ». C'est là une interprétation politique, qui déduit
une motivation à partir des faits ; or, elle paraissait dans la plus
modérée des publications françaises, un magazine américano-

phile destiné au grand public. À l'instar du *Herald Tribune*, *Paris-Match* soulignait le risque d'une escalade de la violence en publiant, en grand format, la photographie d'un policier blanc corpulent au visage ensanglanté. Selon l'article, toutefois, les responsables n'appartiennent pas à la communauté noire et sont plutôt du côté des forces de l'ordre — « les chiens policiers, les aiguillons électriques et les bombes ».

Au-dessus du reportage de *Paris-Match*, en guise de signature, une courte phrase semble indiquer que les Français ont parfaitement saisi la portée de l'événement, sans doute par identification avec leur propre situation nationale : « Dans le Sud, c'est pire que la violence. Nos envoyés spéciaux dans les États où une guerre d'Algérie semble commencer[65]. » L'analyse ne manque pas de sel quand on sait que de nombreux journaux et magazines français généralistes avaient, sous la pression du gouvernement, camouflé le massacre de manifestants algériens par la police française les 17 et 18 octobre 1961 — l'événement même que décrit William Gardner Smith dans son roman *The Stone Face*. La presse française, tout comme le *Herald Tribune*, avait fait état de deux ou trois morts sans s'attarder sur le reste. Certes, il était moins pénible pour la presse française de dénoncer le racisme américain, dans un Sud lointain et exotique, que d'en constater la présence en plein territoire national. Mais il fallait surtout compter avec une répression bien réelle : la censure guettait tout journal évoquant les violences infligées aux Algériens par les autorités françaises. En revanche, rien n'interdisait à la presse française de critiquer les violences raciales commises aux États-Unis. Le plus troublant est qu'aucune censure n'empêchait les services de dépêches américains d'annoncer l'attentat de Birmingham : l'interdit était si incrusté dans les consciences que la presse se censurait elle-même.

En quoi cela pouvait-il affecter Angela Davis et les étudiants américains partis étudier en France avant et après elle ? Au fil de cette décennie très politisée que furent les années 1960, la lecture de la presse, française ou américaine, devint un exercice de réflexion critique. Dans la presse française, les étudiants américains en apprenaient plus sur la haine raciale dans le Sud des États-Unis que sur la violence étatique en plein Paris. Du mouvement pour les droits civiques à la guerre du Vietnam, entre autres événements, ils percevaient les conflits de leur pays à travers un regard français et à travers le prisme de l'histoire de France ; du coup, l'histoire était pour eux non pas une sphère restreinte et univoque mais une chambre d'écho où une expérience nationale en éclairait une autre, et où l'on comprenait mieux un pays en l'observant de l'extérieur qu'en le vivant de l'intérieur. Selon John Simon, membre du groupe de Hamilton en 1963-1964, ce n'est pas en cours que les étudiants faisaient l'essentiel de leur éducation, mais dans la rue et en lisant la presse. Hors de cette bulle protectrice qu'était leur campus, ils apprenaient enfin à regarder[66].

À Biarritz, puis à Paris, Angela Davis se retrouva dans un groupe déjà très soudé de quarante-six étudiants, qui logeaient à plusieurs chez l'habitant et travaillaient ensemble tous les jours. Les étudiants de Hamilton étaient répartis en fonction de leur niveau en français ; Angela se trouvait dans le groupe le plus avancé, ce qui lui permettait de suivre les cours à la Sorbonne avec d'autres étudiants étrangers[67]. Seuls les cours consacrés au théâtre, dont le programme tirait profit des innombrables spectacles présentés à Paris, étaient ouverts à des étudiants de niveaux différents ; c'est ainsi qu'Angela, Christie et Jane Chaplin, logées dans le même appartement parisien, purent s'y inscrire ensemble. Ce type de cours est encore proposé aujourd'hui dans la plupart des cursus pour étudiants américains maîtrisant correctement la langue : ils assistent chaque semaine à une représentation, puis en rédigent le compte rendu.

Leur guide dans ce domaine se nommait Marie-Claude Chauvet. Véritable pilier du programme de Hamilton, elle était un esprit brillant et raffiné dans la tradition de Jeanne Saleil, la directrice d'études chère à Jacqueline Bouvier. Patsy

Martin se rappelle une autre enseignante légendaire, Mme Stourdzé, leur professeur de grammaire, qui arrivait dans l'amphithéâtre de la Sorbonne par l'arrière, portant une cape, un chapeau et des gants qu'elle retirait l'un après l'autre tout en remontant l'allée centrale avant de grimper sur l'estrade[68]. Même les cours de grammaire avaient quelque chose de théâtral. Dans le cadre de son cours, Mme Chauvet envoya les étudiants au Théâtre de la Huchette voir *La Cantatrice chauve* et *La Leçon* de Ionesco — qui se donnaient encore dans la même salle quand le groupe de Hamilton se retrouva à Paris en 2007. La mise en scène du *Neveu de Rameau* de Diderot était si ennuyeuse que Paula Durbin se rappelle surtout ce qui se passait dans la salle : son voisin ayant réveillé un vieux monsieur assoupi, celui-ci s'était tourné vers elle en maugréant : « Je dors, Madame ! » Elle se rappelle aussi un spectacle de l'Opéra de Pékin et, un samedi après-midi, une pièce de García Lorca dans une mise en scène plutôt médiocre — dans la salle, des lycéens faisaient un tel chahut que l'acteur principal avait dû s'interrompre pour les sermonner[69]. Une fois par semaine, Angela et ses deux amies se mettaient sur leur trente et un pour aller au théâtre. Angela avait une splendide robe de velours rouge, dont sa famille d'accueil se souvient encore, et une veste en daim achetée en Espagne durant le séjour à Biarritz. Elle apprit à Jane l'usage du crayon à paupières. Christie aidait Angela à appliquer les produits pour cheveux qu'elle avait apportés en France. Les sorties au théâtre étaient elles-mêmes une représentation, un rite culturel aussi important pour ces jeunes femmes que la pièce interprétée sur la scène.

Sur les quarante-six étudiants du groupe, Angela Davis était l'une des six à avoir un niveau de langue suffisant pour suivre la partie la plus difficile du cursus proposé : un cours intensif de littérature contemporaine donné dans un institut spécial de la Sorbonne. Douze ans plus tard, à l'occasion d'un entretien télévisé, elle pouvait encore en réciter l'intitulé, « L'École de préparation et de perfectionnement des professeurs de français à l'étranger », non sans sourire du plaisir que lui procurait la prononciation de ces mots familiers[70]. La mission de cet institut, affilié aux départements de littérature de la Sorbonne, consistait à former de futurs enseignants, que leur langue maternelle fût ou non le français. En plus des six étudiants de Hamilton, il y en avait là une soixantaine d'autres provenant d'Europe, d'Asie, d'Afrique et d'Amérique latine. Ils assistaient chaque semaine à des cours de deux heures portant sur la poésie, le théâtre et le roman, soit un total hebdomadaire de six heures. Son camarade John Simon se rappelle notamment un cours sur Saint-John Perse, le poète nobélisé — qui avait pris part, en 1962, au dîner organisé en l'honneur d'André Malraux par Jacqueline Kennedy, où Jeanne Saleil était également conviée. Du côté maternel, Alexis Leger était issu d'une famille de planteurs de la Guadeloupe, c'est-à-dire de l'élite créole de ces Antilles qui avaient tant enflammé l'imagination de la jeune Angela Davis. Les origines créoles de Saint-John Perse suscitent aujourd'hui un vif intérêt, mais en 1963, à la Sorbonne, son recueil *Amers* faisait l'objet d'une approche strictement formaliste[71]. Le poète ne laissa pas un souvenir impérissable au jeune John Simon, qui s'intéressait plutôt à la portée sociale et politique de l'art. Barbara Zurer dut se frotter elle aussi au cours de littérature contemporaine ; dans une lettre à sa famille, elle mentionne le nombre d'heures de cours et le terrifiant examen oral qui l'attendait à la fin du semestre[72].

Jane Chaplin avait elle aussi une excellente maîtrise du français : elle en avait suivi le cursus « en immersion » que proposait Hunter College de l'école primaire au lycée. Mais elle préféra s'inscrire à un cours de l'Institut d'études politiques — où la jeune Jacqueline Bouvier avait étudié les relations internationales avec Pierre Renouvin. Ayant choisi un enseignement consacré à la pensée contemporaine, Jane renonça au cours magistral, à peine audible dans l'immense amphithéâtre, au profit des seuls travaux dirigés, dispensés alors par Pierre Joxe, maître assistant à Sciences Po et futur ministre de l'Intérieur, et par Alain de Sédouy, qui devait financer en 1969 *Le Chagrin et la Pitié*, de Marcel Ophüls, chronique d'une ville de province sous l'Occupation qui devait écorner le mythe d'une résistance unanime des Français. Joxe et Sédouy comptaient parmi les plus brillants esprits de Sciences Po ; mais, en 1963, ce réexamen de l'idéologie française sous l'Occupation était encore impensable, au même titre que les révoltes estudiantines qui allaient bientôt enflammer les jeunes gens de France et d'Amérique[73].

Famille d'accueil

Angela Davis, Christie Stagg et Jane Chaplin étaient hébergées par la famille Lamotte dans une rue paisible du XVIe arrondissement, à deux pas de la place de l'Étoile. Les Lamotte occupaient trois étages de l'immeuble. Angela logeait dans l'appartement de la belle-mère, au premier, où elle partageait sa chambre avec Christie, tandis que Jane Chaplin habitait l'appartement de la famille, deux étages plus haut.

Micheline Lamotte, la mère de cette famille d'accueil, est née en 1919 à Auteuil, quartier cossu de l'ouest de Paris. Elle m'a accordé un entretien à l'hiver de 2010, à l'âge de quatre-vingt-dix ans[74]. Elle se disait diminuée par l'âge, mais rien ne le laissait paraître. De nature passionnée, elle avait jadis adhéré avec son futur mari à l'antiparlementarisme des années 1930, représenté notamment par les Croix-de-Feu, groupe nationaliste d'anciens combattants fondé par le lieutenant-colonel de La Rocque. Le 6 février 1934, des organisations d'anciens combattants et diverses ligues d'extrême droite se retrouvèrent pour manifester devant l'Assemblée nationale, place de la Concorde. L'émeute qui s'ensuivit symbolise aujourd'hui une certaine droite insurrectionnelle des années 1930. M. Lamotte, me confia son épouse avec fierté, était du nombre des manifestants[75].

Jugée trop remuante, Micheline avait été renvoyée du lycée Molière l'année précédant le baccalauréat. Athlète et militante, elle vouait un culte à Mermoz, le grand aviateur devenu un membre éminent des Croix-de-Feu. « Tous mes enfants avaient l'esprit rebelle », me confia-t-elle, avant d'ajouter, en présence de son fils : « Et tous étaient des cancres. »

Cette anarchiste de droite, pourvue d'un humour mordant, s'engagea dans la Résistance dès que les nazis eurent occupé le pays. Sa petite-fille Camille a maintes fois entendu, dans son enfance, l'histoire de l'arrestation de sa grand-mère à la Brasserie La Lorraine : accusée d'actes isolés de résistance, elle fut emprisonnée quatre mois à la Santé avant d'être libérée pour faire de la place à des détenus communistes[76]. Angela, Christie et Jane n'entendirent jamais parler de cet épisode ; en revanche, la guerre était un sujet récurrent chez leurs hôtes, tout comme l'ennemi allemand — mais, en 1963, ces notions devaient leur sembler bien abstraites. Angela n'osait pas dire à Mme Lamotte qu'elle avait un fiancé allemand ; elle passa donc sa relation amoureuse sous silence.

Pour un observateur américain, Mme Lamotte apparaît comme une femme pétrie de paradoxes idéologiques. En réalité, sa position n'était pas si singulière à l'époque. De nombreux nationalistes de droite avaient rejoint la Résistance — telle la comtesse de Renty, qui avait naguère accueilli Jacqueline Bouvier chez elle. Mais comment concilier son anticommunisme farouche et son estime, qui ne s'est jamais démentie au fil des ans, pour la plus célèbre de ses anciennes pensionnaires, si manifestement de gauche ?

Jane, qui logeait dans une petite chambre derrière la cuisine des Lamotte, et descendait au premier étage dès que possible pour retrouver Angela et Christie, brosse un tout autre tableau de la vie chez les Lamotte ; en confrontant ses souvenirs avec ceux de son hôtesse, on peut se faire une image sociologique des sous-cultures associées aux séjours d'études à l'étranger. Les Lamotte accueillaient des étudiants, par groupes de trois, depuis plusieurs années déjà. À en croire Mme Lamotte, la présence d'étudiants étrangers était conçue dans l'intérêt de leurs enfants, Patrick, Pierre-Yves, Martin, Sophie et Adeline, alors âgés de six à quinze ans. Jane se souvient d'avoir entendu son hôtesse leur dire : « C'est embêtant d'avoir des étrangers chez nous, mais après tout, vous nous payez nos vacances. » De fait, on ne saurait négliger cette dimension économique : pour la plupart des familles d'accueil, recevoir des étudiants étrangers ne procède ni d'un amour de l'Amérique ni d'un goût pour les expériences pédagogiques, mais relève simplement de considérations financières. Peu de familles d'accueil en font l'aveu, il est vrai.

À table, Mme Lamotte imposait des règles strictes, dont elle tire encore fierté : le français était la seule langue autorisée ; on arrivait à l'heure et sans bigoudis dans les cheveux. Les étudiants américains, souligne-t-elle, étaient si peu habitués aux repas assis et complets (entrée, plat de résistance, dessert) qu'il leur arrivait souvent de sortir leur Kodak pour photographier la blanquette de veau, la tarte aux fraises ou le plateau de fromages. Jane et Christie se rappellent combien le déjeuner traditionnel était copieux chez les Lamotte, mais celui-ci n'était pas compris dans la pension. Elles ne partageaient vraiment avec la famille que le minimaliste dîner à la française : les restes du fastueux déjeuner, une salade, parfois un œuf et une portion de fromage. En cas de fringale tardive, les jeunes filles consommaient les pots de yaourt stockés dans leur chambre.

La conversation aussi avait ses règles, et plusieurs sujets, la religion, l'argent, la politique, restaient interdits autour de la table. Jane se rappelle tout de même les remarques désobligeantes de Mme Lamotte sur les Nord-Africains (« les Nordafs »), les Allemands, les ouvriers : un flot de diatribes amères, rythmé par une formule récurrente : « Pendant la guerre… » Elle se demande aujourd'hui si cette année chez les Lamotte n'a pas inspiré, plus tard, son sujet de thèse à Barnard College : « Traître ou patriote : le cas du maréchal Pétain », travail dans lequel elle s'efforce de comprendre une vision du monde radicalement différente de la sienne[77].

Jane Chaplin est née Jane Kaplan. Elle avait un an, en 1945, quand ses parents choisirent, comme nombre de leurs amis, de porter un patronyme moins ostensiblement juif. Comme elle avait les yeux bleus et les cheveux blonds, me dit-elle, « ça passait ». Au nom de l'authenticité, cependant, elle voulut savoir comment réagirait Mme Lamotte en apprenant que sa pensionnaire était juive. Pour Hanoukka, elle décida donc d'acheter un gâteau et dit aux Lamotte qu'elle souhaitait célébrer cette fête en leur compagnie. De ce jour, se souvient-elle, ses relations avec la famille commencèrent à se détériorer : « Ce fut pour moi une découverte importante : être juif avait un sens aux yeux du monde, et j'en faisais l'expérience à travers les réactions d'autrui. » Elle passa dès lors l'essentiel de son temps avec Christie et Angela, dans leur grande chambre du premier.

En présence d'Angela, se souvient-elle, il n'y eut jamais de remarques racistes. La famille lui témoignait au contraire un grand respect, que Jane attribue « au français raffiné d'Angela, à son aisance admirable dans cette langue ». Jane Chaplin se rappelle un compliment formulé à l'époque par leur hôtesse : « Angela a toujours le mot juste. » De fait, lors de notre entretien de 2010, Mme Lamotte devait prononcer ces mêmes mots. On entend souvent dire que le racisme français est surtout dirigé contre les Juifs et les Arabes, auxquels les Français préfèrent les Africains ou les Afro-Américains, jugés plus gracieux et plus exotiques. Évoquant la vieille tradition de l'Action française, le critique Jeffrey Mehlman note que l'antisémitisme, jusqu'alors parfaitement respectable, doit sa mauvaise réputation en France à Hitler[78]. Quand, suivant une autre logique nationaliste, Mme Lamotte attribue à Angela un aïeul français, il s'agit d'un simple fantasme : si Angela maîtrisait si bien la langue, ne fallait-il pas qu'elle fût, au moins en partie, l'une des leurs ?

Mes entretiens récents avec les anciennes étudiantes de

1963-1964 révèlent une évolution notable dans leur rapport à l'autorité et dans leur perception du monde et de la place qu'elles y occupent. J'ai pu discuter avec Barbara Zurer, qui dut rapidement changer de famille d'accueil parce qu'elle avait irrité son hôtesse (il avait suffi pour cela qu'un jeune homme, originaire des Pyrénées, vienne frapper à sa porte) ; avec Patsy Martin, qui vit se dégrader au fil du temps ses rapports avec son hôtesse, dans le XVe arrondissement ; et avec Jane Chaplin, que l'on avait confinée dans une chambrette derrière la cuisine et qui se rappelle encore les remarques xénophobes de sa famille d'accueil. Ce n'étaient pas là des femmes qui acceptent le monde tel qu'il est. Il ne leur vint jamais à l'esprit d'offrir leurs services à la CIA, mues par l'idéalisme anticommuniste qui avait animé tant de camarades de classe de Jackie Bouvier. Elles avaient choisi la direction opposée, la contestation, et assumaient leur identité raciale et ethnique aussi bien que leur sexe (on dirait aujourd'hui : leur genre). À travers ce prisme, elles pouvaient mesurer leur effet sur la société.

La tragédie du 15 septembre 1963 à Birmingham était survenue alors qu'Angela Davis entamait son séjour d'études à l'étranger. Des années plus tard, sa mère se rappellerait encore un détail qui avait alors la portée d'un véritable événement : Angela avait appelé sa famille au téléphone[79]. En temps normal, les échanges avec sa famille restée en Alabama se faisaient par courrier, mais ses parents n'avaient eu connaissance de son adresse à Biarritz que dans le courant du mois de septembre[80].

Le courrier jouait un rôle essentiel. Pour les étudiants de 1963, un appel téléphonique était aussi rare et aussi coûteux qu'à l'époque de Jacqueline Bouvier, en 1949. Barbara Zurer logeait chez l'administrateur général de la Bibliothèque nationale, mais elle n'avait pas accès à l'unique téléphone de la maison — que du reste elle n'aurait pas su faire fonctionner. Pour fixer un rendez-vous avec un ami, les étudiants

américains passaient déposer une note dans son immeuble.
Tous écrivaient des lettres à leur famille. Beaucoup avaient un
correspondant de prédilection : entre Angela Davis et son amie
Lannie Goldberg, une camarade de Brandeis, les échanges
étaient si réguliers qu'ils forment un véritable roman épistolaire[81]. Depuis qu'elle avait quitté Birmingham pour s'inscrire
au lycée à New York, elle avait l'impression de tourner le dos à
la lutte menée par les siens, et ce sentiment pénible était sans
doute encore exacerbé par la distance en cet automne de violences.

Pour elle, l'attentat à la bombe contre l'église de Birmingham assombrit l'année tout entière. Puis, au mois de
novembre, alors que le groupe de Hamilton se trouvait à Paris
depuis quelques semaines, Kennedy fut assassiné au Texas.

Le 23 novembre, les étudiants de plusieurs groupes (Smith,
Sweet Briar et Hamilton) avaient prévu d'assister à une réception que donnait l'ambassade des États-Unis. Les danses pré-
vues ce soir-là furent annulées quand on apprit la terrible
nouvelle, mais la réception fut maintenue. Angela, Jane et
Christie allèrent se joindre à une foule d'étudiants en larmes,
et Angela eut une pensée pour ses amies assassinées : parmi
tous ces jeunes gens blancs, lesquels avaient versé une larme
pour les petites filles de Birmingham[82] ?

Les étudiantes n'ont pas oublié la réaction de leur famille
d'accueil. Jane Chaplin se rappelle que l'un des garçons était
venu dans sa chambre en criant : « Un attentat ! Votre président… » Une remarque de Mme Lamotte lui avait paru indé-
cente : « Mme Johnson est moins bien que Jackie. » Christie
Stagg écrivit à ses parents le lendemain :

> D'ailleurs, quand nous en avons parlé avec les Lamotte hier
> soir, en écoutant la radio, ils avaient l'air de penser : c'est bien
> triste, mais c'est ainsi. De Gaulle a échappé à deux attentats.
> Quand Mme Lamotte a déclaré : « Après tout, ce n'est pas la
> première femme à perdre son mari », j'ai bien failli lui taper
> dessus. S'ils se montrent à ce point insensibles, c'est peut-être

qu'il ne s'agit pas de leur pays, ou qu'ils ont déjà vu trop de morts (les gens ici vivent encore à l'heure de la Seconde Guerre mondiale). Mais la plupart des journaux français sont très pro-Kennedy, et semblent saisir cette occasion pour rivaliser d'ardeur dans leurs panégyriques.

Dans sa correspondance, Christie tente de comprendre les réactions des Français à l'annonce de la mort de Kennedy, et elle en mesure l'étrangeté. En même temps, on sent bien qu'elle a déjà changé. Sa langue est affectée par son environnement francophone — il est vrai qu'elle parlait français même avec ses amies américaines, même avec Angela, y compris dans l'intimité de sa chambre à coucher. L'original de sa lettre montre ainsi qu'elle utilise le mot français « insensibles » au lieu de l'anglais *insensitive*. Comme des générations d'étudiants assidus avant et après elle, Christie rentrerait de son séjour en France avec son lot de gallicismes, de particularismes (la barre horizontale traversant le chiffre 7, par exemple) et en ayant profondément modifié sa façon d'écrire et de penser[83].

Dans son autobiographie, Angela Davis n'émet pas la moindre critique à l'égard de sa famille d'accueil. Ses souvenirs de la rue Duret semblent plutôt plaisants : bols de café au lait fumant, beurre et croissants du matin. Mais le tableau critique que brosse Jane Chaplin de la vie chez les Lamotte, tout comme les lettres de Christie Stagg, laisse deviner des signes de condescendance et de ressentiment qui n'échappaient sans doute pas à leur famille d'accueil. Côté français, on rapporte avec exaspération les nombreux problèmes causés par des étudiants américains : une jeune fille était rentrée aux États-Unis enceinte (les Lamotte avaient connu pareil cas l'année précédente), certains brisaient des objets, d'autres venaient à table en bigoudis ou piochaient librement dans le réfrigérateur, d'autres encore étaient trop bruyants. Côté américain, on jugeait les Français insensibles, réactionnaires ou trop sévères, et l'on critiquait une alimentation bizarre ou une machine à laver qui faisait bouillir et rétrécir le linge.

Angela Davis et Christie Stagg (1964).

Il ne faut pas oublier que la mémoire est une romancière. Mme Lamotte se rappelle qu'Angela venait s'asseoir à ses côtés et lui expliquait la réalité de la ségrégation dans un Sud appliquant les lois Jim Crow. Elle m'a raconté l'épisode d'Angela et de sa sœur dans le magasin de chaussures, puis le procès inique intenté à des Noirs américains par la justice californienne — ces deux anecdotes proviennent de l'autobiographie d'Angela Davis que son fils venait de déposer sur la table basse, avec d'autres livres d'elle en traduction française. Mme Lamotte était fascinée par l'histoire de la fusillade du comté de Marin, qui avait conduit à l'arrestation d'Angela Davis en 1970, et par le crime si singulier de Jonathan Jackson, dont elle admirait le courage comme elle admirait jadis les exploits de Mermoz. On peut se demander si ses souvenirs n'ont pas été, pour une bonne part, reconstitués après coup en lisant les livres de son ancienne pensionnaire. Mais il est tout aussi possible que la jeune Angela Davis, si pédagogue par nature, lui ait patiemment décrit la vie qu'elle avait connue en Alabama et les activités de sa famille.

Témoignage

« Je ne voulais pas contribuer à cette tendance déjà très répandue qui consiste à personnaliser et à individualiser l'histoire », écrit Angela Davis dans la première préface de son autobiographie, en 1975. Elle ajoutera, dans une édition ultérieure, que la « dialectique du personnel et du politique » fait défaut dans ce texte, qu'elle a conçu dans la grande tradition du témoignage révolutionnaire, à savoir l'histoire d'un mouvement racontée par l'un de ses acteurs. D'où le titre original *An Autobiography*, « une autobiographie », suggérant qu'elle est une protagoniste parmi bien d'autres. Pour cette femme réservée, qui choisit d'embrasser une vie publique afin de nous livrer ses réflexions politiques et ses analyses sociales, toute aventure personnelle n'avait d'importance que dans la mesure où elle offrait un éclairage sur la société.

En 2009, Davis prononça un discours à l'Odéon en hommage à Jean Genet, dont l'œuvre était étudiée dans tous les cursus de théâtre contemporain durant son année en France, et qui deviendrait par la suite un ami et un soutien. Ce discours comporte une remontrance et un défi :

Il va même jusqu'à évoquer la nécessité de développer une
« délicatesse des cœurs » dans les rapports avec les Noirs. Il dit
aussi que les Noirs avaient observé les Blancs durant des siècles,
silencieusement, et qu'ils avaient appris beaucoup de choses sur
eux et sur leur culture. Et les Blancs ne s'étaient même pas
aperçu qu'ils étaient observés. Ce que nous développons aujour-
d'hui dans nos cœurs est du même ordre : il faut que les Blancs
se mettent aussi à l'école des Noirs, qu'ils apprennent quelque
chose d'eux[84].

Angela Davis avait moins de vingt et un ans au moment de
quitter Paris. De nouvelles tragédies l'attendaient, et des luttes
d'une extrême brutalité. Le temps de l'apprentissage était
presque révolu, et ce serait désormais à elle de donner des
leçons.

VI

Angela Davis

LE RETOUR

Le mémoire de fin d'études

Le retour d'Angela Davis à Brandeis pour sa dernière année d'études marque un tournant dans sa vie intellectuelle. Durant sa deuxième année dans cette université, elle avait découvert *Éros et civilisation* de Herbert Marcuse, mais celui-ci se trouvait alors en congé sabbatique. Le philosophe étant de retour à Brandeis, Davis lui demanda de superviser sa deuxième spécialisation en philosophie ; sur ses conseils, elle commença par lire les présocratiques, Platon, puis Aristote[1]. Elle suivit ses cours de licence sur la pensée politique européenne et son séminaire de doctorat sur la *Critique de la raison pure* de Kant. Cependant, le français restant sa matière principale, c'est à la littérature qu'elle consacra son mémoire de fin d'études, intitulé « Les romans de Robbe-Grillet : une approche méthodologique et sémantique[2] ».

Le choix d'Angela Davis s'était donc porté sur l'auteur le plus étroitement associé, en 1964, à la fiction française contemporaine. Elle témoignait ainsi du même intérêt pour l'avant-garde que Susan Sontag avant elle. Robbe-Grillet était publié par les Éditions de Minuit ; fondées sous l'Occupation de manière clandestine, elles s'étaient, depuis, spécialisées dans l'écriture expérimentale. Les romans de Robbe-Grillet, sans intrigue ni personnages véritables, ne présentaient guère de ressemblance avec ceux de Sartre, de Beauvoir ou même de Camus. En 1965, Robbe-Grillet avait publié six romans et un recueil d'essais critiques récusant toutes les idées reçues liées au roman depuis *La Princesse de Clèves*[3]. Pour imposer une nouvelle avant-garde, le mieux est encore de présenter la génération précédente comme archaïque ; Robbe-Grillet s'en prend donc aux écrivains qui ont connu le faîte de leur gloire à la Libération, ces existentialistes à « message » pour qui la littérature est le produit d'une situation et d'un combat. Pour Robbe-Grillet, au contraire, la littérature est un monde à part et la révolution qui lui importe se joue dans la littérature même.

À l'automne de 1964, alors qu'Angela Davis entamait la rédaction de son mémoire, Robbe-Grillet se lança dans une tournée de cinquante universités américaines, dont Brandeis, pour y promouvoir le Nouveau Roman — lors de sa propre tournée, en 1947, Simone de Beauvoir n'en avait visité qu'une vingtaine.

Mieux préparée que ses condisciples à écouter Robbe-Grillet, Angela Davis connaissait à la fois les œuvres du romancier et les articles de son premier critique américain, Bruce Morrissette, découverts à la Sorbonne dans le cadre de son cours de littérature contemporaine[4]. Pour Robbe-Grillet, 1964 fut l'année d'une conquête de l'Amérique inaugurée dix ans plus tôt quand Morrissette, professeur à l'université de Washington, l'avait entendu à la radio sur les routes de France. Ayant fait du romancier son objet d'étude privilégié, il avait publié son *Alain Robbe-Grillet* en 1965, en français et en anglais[5]. Dans les années 1970, Robbe-Grillet était régulièrement invité à l'université de New York ; on pouvait alors le croiser à Washington Square, avec sa pipe et sa barbe poivre et sel. Quand il fut reçu à Brandeis, cependant, il était encore un jeune écrivain rebelle aux traits fins et à la moustache mince, bien décidé à révolutionner l'art du roman. Écrivain et théoricien de ses propres textes, il faisait un auteur idéal pour les campus américains. Il séduisait à la fois les professeurs et les étudiants, stimulés par la complexité ludique de son œuvre et par les interprétations acrobatiques que réclamaient ses intrigues. Dans le seul groupe de Hamilton, Angela Davis et Howard Bloch avaient tous deux choisi, une fois rentrés aux États-Unis, de lui consacrer leur mémoire de littérature française.

S'il était besoin de confirmer l'avis de ses camarades sur les facultés intellectuelles d'Angela Davis, qui leur semblait toujours avoir une longueur d'avance sur eux, son mémoire sur Robbe-Grillet en offre la brillante démonstration. À vingt et un ans, elle possédait déjà cette rigueur dans l'analyse, ce sens de l'urgence critique et cette sagacité qui allaient caractériser l'ensemble de son œuvre. On perçoit certes, dans ce travail, une lectrice très attentive de Robbe-Grillet, mais on repère aussi l'avocate d'une cause, celle du Nouveau Roman avec sa faculté révolutionnaire de saisir la réalité contemporaine : la bombe atomique, l'anonymat grandissant de l'homme (terme que l'on préférait alors à « humain » ou « humanité »), lequel n'est plus guère défini que par son numéro dans une administration démesurée ou par des machines qui fractionnent son existence. Selon elle, cette réalité rend caduc le roman traditionnel avec ses personnages déterminés et son intrigue simpliste : ce roman-là n'est plus en mesure de traduire le monde réel. Le héros a fait son temps. Alain Robbe-Grillet est à ses yeux le seul nouveau romancier véritable ; Michel Butor a tenté de récupérer les valeurs de la civilisation occidentale et Claude Simon n'échappe pas à la nostalgie, si bien que leur engagement en faveur d'un nouveau type de fiction reste tout théorique[6]. Elle apprécie surtout chez Robbe-Grillet son « attitude phénoménologique », qualité qu'elle définit en référence à Sartre et à Merleau-Ponty — lesquels étaient venus à la philosophie en passant par Husserl et Heidegger, tout comme elle.

Quelle place la France occupait-elle dans tout cela ? Les autres étudiants du programme de Hamilton, débordés par leurs cours de français, s'efforçaient de comprendre la langue et de maîtriser la grammaire. Jane se rappelle encore comment son amie Angela, à Biarritz, écoutait parler Mme Salerni en plaçant de temps à un autre un « Ah bon ! » plein de naturel. Et elle ajoute : « C'était tout l'intérêt de cette année à l'étranger ; nous étions là pour apprendre ces petites formules que les gens utilisent réellement[7]. » Elle avait l'impression qu'Angela les connaissait depuis toujours.

Durant les mois passés à Biarritz et à Paris, elle se concentrait déjà sur son objectif suivant : perfectionner son allemand afin de lire la philosophie allemande dans le texte. Son fiancé allemand n'y était pas pour rien : Manfred Clemenz, qu'elle avait rencontré en deuxième année à Brandeis et qui poursuivait ses études à Francfort, s'intéressait aux philosophes de l'école de Francfort et à leur concept de théorie critique. La passion intellectuelle étant une forme d'amour, il serait vain de distinguer entre son attirance pour Manfred Clemenz et sa découverte de la philosophie. Pendant son séjour en France et pendant sa quatrième année d'études, elle s'était assez familiarisée avec la tradition phénoménologique pour comprendre comment l'appliquer avec profit à ses études littéraires. Les romans de Robbe-Grillet lui permirent ainsi de montrer combien la phénoménologie nous éclaire sur l'homme et sur les choses.

Sur le plan de l'histoire littéraire, cette approche du Nouveau Roman avait quelque chose d'incongru. Le « regard phénoménologique » que portait Angela Davis sur l'œuvre de Robbe-Grillet renvoyait à la littérature des existentialistes. Sartre avait étudié la phénoménologie en Allemagne dans les années 1930 ; de retour en France, il avait associé cette méthode — qui met en avant les formes que notre pensée impose au monde — et sa propre conception très politique de la responsabilité, de l'acte humain, du choix et de la liberté dans un monde sans dieu. En 1963, l'approche phénoménologique commençait à marquer le pas au profit d'un nouveau courant de pensée inspiré par l'anthropologie structurale de Claude Lévi-Strauss et par l'analyse saussurienne du signe linguistique. Les structuralistes s'intéressaient à l'existence de structures indépendantes de l'esprit humain et à des systèmes de signes également abstraits du monde. L'histoire, essentielle pour les existentialistes, n'était aux yeux des structuralistes qu'un produit dérivé de ces signes et de ces structures.

Dans le champ des études littéraires, le structuraliste le plus inventif était sans conteste Roland Barthes, qui avait accueilli à bras ouverts le jeune Robbe-Grillet ; il appréciait notamment chez lui son intérêt pour la surface : le romancier ne cherchait pas à être profond. Les articles de Barthes sur Robbe-Grillet figuraient déjà dans la bibliographie d'Angela Davis, qui connaissait le structuralisme avant même qu'il ne soit enseigné aux États-Unis et n'inspire les recherches de la plupart des professeurs de littérature. Si Barthes avait permis à Robbe-Grillet de s'imposer parmi les auteurs qui comptaient, Sartre jugeait trop élitistes ses thématiques et ses postures ; il déclare ainsi, dans un entretien donné en 1964, qu'il est impossible de « lire Robbe-Grillet dans un pays sous-développé[8] ». En associant la phénoménologie sartrienne et la théorie du roman selon Robbe-Grillet, Angela Davis réconcilie deux grands rivaux dans son propre intérêt, puisque, en plus de l'attention qu'elle porte aux structures et aux signes, elle affirme ainsi son engagement en faveur de la liberté humaine.

Il convient de préciser que l'approche philosophique qu'elle applique à la littérature, en privilégiant la conscience et le concept, est autrement plus rigoureuse que la pléthore d'études esthétiques qui constituaient l'essentiel de la critique littéraire des étudiants de licence jusqu'aux années 1960. Merleau-Ponty lui sert de guide en la matière : « La vraie philosophie est de réapprendre à voir le monde, et en ce sens une histoire racontée peut signifier avec autant de "profondeur" qu'un traité de philosophie[9]. » Dans son mémoire, elle cite Merleau-Ponty pour illustrer son hypothèse : Robbe-Grillet aurait « conféré au roman un dessein authentiquement philosophique et existentiel ». Sans se laisser distraire par les querelles partisanes qui opposaient les divers courants littéraires, elle analyse le roman en vertu de critères philosophiques sérieux. Selon elle, le roman vise moins à distraire son lecteur qu'à lui permettre de mieux comprendre son rapport au monde : il est une école de la conscience.

Par la suite, elle définirait sa propre conscience à travers les catégories analytiques de la race et du genre, mais ce n'est qu'une vingtaine d'années plus tard que la pensée radicale de Frantz Fanon, voire les essais de Sartre sur la décolonisation publiés dans les années 1960, finirent par occuper une place centrale dans le champ des études littéraires. Aujourd'hui, à l'heure des études postcoloniales, il est impossible de lire un roman de Robbe-Grillet comme *La Jalousie* sans être frappé par ce qu'il doit au contexte colonial : la grande plantation, les bananiers, les travailleurs indigènes, le mille-pattes écrasé sur un mur, sans parler du titre, qui désigne tout à la fois un amour exclusif et le contrevent permettant de filtrer la lumière des tropiques[10]. Robbe-Grillet lui-même, ingénieur agronome de formation, avait travaillé dans diverses colonies françaises, et son imaginaire faisait une large place à cet environnement particulier[11]. Ce n'est qu'en 1973 qu'un critique littéraire marxiste, Jacques Leenhardt, publierait une étude politique du roman et de sa dimension coloniale.

Si le mémoire d'Angela Davis ne mentionne pas ouvertement les aspects politiques du texte, sa conclusion reflète son propre combat pour équilibrer la vie de l'esprit et l'action politique. En raison de leur caractère révolutionnaire, écrit-elle, les romans de Robbe-Grillet demeurent inaccessibles ; si l'auteur n'a publié aucun roman depuis *Dans le labyrinthe* (1959) pour se consacrer à l'écriture de scénarios, c'est parce que le cinéma a remplacé le roman « dans sa capacité de créer et de détruire les mythes de la société ». Selon elle, le cinéma est en effet devenu « le moyen de communication le plus universel pour s'adresser aux masses de nos contemporains ». L'avenir du romancier devenu cinéaste lui semble très prometteur : « C'est par le biais du cinéma, peut-être, que Robbe-Grillet lancera avec force un mouvement visant à montrer à l'homme comment *voir* le monde, et se *voir* lui-même d'un œil affranchi de ces mythes désuets et stériles[12]. »

En 1965, Robbe-Grillet semblait en effet avoir renoncé au roman pour se consacrer au cinéma. Le scénario écrit en 1961 pour *L'Année dernière à Marienbad* n'avait sans doute pas touché les masses, mais il n'était pas passé inaperçu auprès de la communauté internationale des francophiles et des cinéphiles — de Jacqueline Kennedy, qui vivait encore à la Maison-Blanche, à Susan Sontag, qui écrivait alors pour la revue *Film Quarterly*. L'action du film se déroule dans un château dont le parc semble tout droit sorti d'une photographie d'Atget (celle, par exemple, qui figure un jardin aux arbustes taillés en forme de pièces de jeu d'échecs[13]). Delphine Seyrig s'y promène dans des robes dessinées par Chanel. On est loin des films précédents de Resnais, *Nuit et brouillard*, un documentaire sur camps de concentration nazis, et *Hiroshima mon amour*, hanté par le souvenir de la guerre. Susan Sontag aimait ce film qui « s'enlise dans un site d'une beauté étrange et vide, désincarnée[14] ». Les tenues Chanel avaient tout pour séduire Jackie Kennedy. Aussi expérimental qu'il fût, *L'Année dernière à Marienbad* contribua pour beaucoup à la réputation élitiste de Robbe-Grillet.

Si lui-même se considérait comme un homme de gauche et un détracteur de la guerre d'Algérie (il cosigna en 1960 le fameux Manifeste des 121 ou Déclaration sur le droit à l'insoumission), Robbe-Grillet était célèbre pour son essai sur le véritable engagement de l'écrivain : « Au lieu d'être de nature politique, l'engagement c'est, pour l'écrivain, la pleine conscience des problèmes actuels de son propre langage, la conviction de leur extrême importance, la volonté de les résoudre de l'intérieur. C'est là, pour lui, la seule chance de demeurer un artiste et, sans doute aussi, par voie de conséquence obscure et lointaine, de servir un jour peut-être à quelque chose — peut-être même à la révolution[15]. » Ce principe est poussé à l'extrême par Susan Sontag dans *Against Interpretation*, où elle prend résolument la défense de la forme[16]. Angela Davis, de onze ans sa cadette, appartenait à une autre génération ; de sensibilité différente, elle estimait que la révolution devait se réaliser dans le monde et non sur le papier. L'engouement de Susan Sontag pour Robbe-Grillet annonçait peut-être celui d'Angela Davis, mais ce serait bientôt la première qui alignerait ses positions sur la critique politique de la seconde.

De la théorie critique à la prison

Il n'est pas un livre, pas un article sur Angela Davis qui ne mentionne, fût-ce en passant, qu'elle avait choisi le français pour matière principale et suivi des cours à la Sorbonne. Mais ces éléments biographiques restent toujours au second plan, comme repoussés par les drames à venir.

Avant même de devenir un personnage public, Davis avait laissé derrière elle le champ de la littérature française. Ses professeurs, à commencer par Marcuse, lui prédisaient un brillant avenir dans le domaine philosophique[17]. Sans se détourner de la pensée française, elle laissa son rapport à la France s'enrichir de passions et d'intérêts nouveaux. Nul ne pouvait se douter, en 1965, que la jeune femme serait un jour personnellement associée, au terme d'une rude expérience, à une cause politique internationale dans laquelle la France aurait un rôle essentiel à jouer.

Les choses auraient pu tourner autrement, et l'on imagine sans peine Angela Davis menant une vie intellectuelle discrète vouée à la philosophie politique. En 1965, elle s'embarqua pour l'Allemagne, où elle comptait suivre le séminaire de Theodor Adorno, le plus difficile et le plus célébré des membres de l'école de Francfort encore en vie. Elle avait alors rompu ses fiançailles avec Manfred Clemenz, mais son goût pour la philosophie allemande ne se démentait pas. À Francfort, elle s'installa dans un foyer communautaire sur-

nommé « l'Usine » où vivaient des étudiants gauchistes, sociologues pour la plupart. À mesure qu'elle se rapprochait de la
communauté révolutionnaire allemande, on l'invitait à décrire
les divers mouvements de libération des Noirs qui se créaient
alors aux États-Unis. Elle découvrit les photographies illustrant
la création, à Oakland, du Black Panther Party : des hommes
en béret noir, l'arme au poing, réclamaient le droit de se
défendre contre les violences policières. En suivant depuis son
université allemande l'évolution de la gauche américaine,
notamment parmi les activistes afro-américains, elle ressentit
le même déchirement que naguère, à Biarritz, quand elle avait
appris dans le journal qu'on avait plastiqué l'église baptiste de
Birmingham. Au terme de deux années d'études à Francfort,
elle rentra aux États-Unis pour terminer son doctorat sous la
direction de Marcuse. Celui-ci avait alors quitté Brandeis pour
enseigner à l'université de Californie à San Diego [18]. Pour sa
thèse, elle avait choisi de travailler sur la théorie de la violence
chez Kant. Le philosophe allemand avait notamment défini ce
concept en observant de près la Révolution française et ses
propres réactions à cet événement (la prise de la Bastille aurait
suscité chez lui une telle exaltation que, dit-on, ce grand routi-
nier aurait ce jour-là renoncé à sa promenade quotidienne).

Pour comprendre Kant, et la violence, il n'était pas inutile
de se tourner vers des révolutions plus récentes : la Révolution
russe de 1917 et l'insurrection algérienne de 1954. Dans ces
années d'intense intérêt pour la pensée révolutionnaire, la
plupart des auteurs marquants étaient français : Frantz Fanon,
Albert Memmi et Jean-Paul Sartre pensaient le colonialisme et
le postcolonialisme ; Pierre Vidal-Naquet et Henri Alleg, la torture ; Henri Lefèbvre et Louis Althusser, la théorie marxiste ; et
Daniel Guérin, l'anarchisme. Grâce à sa double formation linguistique, Angela Davis avait accès à des analyses politiques et
culturelles encore inédites en anglais ; sa conception de la politique révolutionnaire devait beaucoup à des philosophes français et allemands — et, en retour, le climat politique ambiant
conditionnait sa lecture de ces auteurs [19].

Comme tant d'autres doctorants de sa génération, elle fut recrutée comme répétitrice au lendemain de ses examens oraux. Swarthmore et Yale lui offraient un poste, mais elle opta pour une charge de cours à l'université de Californie de façon à se laisser le temps de terminer sa thèse[20]. Enfin, elle allait pouvoir combiner son travail universitaire avec une action politique au sein de sa communauté.

Rares étaient alors les groupes politiques qui, portant leur regard au-delà des frontières américaines, faisaient de la lutte contre le racisme une priorité d'envergure internationale. Les marxistes traditionnels ne s'étaient pas assez intéressés au racisme, et les mouvements associés au Black Power étaient en train de prendre un tour nationaliste. Angela Davis mit des années à trouver une organisation qui lui corresponde sur le plan intellectuel : en 1968, elle adhéra au groupe Che-Lumumba, section de Los Angeles. Affilié au Parti communiste, ce groupe devait son nom à Che Guevara, leader de la révolution cubaine, et à Patrice Lumumba, grande figure de l'indépendance du Congo belge. Les actions et les analyses des membres du groupe privilégiaient l'aspect racial ; s'ils considéraient les Black Panthers avec bienveillance, ils pensaient que le « pouvoir noir » n'était pas concevable sans le socialisme. L'Algérie et Cuba, deux pays postrévolutionnaires, constituaient leur modèle social.

En 1969, Angela Davis fut invitée à Cuba avec d'autres membres du groupe Che-Lumumba. Ils accompagnaient une délégation de communistes américains, dont un groupe en provenance de Porto Rico. Davis eut l'occasion, au cours de ce mois passé à Cuba, de couper de la canne à sucre, de prendre part aux activités quotidiennes d'un village, d'améliorer son espagnol en conversant avec des enfants (douée pour les langues, elle savait qu'un enfant fait un bien meilleur interlocuteur qu'un adulte pour un débutant). Ce voyage fut pour elle un interlude enchanteur : le socialisme semblait avoir prestement réglé les problèmes raciaux qui empoisonnaient Cuba au temps du capitalisme.

Angela Davis ne cessa jamais de lire en français. Pourtant, vers la fin du séjour, un incident inattendu et sans gravité apparente mit à rude épreuve sa maîtrise de cette langue. Les membres de la délégation avaient pris place à bord d'un cargo cubain à destination des Antilles françaises, où ils comptaient prendre l'avion pour Porto Rico ou les États-Unis. Les délégués portoricains rapportaient de Cuba, par caisses entières, des livres en espagnol qu'ils comptaient livrer à leur librairie de San Juan. Les choses se déroulèrent moins facilement que prévu : à la Guadeloupe, les douanes françaises saisirent les livres et les passeports des Portoricains, accusés d'importer de la propagande communiste. Seule de la délégation à parler le français, Angela Davis servit alors d'interprète entre ses camarades et un douanier. Sa manière de raconter la scène, non sans humour, montre qu'elle mesurait aussi sa propension au didactisme :

> J'étais en train de dialoguer avec un fou furieux mais, en dépit des circonstances peu habituelles de ce dialogue, dans un garage à bateaux, sur le terrain de l'impérialisme français, je me sentis appelée à défendre mon parti ; Cuba, les pays socialistes, le monde communiste, le mouvement et la cause de tous les peuples opprimés du globe. « *Oui Monsieur, je suis communiste et je le considère un des plus grands honneurs humains, parce que nous luttons pour la libération totale de la race humaine* » [21].

Cette posture morale intempestive, loin de faciliter les négociations, ne fit qu'exaspérer le douanier français. Les délégués, qui risquaient la confiscation de leurs passeports et une peine de prison, s'adressèrent alors à l'avocate guadeloupéenne Gerty Archimède. Communiste, féministe, députée à l'Assemblée nationale, présidente du barreau de la Guadeloupe, maître Archimède, ainsi que la nomme Davis dans son autobiographie, ne tarda pas en effet à maîtriser la situation. Elle se lança dans des négociations complexes avec les douaniers, la police et les juges. Elle trouva un logement pour les délégués et fit restituer leurs passeports ; comme il avait fallu accepter un compromis et abandonner les livres aux autorités, elle promit de faire son possible pour les récupérer. Angela Davis avait trouvé en Archimède un modèle sans équivalent : femme, communiste, elle n'en inspirait pas moins le respect à ses adversaires idéologiques. « Si je n'avais écouté que mes désirs, je serais restée sur l'île pour tout apprendre de cette femme. » Cette rencontre de hasard devint légendaire en Guadeloupe.

Après avoir triomphé de cet obstacle à la fois irritant et comique, il fallut affronter un problème plus grave. Alors qu'elle se trouvait encore à Cuba, le journal étudiant de l'université de Californie (UCLA) rapporta qu'un membre du département de philosophie était communiste[22]. Le *San Francisco Examiner* reprit l'information une semaine plus tard, en publiant cette fois le nom d'Angela Davis. Peu après, le recteur annonça son intention de la révoquer.

Depuis les événements dramatiques des années 1970, il s'est écoulé trop de temps pour que le grand public se rappelle encore la suite de l'histoire ; à l'époque, pourtant, Angela Davis était un nom qui revenait régulièrement dans les journaux télévisés. Quinze ans après l'apothéose du maccarthysme, elle se retrouvait en butte à un anticommunisme persistant. Elle choisit de faire front avec une force d'âme qui allait devenir sa marque de fabrique. Au lieu d'invoquer le cinquième amendement, comme tant d'intellectuels naguère interrogés par la Commission des activités antiaméricaines, elle préféra revendiquer fièrement son affiliation au Parti communiste, comme tout récemment auprès des douaniers français[23]. Au lieu de faire profil bas, elle porta l'affaire devant les tribunaux dans l'espoir d'obtenir une mise en demeure empêchant le recteur de la révoquer pour raisons politiques.

Elle reçut des centaines de lettres, la plupart haineuses, et tant de menaces de mort ou d'attentats à la bombe qu'elle dut recruter un garde du corps pour se rendre sur le campus. Alors que, surveillée en permanence, elle tentait de composer avec ses nouvelles conditions de travail, elle fut contactée par une jeune Française venue faire ses études à UCLA. Yolande du

Luart était une cousine de la famille qui, à l'été de 1950, avait accueilli Jacqueline Bouvier dans les environs de Saint-Tropez ; une grand-mère américaine l'avait élevée, sous l'Occupation, au château du Luart. Elle parlait l'anglais à la perfection. Que ce fût à cause de sa grand-mère ou de la guerre elle-même, Yolande s'était écartée de la voie prescrite d'ordinaire à une jeune aristocrate élevée par les sœurs de Notre-Dame-de-Sion. Elle avait rencontré l'une des grandes figures du mouvement lettriste, Marc'O, et rédigé avec lui un manifeste pour un cinéma révolutionnaire[24]. À vingt-neuf ans, étudiante en cinéma, elle s'inscrivit aussi au cours de philosophie donné par Angela Davis. C'est elle qui eut l'idée de former une équipe d'étudiants de cinéma pour suivre Angela Davis pendant quelques mois, caméra au poing, et immortaliser ses conférences et ses discours. *Angela Davis. Portrait d'une révolutionnaire*, premier documentaire qui lui fut consacré, donne un aperçu singulier de sa vie entre l'épisode anticommuniste de UCLA et les terribles événements qui allaient suivre[25]. Des scènes de manifestations colossales, ou de sanglantes descentes de police au quartier général des Black Panthers, sont mêlées à des plans fixes d'Angela Davis en pleine réflexion, en train de lire ou d'écrire. Cadrant le bureau où travaille Davis à la fac, la réalisatrice compose une véritable nature morte où figurent un livre d'Albert Camus, *Le Mythe de Sisyphe*, et un paquet de Gauloises.

Au cours de ces mois décisifs de 1969 et 1970, Davis découvrit l'univers des Black Panthers d'Oakland et de Chicago. En butte à l'hostilité générale, l'organisation était surveillée par le FBI, infiltrée de l'intérieur, fragilisée par la désinformation et par l'assassinat de ses chefs[26]. Ses soutiens les plus en vue étaient visés au même titre que les membres du groupe. *Newsweek* publia la rumeur — sans fondement, mais soufflée par le FBI — selon laquelle Jean Seberg, qui était enceinte en 1970, portait l'enfant d'un membre des Black Panthers[27]. Jean Seberg, qui vivait en France depuis qu'elle avait interprété Jeanne d'Arc en 1957 dans le *Sainte Jeanne* de Preminger, faisait partie d'un contingent franco-américain de personnalités favorables à ce mouvement, tout comme Jane Fonda, qui avait épousé le cinéaste français Roger Vadim et résidait à Los Angeles. Le documentaire de Luart montre Jane Fonda en train de manifester aux côtés d'Angela Davis pour les droits des prisonniers. Côté français, Jean Genet s'était fait le défenseur le plus zélé et le plus véhément de la cause ; ayant investi dans la politique révolutionnaire toute son énergie et tous ses désirs, l'écrivain voyait dans les Black Panthers un mouvement de libération à la dimension toute poétique.

Alors que les tribunaux se penchaient sur son cas, Davis campait sur ses positions. Avec le soutien de ses collègues du département de philosophie, elle continuait à enseigner avec brio malgré l'étroite surveillance de ses adversaires. Des hordes d'étudiants assistaient à ses cours, dont les plus fameux, consacrés à la libération, furent donnés dans le cadre d'un cycle intitulé « Thèmes philosophiques récurrents de la littérature noire ». Replaçant l'esclavage dans le contexte d'un débat existentiel sur la liberté, elle citait le penseur qui lui avait ouvert la voie en philosophie : « Selon l'existentialiste français Jean-Paul Sartre, même dans les chaînes, l'homme demeure libre — pour cette raison qu'il lui reste loisible d'en finir avec sa condition d'esclave, au besoin par la mort[28]. » Pour Sartre, poursuivait-elle, la liberté est liberté de choisir sa mort ; mais l'esclave conserve-t-il vraiment un reste de liberté en faisant le choix de mourir ? Ainsi suggérait-elle l'insuffisance de la philosophie existentialiste de ses propres années d'étudiante, non sans mettre à mal la conception sartrienne de l'esclavage. À la fin du cours, les mille cinq cents étudiants réunis à Royce Hall, le bâtiment phare du campus de UCLA, lui firent une ovation[29].

Le combat qu'elle avait mené pour conserver son emploi semblait porter ses fruits : la Cour suprême de Californie rétablit Angela Davis dans ses fonctions, au motif que son renvoi pour cause d'affiliation politique était anticonstitutionnelle. Elle enseignait toujours à UCLA, en 1970, quand les Black Panthers l'invitèrent à se faire l'interprète de Jean Genet. Entré illégalement aux États-Unis par le Canada, l'écrivain faisait la tournée des campus pour attirer l'attention des Blancs sur la lutte des Panthers.

Six cents personnes se présentèrent dans la grande salle des fêtes de l'université, dans l'idée d'entendre Genet parler de littérature. Beaucoup quittèrent la salle quand il se lança dans un éloge des Black Panthers[30]. Cette première rencontre avec Jean Genet constituait pour Angela Davis un moment charnière regroupant tout à la fois son expérience de la France, sa carrière universitaire et son avenir intellectuel et politique. C'est alors que la direction de l'université trouva une faille dans son dossier : Davis n'ayant pas terminé sa thèse, il n'était pas question de renouveler son contrat. Or, elle avait déjà reporté son énergie politique sur une autre institution, que Genet connaissait bien et qu'elle-même considérait comme un héritage de l'esclavagisme : la prison[31].

Vers la prison

En janvier 1969, dans la prison californienne de Soledad, survint un incident qui allait susciter les passions à travers le monde : du haut de sa tour de guet, un gardien tira sur trois détenus. Deux jours plus tard, on retrouva un autre gardien battu à mort. On imputa ces représailles à trois prisonniers comptant parmi les militants noirs les plus remuants de l'établissement : George Jackson, Fleeta Drumgo et John Clutchette. Traduits en justice, ils risquaient tous la peine de mort. Convaincue qu'ils étaient accusés à tort en raison de leurs opinions politiques, Angela Davis s'investit avec le Che Lumumba Club dans la création d'un comité de soutien aux « Frères de Soledad ». La notoriété que lui valaient ses propres ennuis à UCLA permettrait au moins, pensait-elle, de donner à leur cause un fort retentissement.

Le meneur du groupe, George Jackson, apparaît, selon les sources consultées, comme un truand sociopathe profitant de l'occasion pour poser en victime politique, ou comme un penseur radical de premier plan[32]. Ce qui est certain, c'est que Jackson devint un modèle et une source d'inspiration pour des milliers de prisonniers et de révolutionnaires noirs. Il s'était instruit en prison à la lecture de Fanon, de Mao et de Guevara. À ce prisonnier turbulent, la libération conditionnelle était refusée chaque année. Il était à présent inculpé du meurtre d'un gardien, crime bien plus grave que celui pour lequel il purgeait une peine, et la publicité faite à cette inculpation attira sur son cas l'attention du grand public.

George Jackson était détenu depuis ses dix-huit ans pour complicité dans le hold-up d'une station-service (il était le chauffeur de l'opération, dont le maigre butin s'élevait à soixante-dix dollars). Quelques délits mineurs figurant déjà dans son casier judiciaire, il avait été condamné à une peine d'une durée indéfinie, entre un an et la perpétuité. Le principe de la peine indéfinie, qui fut jadis la norme, repose sur une conception classique de la prison comme lieu de réforme, une commission des libérations conditionnelles jugeant au cas par cas, chaque année, de la réussite ou de l'échec de cette politique. Quand le meurtre de Soledad fut examiné par un tribunal, Jackson avait déjà passé une dizaine d'années dans diverses maisons d'arrêt de Californie. C'est en prison qu'il était devenu écrivain.

Fay Stender, l'une des avocates les plus militantes de Berkeley en matière de droits des prisonniers, également diplômée de littérature, s'intéressait de près aux écrits de prisonniers. Sa correspondance avec Jackson l'avait convaincue que l'on pouvait consolider sa défense en publiant ses lettres et en faisant de lui un personnage public. Un éditeur de Random House fut à son tour persuadé qu'il tenait là un document exceptionnel. Les prises de position de Jean Genet en faveur des Panthers étant alors bien connues, Stender eut l'idée de lui demander une préface.

Genet lui-même était derrière les barreaux quand il avait publié ses premiers poèmes. Pénétrés de son talent, des écrivains en vue avaient œuvré à sa libération en faisant circuler

Angela Davis conversant avec Jean Genet lors d'une soirée en l'honneur
des Black Panthers chez Dalton Trumbo (20 mars 1970).

une pétition : c'est l'écriture qui avait fait de lui un homme
libre. Son sens exacerbé des rapports de pouvoir et son goût du
scandale lui conféraient une aura particulière dans le monde
des lettres françaises. Dans les années 1960, il s'était imposé
comme dramaturge d'envergure internationale. Une troupe
de comédiens noirs avait présenté *Les Nègres* en 1958 à New
York, où Angela Davis se trouvait alors en dernière année de
lycée. Le spectacle avait fait sensation avec ses acteurs noirs
portant des masques blancs — peau noire, masques blancs. En
1964, avec sa superbe habituelle, Genet décréta qu'il en avait
fini avec l'écriture ; il travaillait alors à une pièce de théâtre,
dont il jeta le manuscrit dans les flammes. Il publia par la suite
quelques textes de circonstance, sans jamais revenir à la littérature. Son énergie était désormais consacrée à la politique.

C'est en 1968 que Genet se rendit pour la première fois aux États-Unis, où le magazine *Esquire* l'avait chargé d'assister au congrès du Parti démocrate. En 1970, deux représentants des Black Panthers se rendirent à Paris pour plaider leur cause et le prièrent de signer une pétition. Au lieu de sa signature, il leur offrit de repartir pour les États-Unis organiser une tournée de soutien. Curieuse coalition, qui associait des militants noirs américains à un écrivain français incapable de communiquer sans interprète. C'est au cours de cette tournée, à l'occasion de son passage par la Californie, que Genet entendit parler des Frères de Soledad par le réseau étendu des Panthers : Angela Davis, son interprète à UCLA ; Fay Stender, l'avocate de George Jackson ; et Dalton Trumbo, le scénariste communiste naguère inscrit sur la liste noire de Hollywood, qui donna une fête en l'honneur de leur hôte français. Une photographie montrant Genet et Davis chez Trumbo marque le début d'une grande amitié.

Juste après son retour de Californie, Genet reçut la lettre de Stender l'invitant à préfacer *Les Frères de Soledad* ; le document est conservé dans un dossier chez Gallimard, l'éditeur de Genet ayant accepté de publier le livre de George Jackson. Rédigée en français dans une écriture soignée, la lettre est empreinte d'idéalisme :

> Je pense que la communauté qui existe entre Jackson, isolé depuis dix ans mais communiquant maintenant ses pensées et ses sentiments avec le monde extérieur, et vous, venu d'une autre culture avec une autre langue, et pourtant venu du monde des prisons, [...] nous donne l'inspiration nécessaire pour créer des moments d'humanité transcendant les actes de la lutte. Huey Newton a lu vos livres, mais pas Jackson ? J'envoie *The Blacks* [*Les Nègres*] aux trois accusés, pour que la communication se branche. J'espère qu'un jour nous pourrons tous nous rencontrer dans la liberté que nous aurons créée[33].

Par cette invitation d'une avocate gauchiste d'Oakland à un célèbre écrivain parisien, la littérature franchissait une nouvelle frontière et touchait une autre communauté de lecteurs. Ainsi la littérature française faisait-elle son entrée à Soledad, tout comme Soledad faisait son entrée dans la littérature française.

Ellen Wright, veuve de Richard Wright et agent littéraire à Paris, se chargea de négocier les droits de traduction. *Soledad Brother. The Prison Letters of George Jackson* parut aux États-Unis en 1970 et en France l'année suivante, alors que le procès d'Angela Davis avait commencé. La préface de Genet figure dans les deux éditions. À la veille de la sortie du livre en France, *Le Monde* en publia un long extrait en pleine page, avec une note faisant le lien entre George Jackson et Angela Davis[34]. Les éditeurs de Genet étaient ravis de constater le retour fracassant d'un auteur qui, en 1964, avait fait vœu de silence en brûlant ses manuscrits.

La préface présente George Jackson à ses lecteurs sous un double aspect : le grand révolutionnaire et l'auteur qui renouvelle un genre littéraire. Selon Jean Genet, *Les Frères de Soledad* est une autobiographie épistolaire, une prise de conscience politique à travers les lettres, la synthèse parfaite de ses propres affinités politiques et littéraires. On sent à chaque phrase avec quelle intensité le préfacier s'identifie à son sujet, ce truand pour lequel l'écriture représentait la liberté :

> Et, de la première lettre à la dernière, rien n'a été voulu, écrit ni composé afin de construire un livre ; cependant ce livre est là, dur, certain, et je le répète, à la fois arme de combat pour une libération et poème d'amour. En cela je ne vois aucun miracle, sauf celui de la vérité même, qui s'expose toute nue[35].

Angela Davis avait soutenu George Jackson depuis la fondation du Comité de défense des Frères de Soledad, en 1970. Leur correspondance remonte au printemps de la même année. Son travail au Comité de défense lui permit de se rapprocher de la famille Jackson, notamment du jeune Jonathan, qui vouait à son grand frère un véritable culte. Élève au lycée Blair de Pasadena, il vivait dans l'attente des lettres de George. « Je travaille les mots », écrit un George Jackson devenu familier des théories de Che Guevara, de Mao et de Frantz Fanon. Dans une autre lettre, il écrit qu'il aimerait exposer son père à la « catharsis révolutionnaire » de Fanon, afin de « servir le peuple et l'histoire[36] ». Et de conseiller à Jonathan : « J'espère que tu t'es mis au travail à l'école, […] je sais qu'ils ne t'orientent vraiment vers aucune spécialité. Ils n'ont pas essayé de savoir ce qui te convient et de te diriger en conséquence. Aussi tu dois te débrouiller tout seul. Choisis dès maintenant ce en quoi tu aimerais te spécialiser, une chose, et *une seule*, vers laquelle tu t'achemineras, tu piges ? *Décide maintenant*[37]. » C'est ainsi que Jonathan se lança lui aussi dans l'écriture, en devenant chroniqueur politique pour une gazette clandestine baptisée *Iskra* (« étincelle » en russe) en hommage au journal fondé par Lénine[38]. Dans le documentaire de Yolande du Luart, on voit Jonathan Jackson aux côtés d'Angela Davis pendant une manifestation de soutien aux Frères de Soledad. Il se dégage une immense tristesse de ce paisible jeune homme en tee-shirt noir ; il ne s'éloigne jamais d'Angela et, quand celle-ci s'empare d'un micro pour plaider la cause de son frère, il semble boire ses paroles.

C'est dans *Les Frères de Soledad* que les lecteurs français découvrirent Angela Davis, destinataire de plusieurs lettres de George Jackson et dédicataire, parmi d'autres, de l'ouvrage dans son ensemble : « À Angela Y. Davis, ma tendre expérience. »

Dans l'un des passages les plus tendres de toute sa correspondance, l'auteur fait d'Yvonne un alter ego d'Angela : « Si tu rencontres Yvonne, dis-lui que je l'aime aussi et tout autant. […] Fais-lui comprendre que je voudrais la tenir (malgré mes chaînes et tout) et glisser ma langue dans le petit espace entre ses dents de devant (ce qui l'obligerait à sourire). » La lettre date de mai 1970. Angela Davis était encore libre, George Jackson attendait encore son procès pour le meurtre du gardien de prison, et son petit frère Jonathan, qu'il nommait l'« homme-enfant », était encore en vie.

La fusillade

La tragédie arriva par vagues successives. Le 7 août 1970, dans un tribunal du comté de Marin, le jeune Jonathan Jackson fit irruption, l'arme au poing. Un certain James McClain, détenu à San Quentin, était alors auditionné par un juge blanc. Jonathan lança trois fusils au prévenu et à d'autres prisonniers appelés comme témoins. Il prit cinq personnes en otages, dont le juge et le procureur chargé de l'affaire. Il passa un rouleau d'adhésif à McClain, qui attacha au cou du juge un fusil à canon scié. Ayant entassé les otages dans une camionnette, Jackson démarra sous une pluie de balles. Quelques minutes plus tard, quatre des passagers avaient perdu la vie : le juge, deux prisonniers et Jonathan Jackson lui-même. Sur les armes utilisées ce jour-là, quatre, dont le fusil à canon scié, avaient été achetées au fil des ans, à partir de 1968, par Angela Davis. Toutes étaient dûment enregistrées à son nom[39]. Avait-elle fourni les armes à Jonathan Jackson en connaissance de cause (mais alors à quelle fin ?) ou le jeune homme les lui avait-il dérobées ? Quel avait été le rôle exact de chacune de ces armes dans le meurtre des quatre hommes de la camionnette ? Telles furent les questions centrales des mois qui suivirent. Angela Davis avait rencontré Jonathan avant la fusillade, le Comité de soutien à George Jackson ayant fait d'eux des compagnons de combat. Elle avait acheté son dernier pistolet peu avant la fusillade et la police était remontée jusqu'à elle par ce biais. Soupçonnée d'avoir échafaudé le coup de force au tribunal, Angela Davis fut inculpée de complicité d'enlèvement et de meurtre.

Elle fit l'objet d'un mandat d'arrêt dès le 9 août. C'est ainsi qu'elle entra dans la clandestinité, le FBI ayant ordonné que son portrait soit affiché dans tous les bureaux de poste du pays. Elle était la troisième femme à figurer sur la liste des personnes les plus recherchées, la *most wanted list*. Tout au long du mois d'août, la radio diffusa une description de la fugitive : « 1,77 mètre, 65 kilos, mince, peau café au lait, potentiellement armée et dangereuse [40]. »

Son année en France devait compter parmi les premiers éléments jugés significatifs par les autorités. Le FBI prit contact avec le ministère de l'Intérieur, qui diffusa une fiche d'opposition à l'entrée en France : « Angela Davis, communiste noire américaine membre des Panthères Noires, qui selon la presse américaine pourrait se réfugier en France [41]. » Cependant la police menait sa propre enquête préliminaire. Les seuls documents relatifs à Angela Davis qu'elle put dénicher en France se trouvaient dans les dossiers du programme de Hamilton College. Ceux-ci comportaient notamment la lettre de Frank Davis autorisant sa fille à effectuer un séjour d'études de troisième année ; la lettre officielle annonçant qu'elle était acceptée ; et une demande de carte de séjour, véritable cauchemar pour les étudiants de passage et pour les antennes parisiennes d'universités étrangères. En somme, rien à signaler.

Six années s'étaient écoulées depuis ce séjour en France, et Angela avait perdu le contact avec ses anciens condisciples de Hamilton. Tous furent interrogés par les agents du FBI : Howard Bloch et ses parents à Scarsdale, Vivian Goldberg, Patsy Martin, Jane Chaplin et Christie Stagg — logées comme elle chez les Lamotte —, John Simon, mais aussi les trente-neuf autres étudiants dont le nom figurait sur une liste administrative du groupe de 1963-1964. Il est à la fois touchant et drôle d'imaginer Jane, si perspicace, si méfiante vis-à-vis de l'autorité et soucieuse de protéger son ancienne camarade, en train de conseiller aux agents du FBI, avec une assurance feinte, de poursuivre leur enquête en Algérie. Car enfin, où d'autre aurait-elle pu aller [42] ?

Parmi ses condisciples du programme de Hamilton se trouvait un étudiant blanc qui, s'il avait à peine connu Angela Davis, partageait avec elle de nombreux points communs. Son histoire en dit long sur l'état d'esprit qui animait bien des étudiants venus étudier en France dans les années 1960. John Simon se trouvait à New York quand le FBI se présenta à son domicile. À l'instar d'Angela Davis, il avait consacré ses années de jeune adulte à lutter pour la justice sociale. À Paris, il avait pris des cours de musique et de pantomime ; également inscrit au cours de littérature contemporaine, réputé si difficile, il avait été frappé par l'absence de toute discussion en classe — de quoi surprendre, en effet, un étudiant américain habitué à dialoguer avec l'enseignant. Il avait pris part à des manifestations contre de Gaulle ou contre l'armement nucléaire. Arrêté en même temps que des dizaines d'autres manifestants, il avait été conduit dans la caserne de CRS du parc Monceau, puis dans un gymnase où des policiers étaient en train de tabasser des Africains — ils leur cassaient les bras et les jambes, se rappelle Simon, pendant que des collègues observaient la scène du haut d'un balcon, la mitraillette braquée vers la salle.

Il s'était montré si peu sociable pendant son séjour parisien, si désireux d'échapper à l'univers estudiantin américain, qu'il lui semble aujourd'hui que cette indépendance dut passer pour du snobisme. Avec ses deux meilleurs amis américains, Robert et David, il ne parlait qu'en français. À la différence de Christie, de Jane et d'Angela, ces jeunes gens seraient bientôt confrontés au service militaire et à la guerre du Vietnam ; le statut d'étudiant leur offrait un sursis temporaire.

Simon était un électron libre. Il commença par « baratiner pour se faire admettre à Cambridge » afin de poursuivre ses études littéraires et obtenir un master. En 1967, il s'inscrivit en doctorat à l'université de York, où il comptait travailler sur Beckett ; c'est ainsi qu'il se retrouva à partager son temps entre l'Angleterre, Dublin, Rome et Paris. En 1968, il prit part aux événements de Mai dans la capitale française et fit des recherches sur Beckett aux Éditions de Minuit. En 1969, l'année même où Angela fut admise dans le groupe Che-Lumumba de Los Angeles, John Simon se lia à un groupe de trotskystes britanniques avec lesquels il organisa une campagne parlementaire recourant au théâtre de rue. Au lieu de terminer sa thèse, il consacra toute son énergie intellectuelle à l'organisation, à York, d'un cycle de conférences publiques intitulé « Voix noires dans une Amérique blanche », thème couvrant deux siècles d'histoire depuis les récits d'esclaves jusqu'à Malcolm X. John Simon avait lui aussi éprouvé un intérêt esthétique pour Robbe-Grillet et Claude Simon, puis, par le biais d'auteurs comme Frantz Fanon, il s'était laissé happer par la théorie politique.

En 1970, alors qu'Angela Davis bataillait avec la direction de l'université de Californie, John Simon était rentré à New York. Les textes de George Jackson et d'Eldridge Cleaver l'en avaient convaincu : il fallait tout faire pour épargner la prison aux jeunes marginaux. Tout à cet objectif, il travailla d'abord avec une organisation dirigée par des Noirs, l'Alliance communautaire du West Side ; puis il fonda son propre groupe, le Dome, qui aujourd'hui encore prend en charge les étudiants les plus défavorisés du système scolaire new-yorkais.

Convoqué par le FBI, il crut d'abord que des ennuis l'attendaient. « Quels sont vos liens avec Angela Davis ? » lui demanda l'agent. À quoi il répondit : « Je ne la connais pas. » Quand on lui apprit que Davis se trouvait à Paris en même temps que lui, dans le cadre du programme linguistique de Hamilton, John Simon n'en crut pas ses oreilles : cette jeune fille sagement vêtue qui assistait avec lui au cours de littérature contemporaine, c'était donc la fameuse Angela Davis, cette fugitive dont le visage iconique s'étalait sur des milliers d'affiches, et dont il soutenait la cause avec tant de zèle[43] ! Mais il ne se rappelait pas grand-chose : « Elle était timide, et moi, un peu excentrique. » Cette année-là, il était tous les jours en costume-cravate.

Une cour de prison

En Europe, John Simon et Angela Davis avaient tous deux étudié la philosophie de la révolution. Ils ne s'étaient jamais revus depuis leur séjour à Paris, mais chacun d'eux avait renforcé son propre engagement en faveur de l'action politique. Pour John Simon comme pour tant d'autres, George Jackson et Angela Davis en étaient venus à incarner ce type d'engagement. Mois après mois, la presse internationale se faisait l'écho de leur combat, parfois même à la une. Leurs démêlés avec la justice étaient rythmés par des drames : l'arrestation d'Angela Davis par le FBI, le 13 octobre 1970 à New York ; son incarcération dans un centre de détention de Manhattan ; son extradition en Californie et son emprisonnement dans le comté de Marin, puis, à la suite d'un changement de juridiction, à la prison de San José, dans le comté de Santa Clara. Son procès commença le 28 mars 1971 à San José.

Cependant George Jackson avait été transféré de Soledad à San Quentin, où, en compagnie de Fleeta Drumgo et de John Clutchette, il attendait de comparaître pour le meurtre du gardien de Soledad. Peu avant l'ouverture du procès, en août 1971, Jackson fut abattu par balle dans la prison de San Quentin. Était-ce là une folle tentative d'évasion, un guet-apens, un mélange des deux ? Des témoins affirment qu'il n'avait pas d'arme, d'autres qu'il portait un pistolet automatique 9 mm. Dans ce dernier cas, on ignore qui lui aurait remis cette arme en prison : un ami qui espérait le voir libre, ou un ennemi qui espérait le voir mort ? Dans un article de *L'Express*, Claudine La Haye livre la version officielle de l'histoire : « George Jackson, affirment les gardiens, a tenté de s'évader. Il a brandi une arme, menacé des geôliers. Des coups de feu ont éclaté[44]. » Pour les millions de lecteurs des *Frères de Soledad*, en revanche, sa mort relevait de l'assassinat politique.

Ses deux compagnons de prison, Clutchette et Drumgo, furent acquittés du meurtre du gardien ; Jackson, lui, n'avait pas eu l'occasion de s'exprimer devant le tribunal. Bob Dylan lui dédia une ballade en janvier 1972 : « On dirait que le monde est une cour de prison, les détenus d'un côté, de l'autre les matons. Mon Dieu, mon Dieu, ils ont abattu George Jackson. »

À partir de l'été de 1970 et pendant toute une année, Angela Davis et George Jackson avaient échangé des lettres passionnées. Ils y avaient discuté du féminisme et du rôle des femmes noires, ils avaient flirté, ils étaient tombés amoureux. Sur toute cette période, ils ne s'étaient rencontrés qu'une seule fois, en présence de leurs avocats — un mois avant que Jonathan Jackson ne s'empare d'une arme à feu, ce qui provoquerait l'inculpation et la cavale d'Angela Davis, puis sa condamnation à dix-huit mois de prison. En ce triste mois d'août 1971, ce qui restait à Angela Davis de son amour pour George Jackson survivait dans ses lettres ; mêmes celles-ci, pourtant, furent saisies par la cour.

La France se mobilise

L'intelligentsia française fut bouleversée par la tragédie américaine d'Angela Davis. La guerre d'Algérie avait sensibilisé l'opinion aux crimes commis par la France — torture de Djamila Bouhired et de Djamila Boupacha par l'armée française, disparition du mathématicien Maurice Audin. La révolte des étudiants et des ouvriers en Mai 68 leur avait donné l'expérience et le goût de l'action politique, et l'affaire Davis-Jackson venait raviver cette inclination. C'est ainsi qu'une Noire américaine s'opposant à l'État de Californie pour recouvrer sa liberté devint le point de ralliement de la gauche française. Belle, charismatique, cette philosophe vivait dans un monde de livres et d'idées et connaissait bien la France : autant d'arguments en sa faveur.

En mars 1971, à la veille de son procès, le Parti communiste français monta un « comité de soutien à une jeune universitaire noire communiste ». Sur la liste des premiers signataires, publiée par *L'Humanité*, figurent Max-Pol Fouchet, dont Jacqueline Bouvier avait suivi les cours de littérature ; Louis Aragon, doyen des poètes communistes ; Picasso ; Marie-Claude Vaillant-Couturier, rescapée d'Auschwitz-Birkenau et de Ravensbrück, symbole de la Résistance communiste ; et de nombreux professeurs, écrivains, cinéastes, membres ou non du Parti communiste[45].

Celui-ci avait pris en charge la défense de Davis, ce qui montre à quel point la situation politique était différente de celle qui prévalait aux États-Unis. Il existait en France, depuis longtemps, un anticommunisme virulent ; mais les années 1950 n'y avaient pas connu de sénateur McCarthy, ni de commission sur des « activités antifrançaises ». Depuis l'immédiat après-guerre, on avait même vu des communistes entrer au gouvernement. Aux dernières élections, en 1968, ils avaient obtenu quatre millions et demi de voix, soit 20 pour cent des suffrages exprimés au premier tour, et remporté trente-quatre sièges à l'Assemblée nationale. En 1973, leur électorat s'étoffa davantage encore. Avant l'élection de Mitterrand, le Parti communiste bénéficiait de l'essentiel des voix de gauche et d'une influence politique supérieure à celle des socialistes. Malgré le scandale du pacte de 1939 entre Hitler et Staline, les communistes français étaient fiers d'avoir contribué à la Résistance, fiers de leurs camarades tombés au combat — selon la propagande du Parti, pour le moins exagérée, soixante-quinze mille d'entre eux étaient morts sous l'Occupation[46]. On était aux antipodes du Parti communiste américain qui, en ce début des années 1970, ressemblait plutôt à un club confidentiel. En sa qualité de membre, Angela Davis appartenait à une infime minorité politique, désavouée par la majorité et privée de toute représentation à Washington. En France, au contraire, elle fut aussitôt saluée comme une camarade par des millions d'électeurs de gauche.

Jean Genet s'activait de son côté ; entre juillet 1970 et décembre 1971, il publia une dizaine de tribunes en faveur de George Jackson et presque autant en faveur d'Angela Davis[47]. Pour défendre sa cause, Genet s'associa à un groupe d'intellectuels français, le Gip ou Groupe d'information sur les prisons.

Michel Foucault en était l'un des fondateurs. Personnage clé de la révolution poststructuraliste, Foucault travaillait aux confins de la sociologie, de l'histoire et de la philosophie. Il avait remis en question l'humanisme existentiel de Sartre et son concept de responsabilité individuelle, en lui opposant l'idée que le savoir est construit par les institutions en amont de toute expérience vécue. Dans *Surveiller et punir*, texte fondateur consacré à la prison à l'âge moderne, il soutient que l'emprisonnement n'est pas seulement une condition physique : c'est aussi une stratégie technologique, un mode de contrôle qui s'étend à tous les secteurs de la société. La structure panoptique, ce mode de surveillance qui métaphorise notamment le rapport du prisonnier à la tour centrale de surveillance, trouvait une illustration dans les tragédies qui avaient opposé prisonniers et gardiens à Soledad. L'essai traite avant tout du XIXe siècle, mais Foucault n'avait cessé de penser à George Jackson et à Angela Davis depuis sa rencontre avec Genet, à l'été de 1970 — Genet rentrait alors de sa tournée de soutien aux Black Panthers aux États-Unis. C'est Katharina von Bülow qui présenta les deux intellectuels cet été-là ; responsable des droits pour l'étranger aux Éditions Gallimard, elle supervisait l'édition française des *Frères de Soledad. Lettres de prison de George Jackson*. Elle se rendit deux fois en Californie, la première pour aller voir Angela Davis et George Jackson dans leur cellule, en juin 1971, la seconde pour assister à la cérémonie funèbre de George Jackson, organisée et orchestrée à Oakland par les Black Panthers. La prison de San Quentin lui apparut d'autant plus infernale qu'elle donnait sur la baie de San Francisco — à portée de main, la liberté semblait encore plus inaccessible. George

Jackson lui montra ses poings calleux : il les cognait chaque jour contre un mur pour les durcir en vue des bagarres avec les autres détenus[48].

Le Groupe d'information sur les prisons eut une autre incidence, d'ordre plus théorique, sur la passion de Genet pour les Panthers. Ceux-ci avaient déjà publié, sous le titre *Intolérable*, deux brochures où des lettres de prisonniers voisinaient avec des analyses consacrées au suicide et aux conditions de vie dans certaines prisons françaises. La mort de Jackson ayant fait souffler un vent de révolte à travers les prisons du monde entier, le Gip publia en son honneur un troisième et dernier opus intitulé « L'Assassinat de George Jackson ». Genet en rédigea la préface, le mot de la fin revenant à Foucault : « La lutte dans les prisons est devenu un front nouveau de la révolution[49]. » On croirait entendre Jackson lui-même — du reste, un philosophe américain est allé jusqu'à suggérer que c'est aux écrits de Jackson que Foucault doit l'essentiel de ses théories carcérales[50].

Le procès

Un mois après l'arrestation d'Angela Davis par le FBI, James Baldwin lui adressa de France une « Lettre ouverte à ma sœur, Angela Y. Davis[51] ». Au cours d'un entretien à la radio américaine au sujet de cette lettre, on commença par lui demander comment les Français réagissaient à l'affaire Angela Davis. Vingt ans après le plan Marshall, dit-il avec sa célèbre voix d'ancien prédicateur, « le rêve a pris fin ». Son explication : le gouvernement américain en place semblait vouloir détruire la planète. Dans une Europe qui avait subi tant de pertes humaines durant la Seconde Guerre mondiale, où les gens avaient vécu des choses à peine imaginables pour la plupart des Américains, personne n'ajoutait vraiment foi aux affirmations du gouvernement américain : « Quant à penser que cette jeune fille puisse être coupable… ma foi, personne n'y croit une seconde. »

L'argument de Baldwin était le suivant : Angela Davis était jugée pour complicité dans un meurtre commis par Jonathan Jackson, alors qu'en réalité les coups de feu ayant tué le jeune homme avaient été tirés par des agents de la force publique. De fait, depuis la diffusion des premières nouvelles de la fusillade jusqu'au procès de Davis, personne ne put résoudre de manière satisfaisante cette question centrale : qui avait pressé la détente du fusil attaché à la nuque du juge Haley ? Jonathan Jackson était certes à l'origine de l'événement, il avait pris des otages et distribué des armes, mais il était possible qu'il n'ait jamais tiré un seul coup de feu. Attacher une arme au cou d'un juge ou lui tirer une balle dans la tête : pour certains, il n'y avait pratiquement aucune différence entre ces deux actes. Pour d'autres, la responsabilité des quatre morts revenait en partie au procureur — pris en otage dans la camionnette — et aux gardiens du parking qui avaient ouvert le feu. Baldwin scandalisé allait jusqu'au bout de son raisonnement : « Ce sont eux qui ont pressé la détente, eux qui ont commis le meurtre, eux qu'il faudrait juger[52]. »

Une bonne défense s'attache à présenter l'histoire de telle manière que le procès ne soit plus celui de l'accusé. Les avocats de la défense devaient donc reprendre l'argument de Baldwin et le pousser plus loin : il fallait montrer que ce procès, qui prétendait juger de la complicité d'Angela Davis dans le crime de Jonathan Jackson, était en réalité une conspiration de l'État pour détruire une femme noire doublée d'une militante communiste[53].

Angela Davis était inculpée de meurtre, de conspiration et d'enlèvement. Les armes utilisées par Jonathan Jackson au cours de la fusillade dans le tribunal lui appartenaient, et des témoins l'avaient vue en compagnie de Jackson début août : tels étaient les principaux éléments à charge. Il s'agissait de savoir si Jonathan Jackson lui avait dérobé les armes ou les avait reçues de sa main. L'accusation ne pouvait guère s'appuyer que sur des preuves circonstancielles et sur des conjectures.

Cette affaire, qui nous semble aujourd'hui si pauvre en preuves, était perçue de façon très différente dans le contexte des années 1970. Le président Nixon avait déjà évoqué la culpabilité de Davis au moment de signer un nouveau décret relatif au contrôle du crime organisé, en félicitant le FBI pour l'arrestation d'une femme qui s'était « livrée à des actes terroristes[54] ». Meurtre de quatre étudiants de l'université Kent State par la garde nationale, assassinat d'un membre des Black Panthers nommé Fred Hampton, création du collectif Weather Underground, issu de la gauche radicale, procès de Bobby Seale et d'Ericka Huggins à New Haven : autant de signes que, sur le plan idéologique, le pays se trouvait en état d'urgence. Susan Sontag s'était jointe au mouvement des mai 1968 en signant avec d'autres intellectuels, dont James Baldwin et Norman Mailer, une lettre ouverte à la *New York Review of Books* dénonçant le meurtre d'un Black Panther de dix-huit ans, Bobby Hutton, et les violences infligées à Eldridge Cleaver par la police au cours d'une échauffourée[55]. Les signataires de cette lettre voyaient là une tentative d'éliminer des leaders noirs ; la fusillade d'Oakland était à leurs yeux « un nouvel acte raciste visant des personnes qui militent pour le droit des Noirs à choisir leurs conditions de vie ».

Bettina Aptheker, qui avait mis son domicile à la disposition des soutiens d'Angela Davis, exprime le problème en quelques mots quand elle évoque l'atmosphère de 1970 : « S'agissant de groupes comme les Panthers, le droit constitutionnel restait lettre morte[56]. » La peine de mort étant toujours appliquée en Californie à l'époque des préparatifs du procès, Angela Davis risquait de partager le sort de Bobby Hutton.

Dans l'histoire du droit pénal américain, le procès *the People of the State of California versus Angela Davis* est régulièrement cité pour trois raisons. En premier lieu, il est à l'origine d'une refonte du processus de sélection des jurés : les candidats racistes pourraient désormais se voir récusés ; ensuite, la straté-gie de la défense s'avéra brillante, grâce au travail commun de l'accusée elle-même et d'une équipe d'avocats noirs, Doris Walker, Leo Branton et Howard Moore ; enfin, la défense démontra la fragilité des témoignages oculaires en révélant les stéréotypes racistes utilisés par les Blancs pour identifier des Noirs. Reste un point subtil, quoique rarement abordé : le pro-cès mit en lumière l'instruction de l'accusée, y compris son amour de la littérature française, au point de se muer parfois en débat linguistique.

Le procès ne fut pas télévisé. Plus de quatre cent cinquante journaux du monde entier avaient demandé à suivre l'audience ; n'ayant pu accéder au tribunal, plus de deux cents journalistes se massèrent dans un sous-sol d'où l'on pouvait suivre les débats sur un moniteur vidéo. Les quinze premiers jours furent consacrés à la sélection des jurés ; dans le public se trouvait Jules Borker, avocat conseil du Parti communiste fran-çais et délégué du Comité français de soutien à Angela Davis, pour lequel il jouait le rôle d'observateur à San José. Vieux routard des batailles judiciaires difficiles, Borker avait passé trois ans à défendre les militants du FLN en Algérie. Quand le jeune communiste Maurice Audin avait été « escamoté » par l'armée française, en 1957, c'est encore lui qui avait représenté la famille du jeune homme. Cet avocat réputé, dont la proxi-mité avec le PCF était connue, se vit accorder un visa par le consulat des États-Unis à condition qu'il ne parle pas à la presse[57]. C'est ce qu'il s'empressa de répéter au premier jour-naliste américain venu lui demander ce qu'il pensait du choix des jurés. Celui-ci l'emmena alors dans le sous-sol du bâtiment pour le présenter aux journalistes accrédités ; bondissant sur une chaise, il expliqua la situation à ses confrères avant de lancer à Borker : « À partir de maintenant, vous êtes sous la protection de la presse américaine ! » Et l'assemblée d'applau-dir le communiste français[58].

Il y avait là un autre Européen, qui conserve de cette audience un souvenir précis. Simon Pleasance, qui avait travaillé avec Fay Stender à un projet de loi pénitentiaire, jouissait d'une carte de presse du *Times* londonien. Il prenait place chaque jour au tribunal, admirant les membres du groupe Che-Lumumba qui occupaient les premiers rangs. Les mesures de sécurité étaient si draconiennes et la tension si perceptible que le tribunal avait des airs de prison, au point de symboliser tous les dysfonctionnements de la société américaine. En guise de protestation discrète et ludique, Pleasance et un journaliste du journal américain de référence plantèrent des graines de cannabis dans un petit carré de terre situé dans le hall du tribunal de San José[59].

Un procès voit toujours s'opposer deux récits concurrents. Si la défense doit présenter l'histoire sous un nouvel angle, et faire porter les soupçons sur d'autres que le prévenu, l'accusation doit veiller à ce que sa version coïncide avec les charges. Le moindre détail compte.

Pour l'accusation, il n'était pas indifférent que Jonathan Jackson ait surgi dans le tribunal de Marin une sacoche à la main. Chaque objet contenu dans ce sac avait son importance : ruban adhésif, porte-monnaie, armes enregistrées au nom d'Angela Davis, six livres de poche — certains portant le nom de Davis, d'autres ses empreintes digitales. Trois de ces livres étaient français : *L'Anarchisme* de Daniel Guérin (1965) ; *Pour l'Algérie* de Claude Estier, consacré à la vie dans l'Algérie post-révolutionnaire (Éditions Maspéro, 1964) ; et un exemplaire de *L'Homme et la Société*, une revue de sociologie marxiste[60].

Le titre de chaque ouvrage fut consigné par le shérif qui les avait découverts. Il épela les mots français à l'intention de la cour, non sans exagérer leur caractère étranger — comme naguère John Kennedy déclarant que les parlementaires américains jugeaient « trop français » les menus établis par Jacqueline à la Maison-Blanche.

Le contenu des livres ne fut jamais analysé, l'accusation estimant sans doute que Jonathan Jackson était incapable de les lire[61]. En quoi ils se trompaient peut-être : il y avait de fortes chances pour qu'un lycéen de Blair High, à Pasadena, ait choisi d'étudier le français[62]. Excellent élève, inscrit aux cours de perfectionnement, il avait été le rédacteur en chef d'un journal clandestin. Mais l'accusation choisit un tout autre angle : si la sacoche contenait des livres appartenant à Angela Davis, c'est bien que la mission destructrice était accomplie au nom de cette femme et avec son approbation. Plus d'un commentateur a avancé une théorie qui reste invérifiable : si les livres français d'Angela Davis ne s'étaient pas trouvés là, ne pouvait-on imaginer qu'on soit allé les chercher dans son appartement avant de les glisser dans la sacoche ? Pour les tenants de cette théorie, tous les coups étaient permis dans la guerre contre les Black Panthers.

Angela Davis retrouvait régulièrement ses avocats et apportait un éclairage philosophique à leur stratégie de défense, d'abord de sa cellule, puis à l'extérieur quand elle fut libérée sous caution, lors de réunions chez Bettina Aptheker à San José. En février 1972, un an après son ouverture, le procès changea de nature. Tout d'abord, l'État de Californie décréta que la peine capitale était anticonstitutionnelle. Angela Davis ne risquait donc plus la mort[63]. Sa mise en liberté sous caution, accordée peu après, fut un moment charnière pour la défense : Angela Davis pourrait se présenter libre devant les jurés. Déjà, en tant qu'accusée, elle ne pouvait être appelée à la barre des témoins dans le rôle de suspecte, ni être soumise à un contre-interrogatoire. Tels étaient ses droits. En tant que partie prenante de sa propre défense, elle avait la haute main sur la stratégie à suivre. C'est donc elle qui se chargea des remarques préliminaires et expliqua aux jurés, forte de son expérience d'enseignante, les points clés de l'affaire du point de vue de la défense[64]. Pourquoi détenait-elle quatre armes à son domicile ? Elle commença par évoquer son enfance et les attentats de « Dynamite Hill » : « À cause des menaces constantes et des violences bien réelles, mon père était obligé d'avoir des armes à la maison. [...] Il faut bien comprendre que pour tout Noir qui a grandi dans le Sud, surtout à cette époque, les armes étaient un élément normal de la vie quotidienne. » Les lettres d'injures et les menaces de mort reçues après la controverse à UCLA n'avaient fait que confirmer cette nécessité. Dans le groupe Che-Lumumba, elle-même et ses camarades réunissaient des armes, qu'ils rangeaient dans une armoire pourvue d'un râtelier à fusils. D'abord utilisées pour se protéger, les armes étaient devenues un instrument de loisir, et les membres du groupe s'exerçaient régulièrement au tir. « Comme tous nos biens étaient mis en commun, c'est souvent moi qui payais les armes des autres, de même que je réglais souvent pour mes camarades le loyer, les factures médicales et autres dépenses de première nécessité[65]. » Elle se montra toujours mesurée, patiente et sûre de son bon droit.

De son côté, l'accusation tentait d'écorner l'image de l'universitaire altruiste pour la dépeindre en femme à qui l'amour avait fait perdre la raison. Le procureur Albert Harris commença son réquisitoire en ces termes :

> Les paroles mêmes d'Angela Davis montreront que, sous le vernis de la paisible universitaire, se trouve une femme capable de violence par passion. Il sera démontré que sa motivation première n'était pas de libérer des prisonniers politiques, mais de rendre sa liberté à l'homme qu'elle aimait. Cette motivation première est celle-là même qui sous-tend des centaines d'affaires pénales chaque jour aux États-Unis. Ce n'est pas là une motivation abstraite. Elle ne repose pas sur la nécessité, réelle ou imaginaire, d'une réforme du système pénitentiaire. Elle ne repose pas sur quelque désir de justice sociale. Elle repose tout simplement sur la passion qu'elle éprouvait pour George Jackson, et les preuves de cette motivation ne seront pas circonstancielles. Vous n'aurez à faire aucune extrapolation. Tout sera compris dans les paroles mêmes de l'accusée[66].

Cette dernière phrase constituait tout le défi de l'accusation : il ne serait pas seulement question de preuves dans ce procès, mais de la langue comme élément à charge. Pour prouver qu'Angela Davis avait comploté avec Jonathan Jackson en vue de libérer son frère, il faudrait donc utiliser sa correspondance avec George Jackson. Encore la conspiration n'était-elle plausible qu'en admettant que Jonathan Jackson avait pris des personnes en otages ce jour-là, non dans un geste de rébellion désespérée, mais dans l'idée de contraindre les autorités à libérer son frère. Dans les mots du procureur, « ce qu'on reproche à l'accusée dans cette affaire, c'est d'avoir conspiré avec d'autres pour faire libérer George Jackson par la violence[67] ».

L'accusation ne disposait pas de meilleur argument, car il lui serait presque impossible de prouver qu'Angela Davis avait acheté des armes au fil des ans dans le but précis d'aider Jonathan Jackson à réaliser une prise d'otages. Au cours du procès, un membre du Che Lumuba Club confirma qu'il s'était exercé au tir avec l'accusée à Jack Rabbit Pass ; une autre raconta qu'Angela et elle-même avaient découvert qu'il manquait des armes au râtelier, et qu'elles s'étaient rappelé avec horreur que Jonathan Jackson se trouvait seul à la maison quelques jours plus tôt. Depuis, personne n'était allé regarder le râtelier[68].

L'hypothèse d'un vol d'armes apparaissant comme plausible, le fait qu'elles aient appartenu à Angela Davis devenait un élément secondaire de l'accusation. S'ensuivit une âpre bataille juridique quant à la recevabilité de ses lettres à George Jackson[69]. L'accusation souhaitait utiliser comme pièces à conviction trois lettres écrites par Davis en juin 1970, au début de leur correspondance, ainsi qu'un document dactylographié de dix-huit pages, entre journal intime et lettre d'amour, terminé un an après la fusillade du tribunal ; un shérif l'avait récupéré dans la cellule de George Jackson après sa mort. Dans l'un des passages les plus émouvants de ce journal, destiné au seul George Jackson, elle décrit le temps passé à l'attendre au parloir de San Quentin, la prison où il avait été transféré en juillet 1971 en prévision de son procès. On lui avait autorisé une seule visite, toute une journée, en compagnie de ses avocats, et elle avait rédigé cette lettre au lendemain de cette unique rencontre, de cet unique contact physique.

Le lecteur habitué aux prises de position publiques et politiques d'Angela Davis sera sans doute frappé par ce document d'ordre privé, qui laisse deviner une jeune femme vulnérable et passionnée, très éloignée de l'universitaire analysant Robbe-Grillet, du professeur de philosophie politique, de la militante, et néanmoins analyste, philosophe et militante jusque dans sa passion. On découvre une Angela Davis de vingt-six ans, amoureuse d'un homme qu'elle ne peut toucher que par le truchement des mots :

> Une scène, figée dans mon esprit : je suis dans la cabine en verre du parloir, debout, dans l'attente, amoureuse, désirante, puis emplie d'une rage brûlante et froide quand surgit le vacarme des chaînes, car tu descends lentement l'escalier entouré d'une petite armée d'automates décervelés — mais armés. Moi, ta femme, ta camarade censée t'aimer, combattre avec toi, combattre pour toi, je suis censée briser tes chaînes. Je suis censée combattre tes ennemis avec mon corps, mais je suis impuissante et sans recours. Je contiens ma rage. Je ne fais rien. Je reste là, j'observe sans bouger, contrainte de prendre la pose d'un observateur désintéressé, de regarder la scène à travers une paroi de verre, comme dans un laboratoire, et je leur en veux de m'imposer cela, et je m'en veux de ne rien faire [70].

Grande lectrice de Camus, Angela Davis ne pouvait ignorer ce passage du *Mythe de Sisyphe* : « Un homme parle au téléphone derrière une cloison vitrée ; on ne l'entend pas, mais on voit sa mimique sans portée : on se demande pourquoi il vit [71]. » Mais dans son rêve à elle, dans cet univers de prisonniers et de chaînes, la scène qu'elle est contrainte d'observer, impuissante, à travers une vitre, produit un effet très différent de l'aliénation et de la stupeur qui se dégagent de cette page du *Mythe de Sisyphe*. Elle observe les deux côtés de la cloison de verre, elle se voit immobile derrière la vitre, elle voit George Jackson enchaîné qui descend l'escalier. À l'amour et au désir qu'elle éprouve d'abord succèdent l'impuissance et la rage.

Au moment de contester l'utilisation du journal intime de sa cliente par le procureur, l'avocate de la défense Doris Walker cita une expression formulée par Angela Davis elle-même, dans une lettre à Jackson, pour définir sa manière d'écrire : le « flux de conscience[72] ». Selon Walker, il était impossible de prélever des morceaux choisis dans un flux de conscience sans l'altérer dans son ensemble : « Ce qui est exprimé doit être pris comme un tout, et non sous forme de fragments ou de résumé. » On avait d'abord disputé, dans ce procès, du sens à donner aux lettres échangées entre Davis et Jackson, et voilà qu'il était question du sens des mots, de leurs connexions et de leur rapport au réel. D'après le procureur Harris, les allusions à la violence révolutionnaire dans les lettres datant d'avant la fusillade (« instinct de lutte », « aller jusqu'au bout », « projets merveilleux ») donnaient à voir les véritables intentions d'Angela Davis : recourir à la violence pour libérer George Jackson. L'avocat de la défense Leo Branton répondit qu'il lui semblait curieux, voire absurde, d'imaginer que l'amour de Davis pour Jackson ait pu provoquer un crime passionnel. Des passions négatives, comme la trahison ou la jalousie, peuvent inspirer des crimes passionnels ; l'amour, jamais[73].

L'équipe de défense était confrontée à un problème de critique littéraire : il s'agissait de montrer que la langue employée dans les lettres ne cherchait nullement à exprimer le sens littéral retenu par le procureur. Les avocats prirent conseil auprès de Leonard Michaels, écrivain et professeur de littérature anglaise à Berkeley. Comme tous les avocats américains, ils étaient en quête d'un précédent ; cette fois, ils le cherchaient dans l'histoire littéraire et non dans la jurisprudence.

Michaels leur adressa une note exaltée où il était question d'un poème d'Alexander Pope, l'« Épître d'Héloïse à Abélard » :

> En imaginant l'état d'esprit d'Héloïse emprisonnée dans un couvent, Pope a produit le poème le plus flamboyant, le

plus extravagant, le plus passionné de son œuvre. À un moment, il commente — par la bouche d'Héloïse — la nature de ce que son poème s'efforce d'imiter : une lettre, précisément le type de lettre qu'une femme emprisonnée voudrait adresser à l'homme qui incarne à ses yeux un idéal spirituel élevé. Et les lettres, notamment celles que rédige une femme dans un contexte carcéral, sont présentées par Pope comme des textes inspirés, voire pratiquement *dictés* à leur auteur par Dieu lui-même. Une lettre comme celle-là sera donc perçue, si charnelle et passionnée soit-elle, comme le cri sanctifié, d'inspiration divine, qu'une âme adresse à une autre[74].

Une chargée de recherches recrutée par la défense, Kathy Kalil, proposa une analyse du journal d'Elizabeth Browning ainsi qu'une description de l'amour inattendu et transfigurant de son auteur pour Robert Browning[75]. C'est ainsi qu'Elizabeth Browning, en qualité d'intellectuelle ayant écrit sur l'amour, fit une brève apparition dans la plaidoirie finale de Branton[76]. Au cœur du procès, toutefois, ni Héloïse ni Elizabeth Browning ne furent citées ; l'exemple retenu par la défense provenait non pas de quelque expert en littérature, mais de la culture littéraire française de l'accusée elle-même :

> Howard Moore : J'aimerais simplement savoir si la Cour a lu *À la recherche du temps perdu*, ce roman rédigé dans une cellule capitonnée auto-infligée. Dans ce roman de près de cinq mille pages, le narrateur se remémore son passé et voit surgir devant lui des choses radicalement transformées, des choses qu'il a vues jadis et qui se sont chargées de passion, et il observe les événements depuis une cellule capitonnée auto-infligée, et il tente d'appréhender à nouveau, tout au long de ces cinq mille pages, une vie dévolue à la recherche du temps perdu[77].

Proust avait effectivement tapissé de liège les murs de sa chambre à coucher, rue Hamelin, pour se préserver du bruit et de la poussière. C'est là que, asthmatique et presque mourant, il avait mis la touche finale à son grand œuvre durant l'automne de 1922. Il eût fait un témoin idéal au procès d'Angela Davis : n'avait-il pas, jeune homme, défendu avec sa mère l'honneur du capitaine Dreyfus injustement accusé d'espionnage [78] ?

Le juge répondit à Howard Moore : « C'est là, je l'avoue, l'un des très nombreux livres que je n'ai pas lus. » On devine son sourire. L'analogie de Moore pouvait sembler farfelue ; c'est sans doute ainsi que l'entendit le procureur Harris, qui s'emporta en soulignant qu'il s'agissait d'un procès d'assises et non de quelque débat universitaire. La plaidoirie présentait néanmoins un véritable enjeu juridique : les lettres d'Angela Davis à George Jackson étaient-elles irrecevables au nom du droit à la vie privée ? L'accusation avait-elle le droit de les utiliser pour démontrer « la folle passion et l'intention de conspirer » ? Dans ce dernier cas, fallait-il y voir la promesse d'un comportement violent ou, au contraire, un touchant exemple de mémoire proustienne à l'œuvre derrière les barreaux ?

La défense finit par l'emporter, mais en partie seulement. Le juge admit comme pièces à conviction huit pages du journal — qui en comptait dix-huit — et trois lettres. Le débat porta dès lors sur le caractère « performatif » de la langue, pour reprendre le terme de J. L. Austin — dont Susan Sontag avait suivi les cours à Oxford. Quelle relation existe-t-il entre la parole (ou l'écrit) et les actes ? Angela Davis avait écrit : « Mon amour pour toi renforce mon instinct de combattante et me donne envie de faire la guerre. » Et la défense d'ajouter :

> M. Harris voudrait faire croire au jury que « me donne envie de faire la guerre » signifie « me donne envie de rassembler des gens, de prendre des armes et d'aller libérer quelqu'un dans un tribunal ». [...] [Angela Davis] n'est pas une nation ; elle ne déclare pas la guerre. C'est de la rhétorique. On peut comprendre : « Me

Angela Davis en conférence de presse après sa libération sous caution (février 1972).

donne envie de faire la guerre, me donne envie de me battre, me donne envie de défendre mon honneur, mon pays, mon peuple, moi-même, et toi. » Tel est, peut-être, le sens de cette phrase.

L'accusation cherchait à prouver que l'amour d'Angela Davis pour George Jackson lui avait fait perdre tout sens commun, cependant qu'en coulisse l'accusée conseillait ses avocats en matière d'herméneutique littéraire.

Constituant comme pièces à conviction les parties recevables de la correspondance, Albert Harris en donna lecture sur un ton uniforme[79]. S'il espérait brosser le tableau d'une femme violente et irrationnelle, il comprit d'emblée qu'il n'y parviendrait pas — d'où, peut-être, le choix d'une lecture monocorde. Dans sa plaidoirie finale, la défense revint sur ces preuves épistolaires prétendument à charge pour dépeindre, au contraire, une femme aimante et bienveillante. Pour préparer ce coup de théâtre, l'équipe d'avocats s'était adressée au scénariste Dalton Trumbo, intellectuel communiste qui avait connu la liste noire du maccarthysme. Trumbo avait rencontré Angela Davis à la réception qu'il avait organisée à Los Angeles, à l'été de 1970, en l'honneur de Jean Genet. Il composa un texte à partir des lettres à Jackson, modifiant la forme sans altérer le fond, épurant le rythme des longues phrases de Davis pour en faire un poème en prose. La voix grave de Leo Branton en fit ressortir le lyrisme épuré. Du fond de leur cellule, George Jackson et Angela Davis n'avaient eu que des mots à s'offrir. En partageant ces mots avec la cour, Branton exposait la substance de leur amour.

Jusqu'au plaidoyer final, la défense d'Angela Davis aborda les questions essentielles que soulevait son cas : ce que c'est qu'être noir dans une société raciste ; comment une passion peut être à la fois personnelle et politique ; ce que c'est que d'écrire et d'agir. Leo Branton, le plus théâtral des trois avocats de la défense, en appela à l'imagination des jurés :

> Je vais vous demander, si vous voulez bien, de voir le monde en noir pendant quelques minutes — et d'*être* noirs vous-mêmes. Soyez sans crainte : quand cette affaire aura été jugée, je vous laisserai de nouveau être ce que vous êtes en toute sécurité. Je vous demande seulement d'être des Noirs et de penser comme des Noirs pendant quelques minutes, le temps que je vous dise ce que c'est qu'être noir dans ce pays[80].

Grâce à ce procédé rhétorique, il put faire parcourir aux jurés trois siècles d'histoire afro-américaine et les sensibiliser aux enjeux raciaux. Angela Davis, « pur produit d'établissements qui comptent parmi les meilleurs de ce pays et de la planète », ne s'était jamais contentée de sa réussite individuelle ; elle avait consacré sa vie à la libération des captifs, ces esclaves modernes. Il lut des extraits de lettres d'injures adressées à Angela Davis dans la foulée de sa révocation de UCLA.

Qu'elle ait choisi d'entrer dans la clandestinité n'avait rien de surprenant pour un Noir, ajouta-t-il : en se livrant aux autorités, la fugitive avait de fortes chances d'être traitée injustement — comme le prouvait son expérience récente de la prison. Par ailleurs, si elle avait effectivement organisé la fusillade, eût-elle été assez bête pour signer de son vrai nom l'enregistrement des armes ? Eût-elle demandé à Jonathan Jackson de placer dans sa sacoche des livres portant sa signature ?

Au bout de treize heures de délibérés sur trois jours, le jury l'acquitta de trois chefs d'accusation. Angela Davis était libre.

Des roses pour Angela

Jusqu'à l'été de son acquittement, Angela Davis fit des apparitions régulières, non seulement devant une cour de justice, mais aussi devant le tribunal de l'opinion publique. Son comité de soutien distribuait presque chaque jour des analyses polycopiées du procès. D'autres comités se formaient partout dans le monde ; des fonds furent levés, notamment grâce à la réimpression des lettres de George Jackson, dont il s'était écoulé un demi million d'exemplaires dès la première année.

Dans la presse américaine, on ne comptait plus les articles à charge qui la peignaient en furie révolutionnaire et en danger public. Un portrait assez bienveillant parut dans *Ebony*, magazine plutôt conformiste destiné au lectorat afro-américain, qui ne s'était jamais distingué par ses positions radicales. L'article s'attardait sur son expérience du séjour linguistique à l'étranger, sur l'étudiante fumant des Gauloises dans un café-tabac du boulevard Saint-Michel, en compagnie d'étudiants algériens à peau mate. Selon le rédacteur Charles Sanders, ancien envoyé spécial à Paris pendant la guerre d'Algérie, la jeune Angela Davis avait vu dans la situation

algérienne le reflet de l'atmosphère de sa ville natale en Alabama[81].

L'intérêt d'*Ebony* pour l'expérience parisienne d'Angela
Davis n'eut d'équivalent que dans la presse française. Dans un
long article de Claudine La Haye dans *L'Express*, fondé sur un
entretien, son séjour en France est illustré par la fréquentation
d'étudiants algériens et la découverte de Karl Marx : « Elle
aime les idées. Son esprit clair y est à l'aise. La dialectique, elle
aurait pu l'inventer. » Claudine La Haye décrit une « immense
fille noire », naguère protégée par un « adolescent au regard
tragique » (Jonathan Jackson) et désormais seule, parlant
d'une voix grave et calme derrière la vitre du parloir[82]. On
était alors à la veille du procès, avant même la mise en liberté
sous caution, et l'auteur semble éprouver encore quelques
doutes quant à l'innocence des Frères de Soledad — par la
suite, la presse française se départirait de ce scepticisme.
Claudine La Haye accorde encore le bénéfice du doute aux
autorités pénitentiaires : « Un geôlier est assassiné par les détenus. Il faut une semaine aux autorités pour reconnaître les
coupables : Jackson, Clutchette et Drumgo. » Sans jamais évoquer la possibilité que George Jackson ait pu être piégé, la
journaliste se contente de citer ses gardiens : le détenu avait
« tenté de s'évader ».

Quatre mois plus tard, alors que la justice venait d'accorder à Angela Davis sa libération sous caution, Edmonde
Charles-Roux publia dans *L'Humanité* une tribune bien plus
élogieuse. Sa liberté, « Angela l'inflexible » la doit certes à
elle-même, mais aussi à ses soutiens de toutes apparte-
nances politiques, et à une campagne de solidarité « sans
précédent dans l'histoire ». L'expression n'est pas exagérée[83].

Au-delà de son style superbe, il convient de s'interroger sur
la portée politique de cet éditorial. En le publiant dans
L'Humanité, Edmonde Charles-Roux apportait au journal son
cachet d'ancienne résistante et d'ancienne rédactrice en chef
du *Vogue* français, dont elle fut renvoyée en 1966 pour avoir

imposé un mannequin noir en couverture[84]. Il n'est pas indifférent que l'article, signé par la compagne et future épouse de Gaston Defferre, ait paru dans l'organe central du Parti communiste : en France, le mouvement de soutien à Angela Davis rassemblait la plupart, sinon la totalité, des diverses sensibilités politiques. Cette publication signale aussi que le PCF envisageait de s'associer aux socialistes en vue du Programme commun, dans le cadre d'une union de la gauche. La campagne pour la libération d'Angela Davis doit être appréhendée dans ce contexte d'ouverture, avec l'inauguration du luxueux siège de la place du Colonel-Fabien et l'ascension d'un nouveau leader énergique, Georges Marchais. Autant de signes d'une ultime effervescence du Parti avant son inexorable déclin.

Angela Davis jouissait donc du soutien de nombreux intellectuels français. À travers ce mouvement, son rapport à la littérature fut affecté de façon spectaculaire : les auteurs mêmes qu'elle avait lus et analysés à vingt ans, lors de son séjour à l'étranger en 1963 1964, puis à Brandeis quand elle avait choisi de se spécialiser en français, ces hommes et ces femmes qu'elle n'eût jamais rêvé de rencontrer, luttaient à présent pour sa cause. Alors qu'elle se trouvait encore en prison à New York après sa capture par le FBI, quatre cents intellectuels français adressèrent une lettre ouverte au gouverneur Rockefeller, protestant contre les conditions inhumaines de sa détention et réclamant sa libération. Parmi les signataires figurait Daniel Guérin, qui ignorait encore que l'on avait trouvé son livre sur l'anarchisme dans la sacoche de Jonathan Jackson et que l'ouvrage serait produit comme pièce à conviction lors du procès ; Jacques Prévert, qui composa pour elle un poème[85] ; et la rédaction des *Cahiers du cinéma*[86]. En mars 1971, Jean Genet lança l'Appel pour un comité de soutien aux prisonniers politiques noirs, avec une citation d'Angela Davis : « La répression ne cessera que si un mouvement de masse suffisamment puissant intervient pour faire reculer l'ennemi. » Au nombre des signataires, on retrouve deux représentantes du Nouveau Roman, Sarraute et Duras ; Juliette Gréco, muse des boîtes de jazz du Saint-Germain-des-Prés d'après guerre et ancienne compagne de Miles Davis ; et Maria Casarès, grand amour de Camus et fille du Premier ministre de la République espagnole avant le putsch de Franco. L'avant-garde littéraire était représentée par Maurice Blanchot, Jacques Derrida, Philippe Sollers, Julia Kristeva et Roland Barthes, qui faisaient tous partie de la constellation intellectuelle d'Angela Davis. C'est toute sa culture littéraire qui défilait ainsi devant elle, comme pour lui tendre une main secourable.

Alain Robbe-Grillet, le sujet même de son mémoire de fin d'études, l'homme qui estimait que son engagement littéraire n'avait qu'une relation « obscure et lointaine » avec la révolution, adressa au gouverneur Ronald Reagan une lettre cosignée par Foucault, Aragon et Picasso, entre autres. Cette demande de libération provisoire est écrite en anglais, en une seule longue phrase, dans une syntaxe alambiquée dont le bureau du gouverneur de Californie n'avait sans doute guère l'habitude :

> Afin d'obtenir à tout le moins un minimum d'assurance que la lutte d'Angela Davis pour sa vie se déroulera lors d'un procès public et non dans les profondeurs obscures de quelque cellule inaccessible aux regards de ceux pour qui son destin est inévitablement lié au sort des dissidents aux États-Unis, les soussignés réclament la mise en liberté provisoire immédiate d'Angela Davis[87].

Les intellectuels n'étaient pas seuls à soutenir Angela Davis. Les simples adhérents du Parti communiste, ainsi que des milliers d'autres sympathisants de gauche habitués depuis Mai 68 à porter dans la rue les débats de société, lui adressèrent des lettres et organisèrent des manifestations en son honneur. Le 3 octobre 1971, soixante mille personnes, selon une estimation de *L'Humanité*, défilèrent entre la place du Colonel-

Fabien et la place de la Bastille. (Le *Herald Tribune*, dans son compte rendu de l'événement, fait état de vingt mille manifestants.) En tête de cortège, on pouvait reconnaître le poète et ancien résistant Louis Aragon aux côtés de Fania Davis Jordan, qui faisait en Europe une tournée de soutien à sa sœur. Elle évoqua d'abord la tradition révolutionnaire de la France, puis exprima sa gratitude pour cette manifestation, la plus impressionnante de sa tournée, et dit combien elle avait hâte d'en faire part à sa sœur. Enfin, elle exigea la libération d'Angela, la fin des assassinats de prisonniers et le retrait inconditionnel des troupes américaines postées au Vietnam. La radio nationale diffusa son discours ; selon le présentateur, celui-ci témoignait d'un « niveau de français plus que correct ». Comme sa grande sœur, Fania s'était spécialisée en français à l'université[88].

Angela Davis reçut des milliers de lettres de sympathisants français. On lui écrivait comme à une proche, comme à une sœur. Elle reçut des lettres d'Africains, d'Antillais, d'employés de bureau, d'enfants qui joignaient un dessin (bouquet de fleurs, animal de compagnie) à leur courrier. *L'Humanité* fit savoir que, selon Fania, les roses étaient les fleurs préférées de sa sœur. Dès lors, à la prison et au bureau du Comité pour la libération d'Angela Davis, c'est par centaines que l'on vit arriver des cartes postales de roses, des aquarelles de roses, des roses en papier dépliable. Un enfant lui envoya un dessin représentant une panthère, une fleur et un symbole de la paix : « Je m'appelle Olivier. J'habite en France, à Paris. J'ai dix ans. J'espère que vous sortirez bientôt de prison[89]. » Un jeune Martiniquais effectuant son service militaire dans un hôpital lui écrit parce qu'il a entendu dire qu'elle parle « parfaitement le français » ; il se déclare aussi affligé par sa détention et par son infortune que s'il se trouvait lui-même en prison, « parce que vous n'êtes pas sans savoir que j'ai la peau noire » ; il espère de tout cœur qu'elle aura droit à un procès équitable et, pour finir, s'excuse d'éventuelles fautes de langue.

Fania Davis (*au centre*) défilant à Paris pour sa sœur Angela,
au bras de Louis Aragon (*à gauche*) (4 octobre 1971).

Une femme commence sa lettre en précisant qu'elle n'est affiliée à aucun groupe : « Angela, je souhaite, malgré ton chagrin, ta vie en prison, et les démarches tortueuses de tous ces cafards du fric et du pouvoir, je souhaite que tu aies le courage, la force, l'orgueil de tenir haut ta belle tête. Et que toute la force du Monde soit avec Toi. Mes trois fils et moi, nous t'embrassons comme une sœur aimée. » La signature s'accompagne de ces précisions : « Trente-sept ans, secrétaire, divorcée, trois enfants. »

Le béret

Acquittée par la cour de San José, libre de vivre enfin sa vie, Angela Davis n'était plus tout à fait une citoyenne comme les

Carte avec dessin de panthère noire et message d'« Olivier »,
envoyée à Angela Davis en prison (14 novembre 1970).

autres : elle était désormais l'intellectuelle communiste la plus
célèbre au monde. Le Parti avait su rallier les masses à sa cause
et, dans les mois suivant son acquittement, elle rendit hommage à ses soutiens et resserra ses liens avec un mouvement
communiste international. En 1972, elle se rendit à l'université Karl-Marx de Leipzig pour y recevoir le titre de docteur
honoris causa en philosophie. À l'occasion d'un deuxième
séjour en Allemagne, en 1973, elle fut l'invitée d'honneur
du Festival mondial de la jeunesse et des étudiants à Berlin
Est — le festival même auquel elle avait assisté, jeune étudiante, avant de découvrir Paris à l'été de 1962. Elle retourna
également à Cuba où, avec le soutien de Fidel Castro et du
Parti communiste, elle travailla à son autobiographie politique.

Elle revint en France en mai 1975 pour la promotion de
son *Autobiographie*. Sur France-Inter, elle se retrouva face à un
journaliste désobligeant qui lui demanda si elle comptait
renoncer enfin aux meetings politiques pour profiter un peu
de Paris[90]. Chaque fois qu'il l'interrogeait sur ses sentiments
et ses désirs personnels, elle répliquait : « Je ne sépare pas la

Annonce d'un meeting de protestation à Fort-de-France sous l'égide
de l'Union de la jeunesse communiste martiniquaise (septembre 1971).

Angela Davis et Bernard Pivot, avant le tournage
d'une émission d'*Apostrophes* consacrée au racisme (16 mai 1975).
La traduction française de son *Autobiographie* venait de paraître.

vie politique de la vie personnelle. » Ou encore : « Quel est le plus important ? Notre désir subjectif, personnel, ou la lutte pour nos peuples ? » Un véritable dialogue de sourds. C'était chaque fois la même chose avec les journalistes : il fallait se battre pour imposer des questions d'ordre politique, répéter que son histoire personnelle était secondaire. Sa beauté, son charme, sa maîtrise du français ne lui facilitaient pas la tâche. À chacune de ses interviews, un interprète prenait place discrètement derrière elle, quoiqu'elle n'en eût nul besoin : son dernier séjour parisien remontait à une dizaine d'années, mais son français ne l'avait jamais abandonnée.

Angela Davis, Gaston Monnerville et Bernard Pivot
sur le plateau d'*Apostrophes* (16 mai 1975).

Contrairement à son entretien sur France-Inter, sa discussion avec Bernard Pivot lors d'un *Apostrophes* « sur le racisme »
apparaît comme une consécration dans le milieu littéraire
parisien. On l'entend d'abord remercier le peuple français
pour son soutien décisif tout au long de sa détention et de son
procès. Face à elle se trouve Gaston Monnerville, qui venait de
publier sa propre autobiographie[91]. Pour les téléspectateurs
français, la présence sur un même plateau de Davis et de
Monnerville était hautement symbolique et donnait à l'émission une énergie particulière. Ancien résistant, président du
Sénat jusqu'en 1968, Monnerville fut l'un des piliers de la politique française de l'après-guerre. Fier de ses origines guya-
naises et martiniquaises, mais aussi de sa citoyenneté française,

il rappelle sur le plateau de Pivot que la Guyane est française depuis le XVIIᵉ siècle. Il appartient à cette génération, précise-t-il, qui récitait à l'école « Nos ancêtres les Gaulois… » sans se formaliser de ce que les Gaulois fussent blancs. Dans l'émission, alors qu'Angela Davis vient de décrire les attentats à la bombe dans son quartier de Birmingham, Pivot se tourne vers Monnerville et lui demande si lui-même a fait l'expérience du racisme en France. Devant sa réponse négative, l'animateur insiste : « On ne vous a jamais traité de sale nègre » ? À quoi Monnerville répond : « Ça a dû m'arriver, je ne m'en souviens pas. Je n'appelle pas ça du racisme : j'appelle ça de l'imbécillité. » Monnerville avait eu Jacqueline Kennedy pour voisine de table au dîner de l'Élysée, en 1961, la première dame occupant la place d'honneur entre de Gaulle et le président du Sénat. Treize ans plus tard, le voici qui discute de questions raciales avec une autre Américaine, dont l'opinion s'oppose en tout point à la sienne. Pendant qu'il parle des valeurs universelles de la République française, Angela Davis pose sur lui un regard curieux, passionné et plein de respect.

Un an plus tard, Angela Davis revint en France pour alerter l'opinion sur le sort de Ben Chavis, condamné à trente-quatre années de prison pour incendie volontaire dans le contexte de la déségrégation des écoles de Wilmington, en Caroline du Nord[92]. Son voyage coïncidait avec la présentation du deuxième documentaire consacré à son histoire, *L'Enchaînement*, de Jean-Daniel Simon, intellectuel communiste, producteur indépendant et fondateur de la Quinzaine des réalisateurs[93]. Le titre du film évoque tout à la fois la chaîne des bagnards et les combats politiques qui s'enchaînent. Accompagné de son équipe, Simon avait suivi Angela Davis à travers les États-Unis et fait halte avec elle dans la maison familiale de Birmingham et dans divers établissements pénitentiaires : McCain en Caroline du Nord, Soledad et San Quentin en Californie. Avec sa forme et son rythme propres, *L'Enchaînement* utilise un assortiment de séquences mouvementées : annonce radiodiffusée de la cavale d'Angela Davis par le FBI, scène de poursuite tirée de la série *Starsky et Hutch*, montage de photographies du Ku Klux Klan, scène où l'on voit Angela Davis à Smithfield, en Caroline du Nord, posant devant le panneau « Bienvenue » à l'entrée de la ville, sur l'autoroute 70 : « Aidez-nous à combattre le communisme et l'intégrationnisme. Ralliez et soutenez l'union des Klans d'Amérique. Le KKK vous souhaite la bienvenue à Smithfield. » Avec sa musique jazzy, ses plans d'autoroutes illuminées dans la nuit, la voix de la chanteuse haïtienne Toto Bissainthe lisant des extraits de l'autobiographie de Davis, *L'Enchaînement* rappelle le cinéma de la Nouvelle Vague : c'est Saint-Germain-des-Prés qui tend l'oreille pour percevoir, outre-Atlantique, l'écho d'une révolution. Dans la dernière séquence, un long travelling montre Angela Davis longeant les couloirs d'un aéroport dans une élégante veste pied-de-poule et un béret noir. Elle porta ce béret pendant tout le tournage du film : un garde du corps la suivait partout et, en dissimulant sa coupe afro, le béret rendait plus difficile pour un extrémiste de la reconnaître et de la prendre pour cible. Comme dans cette boutique de chaussures de Birmingham où, bien des années plus tôt, elle s'était fait passer pour une Martiniquaise, passer pour une Française lui permettait maintenant d'éviter le racisme de ses compatriotes.

Cette collaboration avec Jean-Daniel Simon fut à l'origine d'une longue amitié entre l'universitaire américaine et le cinéaste français militant. Quand, à l'occasion d'un cycle de conférences, Angela Davis lui rendit visite en 1983, elle était toujours sous la protection d'un garde du corps mis à sa disposition par le Parti communiste. Simon se rappelle l'avoir accompagnée sur les Champs-Élysées voir au Lincoln *Rue Cases-Nègres* d'Euzhan Palcy ; cet après-midi-là, le garde du corps avait bien failli les perdre de vue. Le film de Palcy raconte l'histoire d'une Martiniquaise qui lutte pour éviter à son petit-fils une vie de labeur dans les plantations de canne à sucre — autant de scènes renvoyant Angela Davis à ses souvenirs, à la famille rencontrée dans une chambre de bonne parisienne à l'été de 1962, et à ses propres rêves du passé.

Influences

Après son acquittement, en 1972, Angela Davis poursuivit sa carrière universitaire. Avant de prendre sa retraite de professeur de l'université de Californie à Santa Cruz, elle consacra de nombreux cours à ce qu'elle nomme le « complexe industriel carcéral ». Parmi les livres qu'elle mettait à son programme figurait régulièrement *Surveiller et punir*, de Foucault, que celui-ci avait conçu à l'époque où il œuvrait pour sa cause et pour celle de George Jackson avec le Groupe d'information sur les prisons. Dans ce jeu d'influences réciproques, la boucle était bouclée : ce qu'elle devait à la pensée de Foucault, dans sa propre lutte pour la suppression des prisons, Foucault le devait aux combats qu'elle-même avait menés.

Au-delà de Foucault, de Genet et du Parti communiste français, il est un autre angle qui permet de saisir la relation d'Angela Davis avec la France : les œuvres qu'elle a inspirées dans ce pays depuis les années 1970. Prise dans son ensemble, cette production artistique montre qu'elle est perçue de façon très différente aux États-Unis et dans le monde francophone.

L'une des approches françaises les plus emblématiques de son procès transparaît dans une remarque faite par Gilles Deleuze au cours d'un entretien donné en 1973. Alors qu'il s'en prend aux clichés psychanalytiques qui semblent ignorer la réalité politique, Deleuze précise : « C'est du niveau de la besogne répressive du juge d'Angela Davis qui assurait : "Son comportement ne s'explique que parce qu'elle était amoureuse." Et si au contraire la libido d'Angela Davis était une libido sociale, révolutionnaire ? Et si elle était amoureuse parce que révolutionnaire[94] ? »

La France a connu de nombreuses icônes féminines incarnant la révolte et la révolution, pour lesquelles, au sens de Deleuze et Guattari, la passion fut en effet une passion révolutionnaire : Jeanne d'Arc, illuminée et martyre catholique ; Madame Roland, grande révolutionnaire ; Louise Michel, héroïne de la Commune ; Marianne, symbole de la République ; Djamila Boupacha, puis Djamila Bouhired, dont Picasso fit le portrait ; et enfin, à sa manière, Angela Davis, qui en 1971 était simplement « Angela » pour le grand public. La jeune fille qui déchiffrait des graffiti antialgériens sur les murs de Paris en 1962, qui avait fréquenté une famille martiniquaise habitant sur le palier de sa chambre de bonne, continue de hanter l'imagination d'artistes français et à inspirer des romans, des chansons et des films dans tous les registres, de la culture pop à la fiction expérimentale.

Le romancier guadeloupéen Daniel Maximin a créé une épopée nationale, *L'Isolé soleil*, autour de trois personnages, Angela, George et Jonathan, qui se réincarnent au fil des générations. Ainsi l'expérience d'Angela Davis dans les années 1970 renvoie-t-elle aux révoltes d'esclaves survenues en 1802 à la Guadeloupe, ceux-ci portant dans le roman les prénoms de leurs lointains successeurs. Pour la partie contemporaine de son récit, Maximin puise dans la traduction française de l'*Autobiographie* de Davis, parue en 1975, et dans les lettres de George Jackson dont elle cite des passages. Jonathan, l'« enfant-homme », le petit garçon qui avait dû grandir avant l'heure, devient *ti-mâle* en créole. Bien entendu, Maximin raconte aussi la rencontre à Basse-Terre, en 1969, entre Angela Davis et l'avocate communiste Gerty Archimède. Sous sa plume, les deux femmes en viennent à symboliser l'esprit de la révolution — comme si le bref séjour d'Angela Davis sur cette île, où le hasard l'avait conduite alors qu'elle regagnait les États-Unis en provenance de Cuba, avait donné au peuple guadeloupéen une sorte d'onction révolutionnaire[95].

Le titre du roman se présente comme une variation sur le nom de Soledad. Ce mot signifie « solitude » en espagnol, mais

Maximin y perçoit aussi un germe d'espoir dans la syllabe *sol*, c'est-à-dire « soleil » en espagnol. Comme le précise Maximin lui-même, « dans Soledad il y a soleil et isolé ». De l'esclavage à la prison, des États-Unis à la Guadeloupe, de l'isolement au soleil, la figure d'Angela lui permet de traverser les siècles et les océans[96].

Aux États-Unis, elle devient un personnage bienveillant dans un monologue d'Anna Deveare Smith, *Fires in the Mirror*, et un autre dans *Angela's Mixtape*, une pièce de théâtre écrite par sa nièce Elsa Davis. Mais ce n'est que dans *Pastorale américaine*, de Philip Roth, qu'elle jouit de pouvoirs surnaturels comparables à ceux que lui attribue Maximin. Ce roman désespéré est aussi une sorte d'épopée à travers l'Amérique des années 1960. Le narrateur, qui a perdu sa fille depuis qu'elle a embrassé la cause de la révolution (elle est recherchée pour attentat à la bombe), s'imagine une nuit en train de converser dans sa cuisine avec une apparition d'Angela Davis, professeur de philosophie et révolutionnaire : « Sa chevelure de porc-épic est extraordinaire. Elle lui fait un casque de défi. Sa chevelure proclame : *Noli me tangere*[97]. » L'Angela Davis de Roth exprime des opinions radicales, écrit des pamphlets révolutionnaires, s'avère intransigeante et dangereuse. Elle occupe un siège à sa table, elle possède la force de ses convictions, mais, si elle figure ici des aspirations révolutionnaires violentes, c'est sous l'aspect de la tragédie et non du rêve utopique qu'elles peuvent représenter.

Tout récemment, Yannick Noah a fait entrer Angela Davis dans le monde de la variété française. Nul n'ignore que le grand tennisman des années 1980, qui est resté le sportif préféré des Français, est issu d'une famille franco-camerounaise ; reconverti dans la chanson populaire, il rend souvent hommage à ses origines africaines. Dans un album de 2010, *Frontières*, il consacre une chanson à Angela Davis où sont convoqués Martin Luther King, Barack Obama et les athlètes noirs des Jeux olympiques de 1968 à Mexico, tout cela sous la bannière d'Angela, cet « ange qui proteste ». Dans le clip tourné pour cette chanson, un Noah vêtu en homme du monde s'installe dans un café dont le décor évoque le Harlem des années 1950 ou 1960. Il commence à lire l'*Autobiographie* d'Angela Davis avec sa photo en couverture ; au mur est accrochée une affiche célèbre qui la représente. Les paroles sont à la fois vagues et rassurantes : « Ton nom dans nos vies résonne », « *my home is your home* ». À l'été de 2010, à Paris, j'ai évoqué cette chanson avec un jeune chauffeur de taxi camerounais : c'est par elle qu'il avait appris l'existence d'Angela Davis. Aussi confus qu'en soit le propos, cette chanson avait su le toucher, au point qu'Angela Davis fait désormais partie de son panthéon : « Elle est importante pour notre histoire. »

Après le *Portrait d'une révolutionnaire* de Yolande du Luart en 1972, après *L'Enchaînement* de Jean-Daniel Simon en 1976, un projet de long métrage est annoncé sur le même sujet. Rachid Bouchareb, réalisateur franco-algérien rendu célèbre par *Indigènes*, qui traite du racisme dans l'armée française, et par *Hors-la-loi*, consacré au massacre de Sétif, compte tourner un biopic d'Angela Davis[98]. Dans un entretien accordé au quotidien algérien *El Watan*, Bouchareb rappelle qu'Angela Davis fréquentait des Algériens à Barbès quand elle étudiait en France : ce détail avait retenu toute son attention[99].

Ainsi le mythe d'Angela Davis en France s'est-il déplacé au fil des ans, du boulevard Saint-Michel, où un journaliste d'*Ebony* l'imaginait en pleine conversation avec des étudiants algériens, à Barbès-Rochechouart, quartier d'immigrés africains et maghrébins situé dans le nord de Paris. Aujourd'hui, un cinéaste souhaitant filmer une jeune et belle révolutionnaire noire fumant des Gauloises avec de jeunes Algériens aurait tout intérêt à préférer Barbès au boulevard Saint-Michel, où les cafés et les bars des années 1950 et 1960 ont été remplacés par des boutiques de vêtements ou de chaussures bas de gamme.

Enfant, c'est en parlant français qu'Angela Davis avait fait l'expérience de la liberté ; aujourd'hui, elle est un mythe pour bien des Français. Le mythe, selon Claude Lévi-Strauss, est une histoire que composent quelques éléments essentiels : une jeune Noire américaine vient faire ses études en France, elle y découvre le concept de révolution à la faveur de la décolonisation, puis elle rentre dans son pays, se rebelle contre l'autorité et finit par triompher de l'adversité. Cette histoire a été racontée par Jean Genet, par Michel Foucault et Gilles Deleuze, par Yolande du Luart et Edmonde Charles-Roux, par Daniel Maximin, Yannick Noah et Rachid Bouchareb ; par des chauffeurs de taxi, des secrétaires et des milliers de citoyens français ordinaires. Si les détails changent d'un récit à l'autre, ils ne perdent rien de leur force.

CONCLUSION

Un pays où s'épanouir : pour Jacqueline Bouvier, pour Susan Sontag, pour Angela Davis, cette année en France modifia leur rapport au corps et aux mots, aiguisa leur conscience d'être au monde. Autre pays, autre langue, autres amis. Au final, et pour des raisons très diverses, la France sut éveiller en chacune d'elles une assurance profonde et durable, confirmer leur esprit d'aventure et alléger leurs contraintes.

Ces années parisiennes se caractérisent par un subtil dosage de discipline et de divertissement. Leur lente métamorphose met en jeu des odeurs, des goûts, des visions — expériences sensorielles et fugaces, difficiles à rendre dans un récit biographique traditionnel. Il faut imaginer Jacqueline Bouvier dans sa jupe de voyage en coton rouge, riant avec ses amies de sa piquante astuce destinée à repousser les fâcheux ; Susan Sontag dans une minuscule salle de cinéma, ou dans son café favori, consignant dans son carnet des termes argotiques ; Angela Davis enchantée par sa nouvelle veste en daim, par un couscous au quartier Latin, ou par la simple prise de notes sur des fiches bristol à carreaux — et non à lignes, comme en Amérique. Il faut imaginer aussi la manière dont elles étaient perçues par les Français : s'il est un point commun entre ces trois femmes, il tient à leur beauté et à leur manière théâtrale d'apparaître en public, entre maîtrise et protection de soi. Elles faisaient toutes, comme on dit, un joli tableau — qu'il s'agisse de Sontag jouant les figurantes dans *Le Bel Âge*, de Davis dans un restaurant universitaire où l'on se bousculait pour lui donner du feu, ou encore de Bouvier à la brasserie Balzar ou dans quelque soirée dansante. Plus qu'aucune autre ville au monde, Paris abrite des lieux conçus pour voir et pour être vu, quand l'Amérique des autoroutes et des banlieues vous isole dans une multitude d'espaces privés.

Chacune s'appropria ces lieux parisiens à sa manière. Dans un entretien en français datant des années 1960, Susan Sontag déclarait que, même entourée d'anglophones, elle avait « senti la ville ». Le terme est à comprendre dans sa double acception : Paris fut pour elle une initiation à la fois sensorielle et mentale. Chacune de ces trois Américaines à Paris témoigne de son propre ressenti : perception picturale de la ville pour Jacqueline Bouvier, listes de cafés, d'auteurs et d'expressions françaises pour Sontag, déchiffrement sémantique pour Angela Davis.

Chacune bénéficia de sa propre voie d'accès à la France. Le voyage transatlantique était presque inévitable pour la jeune Jacqueline Bouvier, le séjour en Europe comptant parmi les pratiques courantes de son milieu social. Pour Angela Davis, il fut le fruit d'un travail scolaire soutenu, de bourses d'études, et des sacrifices consentis par des parents incitant leurs enfants à faire des études encore plus poussées que les leurs. Susan Sontag, elle, n'avait pas les moyens de s'offrir une année d'études à l'étranger : elle devint donc son propre professeur. Son mariage et son accouchement l'obligèrent à retarder son séjour à Paris, où, pour le meilleur et pour le pire, elle vécut à l'écart de toute institution.

Chacune d'elles devait entretenir avec la France, pour le restant de sa vie, une relation durable et un dialogue persistant. Fidèle à son goût pour les arts, Jacqueline Bouvier œuvra avec Malraux au prêt de *La Mère* de Whistler et de *La Joconde* aux États-Unis ; devenue éditrice, elle aida ses auteurs à donner vie à la cour de Louis XIV et au Paris des années 1950. Susan Sontag rendit les avant-gardes françaises accessibles à son public américain, et devint une intellectuelle comme on n'en trouve d'ordinaire que dans les parages de Saint-Germain-des-Prés. Angela Davis fait ici exception, puisque, malgré sa maîtrise de la littérature et de la philosophie françaises, malgré l'importance à ses yeux de Frantz Fanon et de Michel Foucault, son attirance pour la France fut éclipsée par l'intérêt que lui manifesta la France en retour : en 1971, près de soixante mille personnes défilèrent à Paris pour sa libération. Trente-six ans plus tard, une école maternelle fut baptisée en son honneur à Aubervilliers[1], dans cette banlieue nord de Paris riche de ses communautés ethniques, de ses théâtres et de ses festivals, de son argot et de ses créoles, véritable laboratoire de la France de demain. Il existe plusieurs rues Angela-Davis en France et une rue Susan-Sontag à Niort, dans les Deux-Sèvres, mais aucune voie ne porte le nom de Jacqueline Kennedy, et aucune plaque ne commémore le passage à Paris de l'une ou l'autre des trois Américaines.

Dans la mesure où elles incarnent les aspirations de trois générations successives, on peut voir en elles respectivement la figure type de l'esthète, de la bourgeoise bohème et de la militante. Leur séjour parisien met en lumière tout un pan de l'histoire culturelle et intellectuelle de la France : les valeurs esthétiques héritées de l'avant-guerre et des souffrances de l'Occupation, puis le formalisme iconoclaste de l'avant-garde des années 1950 et la révolte politique des années 1960, qui virent le pays réformer ses valeurs historiques, embrasser la modernité et se rebeller en masse contre l'oppression et l'autorité. D'une décennie à l'autre, les trois Américaines assistèrent au renouvellement des écrivains et des artistes français : à Juliette Gréco, à Simone de Beauvoir et à Jean-Paul Sartre, familiers pour la génération de Jacqueline Bouvier et de Susan Sontag, on vit succéder, à l'époque d'Angela Davis, les figures intellectuelles de Julia Kristeva, Roland Barthes et Michel Foucault. La France classique cédait la place à la France du swing, du débat d'idées et du structuralisme.

Au cours de leur voyage, ces trois femmes furent diversement affectées par les grands événements politiques des décennies d'après guerre : la reconstruction consécutive à la guerre et à l'occupation allemande, la dissolution de l'empire colonial et, surtout, la longue et terrible « guerre sans nom » qui se déroulait en Algérie, avec pour conséquence le retour du général de Gaulle au pouvoir au nom de l'urgence nationale. Il suffit de parcourir le journal des élèves de Miss Porter's School, *Salmagundi,* pour mesurer l'idéalisme et la ferveur réformatrice que manifestait la génération de Jacqueline Bouvier qui s'embarquait pour Paris. Le radicalisme de Susan Sontag, formaliste dans les années 1960 et politique dans les années 1970, lui était inspiré par cette bohème intellectuelle qui avait enflammé son imagination artistique et sexuelle à Paris. Le goût d'Angela Davis pour la justice et pour l'égalité, enraciné dans une tradition familiale militante, acquit une nouvelle dimension le jour où, en ouvrant un journal à Biarritz, elle apprit qu'une église avait explosé dans sa ville natale. Avec la distance venaient la colère, la lucidité.

Aux yeux des Français que croisèrent Bouvier, Sontag et Davis pendant et après leurs études, ces trois femmes représentaient l'Amérique. De la Libération à la guerre du Vietnam, les États-Unis servirent de modèle ou de repoussoir aux aspirations des Français. Des auteurs comme Sartre et Beauvoir pouvaient tout à la fois mépriser le capitalisme américain et porter aux nues la musique, le cinéma et les contestataires d'Amérique venus chercher la liberté en France. Foucault, Genet et Agnès Varda apportèrent ainsi leur soutien aux Black Panthers. Si les intellectuels français, depuis les gaullistes de la Licra jusqu'au mouvement Jeunes communistes, défilaient pour la libération d'Angela Davis, si des auteurs francophones se laissaient inspirer par son histoire, c'est parce qu'ils comprenaient que son combat contre l'empire américain était aussi, d'une certaine manière, le leur. On pourrait leur reprocher d'avoir idéalisé le gauchisme américain, mais ils cherchaient sans doute à le rallier à leur propre cause.

Les connaissances acquises en France par les trois jeunes femmes ont de nombreux éléments en commun — ce qui n'a rien pour surprendre quand on sait que le canon littéraire français, ce florilège officiel de la production artistique nationale, présente une grande cohérence tout au long du XXe siècle et jusqu'à notre époque. Comme tous les bons étudiants de français depuis près d'un siècle, toutes trois avaient lu Proust. Elles aimaient, chacune à sa manière, ce philosophe de la mémoire, cet analyste du désir, de la jalousie et du milieu social. Seul un génie aussi protéiforme pouvait ainsi séduire trois lectrices si différentes. Jacqueline Bouvier Kennedy, qui le lisait pendant la campagne présidentielle de son mari, se consolait ainsi du temps perdu tout en découvrant le côté sombre du pouvoir. Susan Sontag note à son propos, lors de sa dernière année d'études : « J'ai presque terminé *Du côté de chez Swann* et, à certaines pages, il m'arrive d'éprouver une excitation si douloureuse que j'en ai mal à la tête, les mains qui tremblent et les yeux qui s'emplissent de larmes[2]. » Elle n'avait que dix-huit ans. Elle ne cesserait plus, par la suite, de revenir à Proust — d'abord par l'intermédiaire de son ami Richard Howard, qui le traduisait en anglais ; puis grâce à sa compagne Nicole Stéphane, qui acquit les droits d'adaptation de la *Recherche*; et enfin, bien plus tard, à l'occasion de ses travaux sur la photographie, l'une des grandes passions de Proust[3]. Angela Davis aussi découvrit Proust à dix-huit ans, durant ses deux premières années à Brandeis ; il aiguisa son sens des réalités sociales et lui donna des forces pendant ses moments de solitude. Quelle surprise de le retrouver, à l'heure du procès dans la bouche de son avocat — Proust, témoin à décharge !

Formées par des modernistes et réceptives aux avant-gardes, les trois femmes furent en mesure d'apprécier la Nouvelle Vague et le Nouveau Roman dès leur apparition dans les années 1950 et 1960. Angela Davis, qui avait lu Robbe-Grillet

dans le cadre de son cours de littérature à la Sorbonne, consacra un mémoire au romancier à son retour à Brandeis, juste
avant que Sontag ne célèbre le Nouveau Roman dans ses
premiers essais critiques pour la *New York Review of Books.*
Jacqueline Bouvier séjourna en France avant que ces modes
littéraires ne s'y imposent ; en 1961, cependant, Robbe-Grillet
et Alain Resnais étaient devenus assez célèbres pour que la
première dame fasse projeter *L'Année dernière à Marienbad* à la
Maison-Blanche. En 1966, devisant avec un journaliste de la
traduction en français de *The Benefactor,* Sontag dut préciser
qu'elle ne se sentait nullement influencée par Robbe-Grillet.
Pour tout journaliste cherchant à évoquer l'avant-garde romanesque en 1965, c'est le nom de Robbe-Grillet qui venait le
premier à l'esprit.

   Bouvier, Sontag et Davis pouvaient admirer les mêmes
romanciers et les mêmes cinéastes pour des raisons très différentes. Pour Jacqueline Bouvier, influencée par les théories
esthétiques de Malraux, artistes et écrivains dialoguaient par-
delà les générations dans une sorte de « musée sans murs ».
Sontag, elle, se faisait de la culture une idée martiale. La traduction était une lutte pour ne pas trahir et n'être pas trahi
soi-même ; l'art et la politique étaient un moyen de saisir le
monde, ou de passer à côté. Angela Davis était une utopiste.
Elle parlait de libération et de révolution quand elle n'était
encore qu'une jeune étudiante en littérature ; à ses yeux, l'art
ne pouvait exister sans ambition humanitaire, sans visée révolutionnaire.

   Elles vécurent nombre de leurs plus belles expériences loin
des professeurs et de l'université. Jeanne Saleil doutait parfois
que Mlle Bouvier fût bien sérieuse et qu'elle eût un avenir ;
Angela Davis était la meilleure étudiante des trois, mais, quand
elle s'enrôla dans le programme d'études de Hamilton, elle
avait déjà, de son côté, remplacé le français par l'allemand et
la littérature par la philosophie. Susan Sontag avait le parcours
le moins orthodoxe des trois puisque, pour vivre à Paris, elle
avait renoncé à sa bourse d'Oxford. À en croire Harriet

Sohmers, du reste, « Susan n'a rien fait d'universitaire pendant ces années-là[4] ». À Paris, chacune d'elles s'était fait sa propre idée de ce qui compte vraiment dans la vie.

J'ai raconté ici l'histoire de trois femmes et de leur rencontre avec une ville. Toutes furent fidèles à Paris, où elles revinrent faire de nouvelles découvertes. Au gré de leurs départs et de leurs arrivées, Paris s'est modifié. Au fil des ans, elles ont vu leurs rues familières s'enrichir de nouvelles strates de souvenirs, ou disparaître tout à fait. Toutes ont connu une Sorbonne unique, abritée dans un bâtiment séculaire qui, selon la formule d'Angela Davis, « suintait quelque chose de sacré[5] ». Les réformes de Mai 68 allaient fragmenter la grande université médiévale pour la répartir entre plusieurs campus parisiens ; sous le nom de Paris-IV, la vieille Sorbonne survit néanmoins au cœur du quartier Latin. Les Halles, que Zola nommait le « ventre de Paris », étaient sans doute pour elles un lieu familier. Lors de mon propre séjour de troisième année à Paris, en 1973-1974, les travaux du futur Forum des Halles avaient fait de ce ventre une béance en pleine ville ; seuls les cafés et les minuscules restaurants alentour rappelaient encore l'effervescence et les odeurs du lieu.

Le sens même des études à l'étranger, cette version éphémère de l'expatriation, est toujours passé par ces détails de la vie quotidienne, traditions familiales ou événements politiques, quartiers et paysages urbains mouvants ou toujours intacts. Angela Davis a relié le conflit algérien au combat pour les droits civiques dans le Sud américain ; Susan Sontag a découvert un *Britannicus* aussi incompréhensible pour elle que le théâtre kabuki ; Jacqueline Bouvier a mieux compris la guerre en Europe grâce à son amitié avec une rescapée de Ravensbrück et sa fille. Toutes ont appris en comparant les choses — ou en les opposant — à leur vécu américain.

Mesure-t-on, aux États-Unis, l'incidence sur ces trois femmes de leur séjour en France ? Jacqueline Kennedy est une éternelle première dame, une Américaine d'exception, dont la grâce et la beauté sont devenues la norme de toute une époque, au point que l'on sous-estime le plus souvent sa connaissance profonde de l'histoire et de la culture françaises, qu'elle mit surtout à profit en qualité d'éditrice[6]. Splendide guerrière du monde des idées, Susan Sontag est l'intellectuelle new-yorkaise par excellence. On l'associe tant à New York que sa dette à l'égard de la France reste sous-évaluée. Angela Davis est avant tout perçue comme une intellectuelle communiste afro-américaine ; chacun sait qu'elle s'est rendue à Cuba et en Allemagne de l'Est, et qu'elle a fréquenté les Black Panthers, mais son empreinte sur la culture française, sur la littérature et le cinéma francophones, demeure largement ignorée.

En un temps où ambitions et paysages semblent tous « mondialisés », où l'anglais s'est imposé presque partout comme langue des affaires, j'aime me rappeler avec quelle joyeuse ferveur ces trois Américaines ont adopté une langue étrangère et une ville inconnue. Et je mesure alors ce qu'elles doivent à la France — et tout ce qu'elles en ont transmis.

APPENDICES

NOTE SUR LES SOURCES

Trois femmes, deux langues, une ville, et l'institution des études à l'étranger : cette pièce montée repose sur d'innombrables documents d'archives, livres et entretiens, qui constituent eux-mêmes un captivant voyage.

Quand j'ai formé le projet d'écrire ce livre, j'ai appris que Whitney Walton rédigeait une histoire générale des séjours d'études en France, qui a paru depuis sous le titre *Internationalism, National Identities, and Study Abroad : France and the United States, 1890-1970* (Stanford, Stanford University Press, 2010). Ce livre abonde en informations sur les origines des études à l'étranger et des diverses institutions, tel le programme Fulbright, ayant favorisé les échanges universitaires entre la France et les États-Unis. Si les rapports officiels remis à ces organisations par les étudiants ne révèlent pas grand-chose, Whitney Walton fait l'éloquent portrait d'étudiants américains en France et d'étudiants français aux États-Unis. Il y a également beaucoup à glaner dans son analyse des différences induites par l'âge et par le sexe lors de cette expérience de l'étranger. Les séjours universitaires à l'étranger inspirent aujourd'hui un nombre croissant d'études. Celle d'Anthony Ogden (« The View from the Veranda : Understanding Today's Colonial Student », *Frontiers : The Interdisciplinary Journal of Study Abroad*, n° 15, automne-hiver 2007-2008), qui fait déjà figure de classique, incite les administrateurs de ces programmes d'études à faire en sorte que leurs étudiants s'impliquent dans la culture étrangère au lieu de la consommer d'en haut.

Cette exploration d'expériences estudiantines dans les années 1950 et 1960 a réveillé en moi des souvenirs de mon année d'études à Bordeaux, en 1973-1974, dont j'ai fait le récit dans *French Lessons : A Memoir* (Chicago, University of Chicago Press, 1993).

Jacqueline Bouvier Kennedy Onassis

Pour Jacqueline Bouvier, j'ai dû parcourir des volumes entiers de biographies « people ». L'appareil critique de ce type d'ouvrage est minimal ou sujet à caution. Un biographe écrit ainsi que Jacqueline a rédigé, pour le journal de son lycée, des articles sur les Lumières et sur la Résistance française. Ayant lu tous les numéros de *Miss Porter's Salmagundi* parus pendant que Jacqueline y était élève, je peux confirmer l'existence de quelques dessins humoristiques qui lui sont attribués, d'une nouvelle et d'un éditorial consacré à la nostalgie des élèves de dernière année.

Quant à la fameuse remarque du général de Gaulle sur Jacqueline Kennedy, qui aurait selon lui « montré au monde entier comment il convient de se comporter », elle est citée dans la plupart des livres américains sur Jacqueline Kennedy, mais dans aucun ouvrage français sur de Gaulle. Mon enquête m'a conduite vers le duc d'Édimbourg : c'est lui qui aurait entendu de Gaulle prononcer cette phrase dans le Bureau ovale, après l'enterrement de John Kennedy, lui encore qui l'aurait confiée à Jacqueline Kennedy, laquelle devait la confier à Nancy Tuckerman, qui elle-même finit par la livrer à Carl Sferrazza Anthony, auteur de *First Ladies : The Saga of the Presidents' Wives and Their Power, 1961-1990* (New York, Quill/Morrow, 1991). Le duc d'Édimbourg m'a fait répondre ceci par son archiviste : « Son Altesse Royale ne se rappelle pas avoir discuté avec le général de Gaulle après les funérailles du président Kennedy. Si une telle conversation avait eu lieu, il ne doute pas qu'il s'en souviendrait » (Annie Griffiths, archiviste de S.A.S. le duc d'Édimbourg, à l'auteur, 17 mai 2011). Chemin faisant, je me suis tournée vers André Malraux : de Gaulle, écrit-il, s'il admirait la dignité et le courage de Jacqueline Kennedy, lui avait confié en privé qu'à son avis elle finirait sa vie « sur le yacht d'un pétrolier ». Dans *Les Chênes qu'on abat* (Paris, Gallimard, 1971), Malraux affirme avoir rappelé à de Gaulle en 1969 que sa prédiction s'était avérée ; le président aurait alors répondu : « Je vous ai dit ça ? Tiens !… Au fond, j'aurais plutôt cru qu'elle épouserait Sartre. Ou vous ! » De fait, on imagine bien de Gaulle remettre ainsi à sa place son impétueux ministre de la Culture.

La biographie la mieux documentée de Jacqueline Kennedy est l'une des plus récentes. Dans *America's Queen* (New York, Viking, 2000), Sarah Bradford livre ses entretiens avec de nombreuses amies américaines de Jacqueline Kennedy et avec sa sœur ; elle y propose une vision complexe de la dynamique familiale des Bouvier-Auchincloss-Kennedy. S'agissant de Paris, les biographes se contentent de répéter les mêmes anecdotes connues, sans rien dire du programme de Smith en France, de sa rigueur et de sa richesse. Aucune ne mentionne l'incomparable Jeanne Saleil, cette directrice des études à l'étranger à laquelle Jacqueline Kennedy resta fidèle tout au long de ses années à la Maison-Blanche. Pour cette histoire comme pour bien d'autres, je suis redevable aux étudiantes du programme Smith de 1949-1950 qui m'ont raconté leurs souvenirs et permis de reconstituer les aspects intellectuels et personnels de leur voyage. À Paris, Claude du Granrut (Claude de Renty en 1949-1950), sœur d'accueil de Jacqueline Bouvier, s'est révélée une source particulièrement précieuse de documents, de souvenirs et d'analyses. Sur l'aristocratie et les classes supérieures en France, on consultera avec profit n'importe quel ouvrage des sociologues Michel Pinçon et Monique Pinçon-Charlot.

Mon travail sur Jacqueline Bouvier Kennedy Onassis est limité par le fait que, contrairement à Sontag et à Davis, elle n'a pas laissé d'œuvre écrite. Les rares textes de sa main, notamment les préfaces rédigées en tant qu'éditrice, témoignent d'un indéniable talent littéraire. Le John F. Kennedy Presidential Library and Museum, à Boston, conserve le texte soumis par Bouvier au prix de Paris organisé par *Vogue*; accessible aux chercheurs, ce document est l'une des plus belles traces que nous ayons de ses talents et de ses goûts en 1951. Je dois à Claude de Renty la traduction par Jacqueline de « How Little We Know » et à Florence Malraux sa lettre à André Malraux. Les Archives nationales conservent la lettre de remerciement à de Gaulle, écrite au lendemain de la visite à Paris du couple présidentiel en 1961. Plusieurs lettres et déclarations sont reprises dans le très riche ouvrage de Carl S. Anthony, *As We Remember Her* (New York, HarperCollins, 2003). Citée dans ce livre, Letitia Baldrige se rappelle que Jacqueline Kennedy adressait au général de Gaulle « des lettres manuscrites qui se prolongeaient sur des pages et des pages ». Il est permis d'espérer que ces lettres seront un jour retrouvées et publiées.

Une source longtemps attendue est devenue accessible alors même que mon livre était déjà sous presse. Quelques mois après la mort de Kennedy, Jacqueline Kennedy a accordé une série d'entretiens à Arthur Schlesinger, dans le cadre d'un projet d'« histoire orale » conçu pour la future bibliothèque Kennedy. Ces entretiens ont été rendus publics par la famille en 2011, à l'occasion du cinquantenaire de la présidence de Kennedy.

Comme je l'interrogeais sur l'accessibilité des documents non encore catalogués de Jacqueline Kennedy conservés par le JFK Presidential Library and Museum, l'archiviste en chef Karen Adler Abramson m'a répondu par écrit, le 16 février 2011, avec cette explication :

> Le catalogage des documents personnels de Jacqueline Kennedy débutera en 2011. Seront privilégiés, dans un premier temps, les documents liés aux années de Mme Kennedy à la Maison-Blanche.

Ceux-ci seront accessibles aux chercheurs à partir de l'automne 2011, date prévue pour la publication des entretiens de 1964 entre Mme Kennedy et Arthur Schlesinger. Dans les années à venir, des documents supplémentaires deviendront accessibles à mesure qu'ils seront répertoriés, notamment des albums-souvenirs créés par et pour Mme Kennedy avant, pendant et après ses fonctions de première dame. Des albums-souvenirs choisis seront professionnellement archivés et numérisés grâce à un financement de la Direction du patrimoine.

Susan Sontag

Pour Susan Sontag, j'ai rencontré des difficultés d'un tout autre ordre. Discrète sur sa vie privée, elle a vendu ses documents personnels à la bibliothèque de UCLA, où ils sont aujourd'hui accessibles aux chercheurs. Ces archives comportent des journaux et des lettres très intimes. Il ne manque là, du point de vue de ma propre recherche, que les lettres qu'elle reçut de son mari et celles qu'elle adressa aux États-Unis pendant son séjour en France.

En consultant les archives de UCLA, on a l'impression de plonger au plus profond de sa vie privée, ou du moins, comme toujours en pareil cas, dans une vie intérieure fabriquée. Je remercie David Rieff de m'avoir autorisée à consulter le dossier scolaire de Sontag à l'université de Chicago, et John W. Boyer, de l'université de Chicago, de m'avoir aidée à distinguer entre les cours, les examens et les mémoires de diplôme — tel l'important essai sur *L'Arbre de la nuit* rédigé pendant sa troisième année.

Étant donné la profusion de documents et de journaux dans les archives Sontag, il m'a fallu veiller à ne jamais perdre de vue ce qui se passait autour d'elle, par exemple la guerre d'Algérie et la fin de la IVᵉ République, dont elle ne dit pas un mot dans ses carnets. Pour le contexte élargi de son séjour parisien, j'ai consulté la correspondance d'Allen Ginsberg avec son père ; les numéros du *Paris Herald Tribune* entre décembre 1957 et septembre 1958 ; et, parmi la cohorte de ses fréquentations en 1957-1958, Harriet Sohmers Zwerling, Annette Michelson et Sydney Leach — cohorte plus réduite que celle constituée par les groupes imposants de Smith et de Hamilton College que j'ai pu interroger. J'ai beaucoup appris de mes échanges avec la cinéaste Nancy Kates, qui m'a donné accès aux photographies et aux entretiens vidéo exhumés lors de la réalisation de son film documentaire *Regarding Susan Sontag*. Daniel Horowitz, auteur d'une étude sur la consommation de masse, fut lui aussi un interlocuteur précieux.

Angela Davis

Pour Angela Davis, la difficulté a consisté à lire des textes de parti pris, qu'ils lui soient favorables ou hostiles, avec tout le détachement possible. J'ai puisé nombre d'informations dans son *Autobiographie* (Paris, Albin Michel, 1975), publiée trois ans après son acquittement ; et dans l'étude de Bettina Aptheker *The Morning Breaks : The Trial of Angela Davis* (Ithaca, Cornell University Press, 1999), éblouissante analyse judiciaire que livre, de l'intérieur, cette amie d'enfance d'Angela Davis devenue l'un des membres de son équipe rapprochée lors du procès. Bettina Aptheker m'a guidée à travers ses archives relatives au procès d'Angela Davis, à l'université de Californie à Santa Cruz, et m'a dirigée vers l'imposante collection de lettres reçues en prison par Davis — conservée à Stanford et non encore cataloguée. Je la remercie d'avoir repondu avec patience à mes innombrables questions. Pour bien saisir le mélange exceptionnel d'influences locales et internationales à l'œuvre chez Davis, je conseille Cynthia A. Young, *Soul Power : Culture, Radicalism and the Making of a U.S. Third World Left* (Durham, Duke University Press, 2006), ainsi que l'entretien de Lisa Lowe, « Angela Davis. Reflections on Race, Class and Gender in the U.S.A. », *in* Lisa Lowe et David Lloyd (dir.), *The Politics of Culture in the Shadow of Capital* (Durham, Duke University Press, 2006). Pour la réception du procès en France, j'ai utilisé les articles de *L'Humanité* et des hebdomadaires *L'Express* et *Le Nouvel Observateur*. Les archives de la préfecture de police de Paris m'ont apporté un autre éclairage sur la réaction des Français. Deux films documentaires, *Angela Davis : Portrait d'une révolutionnaire*, réalisé à UCLA par Yolande du Luart, et *L'Enchaînement*, réalisé par Jean-Daniel Simon après la publication de l'*Autobiographie* de Davis, offrent un portrait affectueux et admiratif de la jeune philosophe ; les deux cinéastes ont bien voulu partager leurs analyses au cours de nos entretiens. Je rends grâce à la générosité intellectuelle de Jean-Daniel Simon, qui a déniché pour moi une des rares copies de *L'Enchaînement*.

Cheryl Morgan, professeur de français à Hamilton College, a été une source précieuse sur l'histoire du programme d'études à l'étranger de Hamilton College. En contactant nombre des étudiantes qui ont séjourné en France en même temps qu'Angela Davis, en 1963-1964, j'ai pu me faire une idée précise de leurs études et de leur vie sociale. Jane Chaplin Jordan et Christie Stagg Austin m'ont donné accès aux lettres qu'elles avaient envoyées de France, à des photographies, à leurs souvenirs de la vie quotidienne rue Duret. Fania Davis, la sœur d'Angela, m'a raconté des épisodes de l'histoire familiale et ses souvenirs politiques. J'ai tenté d'obtenir un entretien avec Angela Davis elle-même, à plusieurs reprises, mais sans succès. Enfin, pour une réflexion sur le PCF et sur le Parti communiste américain à la fin des années 1960 et au début des années 1970, je me suis appuyée sur un livre de Robin D. G. Kelley consacré au Congrès de la jeunesse noire du Sud et au Parti communiste d'Alabama, *Hammer and Hoe : Alabama Communists During the Great Depression* (Chapel Hill, University of North Carolina Press, 1990) et sur mes entretiens avec Jules Borker, conseiller juridique du PCF ayant assisté au procès d'Angela Davis.

Sur le statut des Antilles et sur la place de la Martinique dans la vie intellectuelle française, je recommande Pierre Bouvier, *Aimé Césaire, Frantz Fanon : portraits de décolonisés* (Paris, Les Belles Lettres, 2010) ainsi que Pap Ndiaye, *La Condition noire* (Paris, Calmann-Lévy, 2008).

Pour un regard et une analyse critiques de la culture durant les Trente Glorieuses, je renvoie à l'indispensable ouvrage de Kristin Ross, *Rouler plus vite, laver plus blanc : modernisation de la France et décolonisation au tournant des années soixante* (Paris, Flammarion, 2006). Sur les Noirs américains à Paris, je conseille le bel ouvrage de synthèse de Tyler Stovall *Paris Noir : African Americans in the City of Light* (New York, Houghton Mifflin, 1996). Pour l'histoire sociale des Américains à Paris du milieu du XIXe siècle à la Seconde Guerre mondiale, j'ai tiré grand profit de mes discussions avec Nancy Green à propos du livre qu'elle prépare sur le sujet. Je dois aussi beaucoup à Rosemary Wakeman et à son histoire de la ville, *The Heroic City : Paris 1945-1958* (Chicago, University of Chicago Press, 2009), ainsi qu'à deux livres de souvenirs : André Schiffrin, *Allers-retours Paris-New York : un itinéraire politique* (Paris, Liana Levi, 2007), sur le Paris littéraire des années 1950 ; et Paul Zweig, *Departures* (New York, HarperCollins, 1986, rééd. 2011), sur les milieux gauchistes du Paris du début des années 1960 vus par un poète américain. On trouvera dans François Cusset, *French Theory : Foucault, Derrida, Deleuze & Cie et les mutations de la vie intellectuelle aux États-Unis* (Paris, La Découverte, 2003), une admirable histoire du structuralisme et du poststructuralisme aux États-Unis.

Enfin, aucune autre source ne saurait remplacer les entretiens à la radio ou à la télévision donnés en français par Jacqueline Kennedy, Susan Sontag et Angela Davis, qui sont conservés par l'Institut national audiovisuel à la Bibliothèque nationale de France.

INTRODUCTION

1. Voir la photo Associated Press, « Étudiantes de Smith invitées à une réception donnée par le gouvernement français à l'ambassade de France, New York, 23 août », séjour des *juniors* à l'étranger, de 1927 à nos jours, classeur Reid Hall, dossier 1951, archives de Smith College. Virginia Lyon Paige se rappelle avoir entendu Jacqueline Bouvier chanter un couplet de *La Vie en rose* à bord du paquebot *De Grasse* (entretien avec l'auteur, 26 mars 2009). Sur les débuts mondains de Jacqueline Bouvier, voir Cholly Knickerbocker, « Queen Deb of the Year is Jacqueline Bouvier », *New York Journal American*, 2 septembre 1947.

2. Deux des trois femmes dont il est question ici ont bénéficié d'un programme universitaire d'études à l'étranger ; pour situer le contexte historique de ce programme entre les années 1920 et les années 1970, j'ai consulté avec profit Whitney Walton, *Internationalism, National Identities, and Study Abroad*, Palo Alto, Stanford University Press, 2009.

3. Dans la dernière scène d'*À bout de souffle* (1960), Michel (Jean-Paul Belmondo) agonisant dit à Patricia (Jean Seberg) : « C'est vraiment dégueulasse. » Passant son pouce sur ses lèvres, comme pour mieux éprouver la phrase étrangère, elle demande alors à l'inspecteur de police : « Qu'est-ce que c'est, dégueulasse ? »

4. James Baldwin, « Un problème d'identité », *Chronique d'un pays natal* [1955], trad. fr. J. A. Tournaire, Paris, Gallimard, 1988, p. 158. Voir également James Salter, *Un sport et un passe-temps* [1967], trad. fr. Philippe Garnier, Paris, Le Seuil, « Points », 2008.

5. Note de Jacqueline Onassis à George Plimpton, citée dans « The Paris Review Sketchbook », numéro du 25e anniversaire, *The Paris Review*, n° 79, printemps 1981, p. 415-416.

6. Mary McCarthy, « Mlle Gulliver en Amérique », *The Reporter*, janvier

1952, repris dans *On the Contrary : Articles on Belief, 1946-1961*, New York, Noonday Press, 1962, p. 24-31.

7. Simone de Beauvoir, *L'Amérique au jour le jour : 1947*, Paris, Gallimard, 1954, rééd. 1997, p. 11.

I. JACQUELINE BOUVIER, 1949-1950

1. Sur l'histoire de la famille Bouvier-Vernou, la meilleure source reste John H. Davis, *The Bouviers : Portrait of an American Family*, New York, Farrar, Straus & Giroux, 1960.

2. Sarah Bradford, *America's Queen : A Life of Jacqueline Kennedy Onassis*, New York, Viking, 2000, p. 11. Gore Vidal a enflammé les esprits en citant dans ses mémoires (*Palimpseste* [1995], trad. fr. Lydia Lakel, Paris, Points, 2006) une remarque à l'emporte-pièce faite par sa propre mère à propos de celle de Jacqueline Bouvier, Janet : « Janet, née Lee, ou, comme ma mère le pensait, Levy. Apparemment, le père de Janet avait changé de nom pour pouvoir devenir le premier Juif nommé vice-président de la banque Morgan » (p. 568-569). Il se moque sans doute là de l'antisémitisme de sa mère, mais l'adverbe « apparemment » semble avoir convaincu de nombreux lecteurs de la véracité de ces propos rapportés. Selon Carl S. Anthony, *As We Remember Her*, New York, Harper Collins, 2003, p. 12-13, le grand-père de Janet Lee était en réalité un immigré irlandais catholique qui avait fui la grande famine dans les années 1940. Devenu recteur des établissements scolaires publics de New York, il fit ensuite des études de médecine. Son fils, le père de Janet, fit fortune dans la banque et dans l'immobilier.

3. Donald Spoto, *Jackie : le roman d'un destin*, trad. fr. Carole Reyes, Paris, Librairie générale, 2003, p. 16.

4. John Vernou Bouvier, Jr., *Our Forebears : From the Earliest Times to the End of the Year 1925*, New York, publié à compte d'auteur, 1925, p. 6 et 33. (Facsimile, Orange Park, Quintin Publications.)

5. J. H. Davis, *The Bouviers, op. cit.* Sur l'exil de Joseph Bonaparte à Philadelphie et sur sa résidence de Point Breeze, voir p. 21.

6. Les informations relatives aux voyages de Jacqueline Bouvier à l'été de 1950 proviennent de mes entretiens avec Claude du Granrut (née de Renty) et Paul de Ganay, d'une correspondance électronique avec Roland de Luart et d'un entretien téléphonique avec Rosamée Henrion.

7. J. H. Davis, *The Bouviers, op. cit.*, p. 338. Sur l'affaire du pain empoisonné de Pont-Saint-Esprit, voir Steven L. Kaplan, *Le Pain maudit : retour sur la France des années oubliées, 1945-1958*, Paris, Fayard, 2008.

8. Sur Pont-Saint-Esprit, voir J. H. Davis, *The Bouviers, op. cit.*, p. 6.

9. *Ibid.*, p. 335. L'incident est rapporté par *Le Figaro*, *France-Soir* et *Paris-Presse* en date des 29, 30 et 31 mai 1961 ; la presse américaine s'en fait l'écho dans « Jacqueline Kennedy's French Cousins », *Look*, 29 août 1961.

10. S. Bradford, *America's Queen*, *op. cit.*, p. 5 ; C. S. Anthony, *As We Remember Her*, *op. cit.*, p. 18.

11. Jacqueline Kennedy à Peter Duchin, cité dans C. S. Anthony, p. 27 : « Tu sais, Peter, nous menons tous deux une existence plaisante et confortable dans ce monde de Wasps, de fortunes anciennes et de grandes familles. Et dans ce monde, ces choses-là durent toujours. Mais nous n'en sommes pas vraiment, ni toi, ni moi. C'est peut-être parce que je suis catholique et que mes parents ont divorcé quand j'étais petite fille — un choix très audacieux pour l'époque —, mais je me suis toujours sentie une étrangère dans ce monde-là. »

12. J. H. Davis, *The Bouviers*, *op. cit.*, p. 288.

13. Stéphane Groueff, portrait (sans titre) de John F. Kennedy, *Paris-Match*, 3 juin 1961, p. 77. Kennedy passa l'été de 1937 en France ; au printemps de 1939, il vécut à l'ambassade des États-Unis à Paris.

14. D. Spoto, *Jackie*, *op. cit.*, p. 82 : « Et ce qu'elle apprit, elle l'incorpora à de courts articles publiés dans *Salmagundi*, le journal de l'école : des essais sur les racines de la philosophie politique américaine dans les Lumières françaises, et des observations sur la guerre, le fléau du nazisme, la survie de la démocratie et l'héroïsme des résistants. » Je remercie Ann Befroy, archiviste de Miss Porter's School à Farmington, dans le Connecticut, pour m'avoir donné accès aux numéros de la revue *Salmagundi* parus durant la scolarité de Jacqueline Bouvier.

15. D. Spoto, *Jackie*, *op. cit.*, p. 84-85.

16. Nancy Tuckerman *et al.*, *The Estate of Jacqueline Kennedy Onassis*, catalogue de vente aux enchères, New York, Sotheby's, 1996, p. 531.

17. C. S. Anthony, *As We Remember Her*, *op. cit.*, p. 38.

18. S. de Beauvoir, *L'Amérique au jour le jour*, *op. cit.*, p. 70-72.

19. Les mots en italique suivis d'un astérisque, ici comme dans les autres citations, signalent des termes en français dans le texte original (*N.d.T.*). Cette lettre est reproduite *in* C. S. Anthony, *As We Remember Her*, *op. cit.*, p. 39. Les documents de Jacqueline Kennedy Onassis conservés au John F. Kennedy Presidential Library and Museum ne sont pas inventoriés à ce jour ; ses lettres à son demi-frère Yusha Auchincloss sont également inaccessibles.

20. Marjorie Flory, entretien avec l'auteur, 8 avril 2009.

21. Martha Rusk, entretien avec l'auteur, 4 février 2010.

22. Le Sacré-Cœur, édifié vers la fin du XIXᵉ siècle au sommet de Montmartre, doit sa blancheur persistante au travertin de sa façade.

23. Carte d'alimentation de Jacqueline Bouvier, propriété de Claude du Granrut. La pénurie restait sévère et le rationnement se poursuivit tout au long de l'année 1949.

24. L'histoire des toilettes en France éclaire la vie en appartement et en pavillon aussi sûrement qu'une étude sociologique. Voir Roger-Henri Guerrand, *Les Lieux : histoire des commodités*, Paris, La Découverte, 1997.

25. Mary Ann Hoberman, communication électronique avec l'auteur, 17 février 2009.

26. Gertje Utley, *Picasso, The Communist Years*, New Haven, Yale University Press, 1999, p. 140.

27. Le *Journal* fut d'abord publié aux Pays-Bas en 1947. Il parut aux États-Unis deux ans après sa traduction en français et en allemand, sous le titre *Ann Frank : The Diary of a Young Girl*, New York, Doubleday, 1952.

28. Barbara Vagliano, née Allen, passait ses vacances d'été à Newport. Sa fille, Sonia Eloy, joua un rôle important dans la France libre du général de Gaulle et dans des organisations pour réfugiés après la guerre. Sonia était l'épouse de Philippe Eloy, fils de la meilleure amie de la comtesse de Renty (lettre de Claude du Granrut à l'auteur, 4 novembre 2010).

29. Stanley Geist, « Mémoires d'un touriste : Paris 1947 », trad. fr. René Guyonnet, *Les Temps modernes*, Paris, 1948, p. 536-547.

30. Jean Luchaire fut jugé pour trahison et exécuté en février 1946 ; Schlesinger était alors rentré aux États-Unis.

31. Johanna Barasz (Institut d'études politiques), entretien avec l'auteur, 3 juillet 2009. Un livre tiré de sa thèse de doctorat « De Vichy à la Résistance : les vichysto-résistants » est à paraître aux Éditions Payot.

32. Claude du Granrut, « Aux petits-enfants de Robert de Renty, matricule 77096 », livre de souvenirs (non publié) consacré à son père, octobre 1999. Avec l'aimable autorisation de Claude du Granrut. Les autres détails relatifs à la déportation des Renty et à la vie quotidienne dans l'appartement de l'avenue Mozart proviennent de plusieurs entretiens avec Claude du Granrut entre 2007 et 2010.

33. Voir Germaine Tillion, *Ravensbrück*, Paris, Le Seuil, 1973. Personnage public d'une envergure exceptionnelle, Germaine Tillion joua plus tard un rôle de médiatrice pendant la guerre d'Algérie. Voir Claire Andrieu, « Women in the French Resistance : Revisiting the Historical Record », *French Politics, Culture, and Society*, vol. 18, n° 1, 2000, p. 13-27. C. Andrieu relève qu'aucune femme ne fit jamais partie du Conseil national de la résistance ni du gouvernement de Gaulle.

34. Jusqu'en 1949, Munich et Dachau étaient situés dans la zone d'occupation américaine ; la France, qui occupait alors une petite partie de l'Allemagne occidentale, avait installé son quartier général à Baden-Baden. La Haute Commission alliée resta en fonction jusqu'en 1955. Quand les Alliés signèrent un accord en vue de sa dissolution, la France fit stipuler dans un addendum que le camp de Dachau et tous les autres sites abritant les restes de victimes du nazisme seraient préservés et jouiraient du statut de sanctuaires commémoratifs. Sur l'histoire du camp et du mémorial de Dachau, voir Harold Marcuse, *Legacies of Dachau : The Uses and Abuses of a Concentration Camp, 1933-2001*, Cambridge, Cambridge University Press, 2001, p. 147.

35. Sur l'« affaire du Leitenberg », voir Harold Marcuse, *op. cit.*, p. 142-151. Sur les débats au Parlement français, voir les *Débats parlementaires*, Assemblée nationale, 13 décembre 1949. Sur Munich après la guerre, voir Anne Duménil, « L'Expérience intime des ruines : Munich, 1945-1948 », *in* Bruno Cabanes et Guillaume Piketty, *Retour à l'intime au sortir de la guerre*, Paris, Tallandier, 2009, p. 101-106.

36. André Siegfried, *L'Âme des peuples*, Paris, 1950, p. 162.

37. S. de Beauvoir, *L'Amérique au jour le jour, op. cit.*, p. 429.

38. Avec l'aimable autorisation de Brenda Gilchrist, et avec mes remerciements à Cordelia Ruffin Richards pour son courrier. Blaikie Forsyth Worth était une étudiante de Bryn Mawr College participant au programme de séjour à l'étranger de Smith College.

39. Henriette Nizan, « Quand la jeunesse américaine vient respirer l'air de Paris », *Rapports France-États-Unis*, Paris, Service d'information de la mission spéciale en France de l'ECA, septembre 1950, n° 42, p. 45-50. Entre autres informations utiles, H. Nizan fournit des chiffres précis concernant les bourses d'études. On apprend ainsi que les boursiers Fulbright obtenaient 50 000 dollars pour l'année, les bénéficiaires du *GI bill*, 75 dollars par mois, 105 s'ils étaient mariés, 120 s'ils avaient un enfant.

40. Madeleine Guilloton, *Report on the Junior Group in Paris*, 16 avril 1948, dossier President Herbert John Davis, boîte 459, JYA-France, archives de Smith College.

41. Informations tirées du journal d'une étudiante très satisfaite logée avenue Mozart en 1951, *in* May Allison Kirschner (dir.), « Coming of Age in Paris : Smith Junior Year Abroad 1950-1951 : Letters, Diaries and Recollections », archives de Reid Hall, Paris.

42. Jacqueline Bouvier, « The Paris Review Sketchbook », numéro du 25ᵉ anniversaire, *The Paris Review*, n° 79, printemps 1981, p. 415-416, avec citation d'une lettre de Jacqueline Bouvier à George Plimpton.

43. Mary Ann Peyser Horenstein, entretien avec l'auteur, 19 décembre 2007.

44. Voir Henriette Nizan et Marie-José Jaubert, *Libres Mémoires*, Paris, Laffont, 1989, p. 396, sur le scandale du Tabou en 1949 : les candidates au titre de Miss Tabou se présentaient « nues », c'est à dire en bikini.

45. Jeanne Saleil au président Wright, 9 décembre 1949, dossier Benjamin Wright, boîte 476, JYA France, archives de Smith College.

46. M. A. Peyser Horenstein, entretien avec l'auteur.

47. Dans la France de 2010, Claude du Granrut appartient aux mêmes cercles que les jeunes gens (devenus adultes) figurant sur cette photographie ; elle a assisté au mariage et à l'enterrement de certains d'entre eux ; elle connaît leurs enfants et leurs petits-enfants. En 1949, pourtant, elle ne faisait pas partie de leur coterie ; elle s'étonne, du reste, de posséder cette photographie. Un cliché légèrement différent parut dans *France-Soir* en 1960, à la veille de la visite officielle de Jacqueline Kennedy en France.

48. Le terme « paparazzi » est dérivé d'un personnage de *La Dolce Vita* de Fellini (1960), le jeune photographe Paparazzo.

49. Éditorial de Mauriac dans *Le Figaro*, 19 novembre 1949, et réponse de Roger Grenier ; transcriptions aimablement fournies par Roger Grenier.

50. Gore Vidal relate l'histoire de l'ascenseur dans ses mémoires, sans citer nommément Marquand (*Palimpseste, op. cit.* p. 471) ; Edward Klein, lui, mentionne son nom (*John et Jackie : un amour tourmenté*, Paris, Laffont, 1996, p. 28) ; Sarah Bradford (*America's Queen, op. cit.*, p. 558) évoque une liaison

sentimentale avec Paul de Ganay; David Heymann (*Jackie: un mythe améri-cain*, trad. fr. Perrine Dulac et Sara Oudin, Paris, Presses Pocket, 1990, p. 92-93) avec Ormonde de Kay; Donald Spoto (*Jackie, op. cit.*, p. 103) avec le fils d'un diplomate français; et Bertrand Meyer-Stabley (*La Véritable Jackie*, Paris, Pygmalion, 1999 p. 53) avec un conseiller de Georges Bidault.

51. Paroles de Johnny Mercer sur une mélodie de Hoagy Carmichael, qui accompagne Bacall au piano. *Le Port de l'angoisse* (titre original: *To Have and Have not*) est un film de Howard Hawks (Warner Bros., 1944).

52. Avant la réforme de 1966, l'année de propédeutique tenait lieu de cours préparatoire à l'enseignement supérieur.

53. Pour une ethnographie des classes supérieures en France, voir Éric Mension-Rigau, *Aristocrates et grands bourgeois: éducation, traditions, valeurs*, Paris, Perrin, 1994; sur la vie sportive comme prolongement de la vie sociale, voir p. 443: « La beauté est confondue avec la vigueur. »

54. Pour une histoire illustrée du château de Courances, voir Valentine de Ganay et Laurent Le Bon (dir.), *Courances*, Paris, Flammarion, 2003.

55. C. S. Anthony, *As We Remember Her, op. cit.*, p. 40.

56. Jacqueline Kennedy Onassis, texte soumis au prix de Paris, concours de 1951, John F. Kennedy Library and Museum, Boston, Massachusetts.

57. Jeanne Saleil, *A House in the Cévennes*, New York, Macmillan, 1949.

58. Les informations sur Jeanne Saleil proviennent essentiellement de mes entretiens avec deux anciennes étudiantes de Smith College à Paris, Martha Rusk Sutphen et Mary Ann Peyser Horenstein, d'une lettre de Cordelia Ruffin Richards, et du dossier universitaire de Jeanne Saleil conservé aux archives de Smith College (Faculty Biography, boîte 995, Jeanne Saleil, Prof. of French 1930-1963).

59. Jeanne Saleil au président Wright, 9 décembre 1949.

60. Martha Rusk Sutphen, entretien avec l'auteur, 4 février 2010.

61. Jeanne Saleil au président Wright, 9 décembre 1949.

62. Sur les réactions très négatives de Mauriac et de Camus, voir Toril Moi, *Simone de Beauvoir: conflits d'une intellectuelle*, trad. fr. Guillemette Belleteste, Paris, Diderot, 1995, p. 288-289; Judith G. Coffin, à partir de l'analyse des lettres reçues par Beauvoir en réponse au *Deuxième Sexe*, évoque la réaction positive de maintes lectrices dans son article « Sex, Love and Letters: Writing Simone de Beauvoir 1949-1964 », *American Historical Review*, vol. 115, n° 6, octobre 2010, p. 1061-1088.

63. M. A. Peyser Horenstein, entretien avec l'auteur.

64. M. A. Kirschner (dir.), « Coming of Age in Paris », art. cité.

65. La revue *Fontaine* parut à Alger entre 1937 et 1944, puis à Paris jus-qu'en 1947.

66. Pour les informations sur Max-Pol Fouchet, je renvoie à mes entre-tiens avec Virginia Lyon-Paige et Martha Rusk Sutphen, ainsi qu'à son por-trait dans « Coming of Age in Paris », art. cité.

67. M. Rusk Sutphen, entretien avec l'auteur.

68. La liste des cours suivis par Jacqueline est classée par disciplines, comme suit: littérature — XVIIIe siècle; littérature — XIXe siècle; littérature

— xxe siècle ; histoire — relations internationales depuis 1870 ; Philosophie et arts ; Philosophie — esthétique (Intitulés des cours, sans mention des notes obtenues, aimablement fournis par les archives de Smith College).

69. Avec mes remerciements à Jacqueline Cerquiglini-Toulet pour sa description très colorée du cours magistral à l'ancienne tel qu'il se pratiquait en Sorbonne.

70. Mary Ann Freedman Hoberman, communication électronique avec l'auteur, 23 juillet 2010.

71. C. du Granrut, entretien avec l'auteur. Voir ci-dessus la lettre de Jacqueline Bouvier à son demi-frère Yusha Auchincloss et son poème bilingue.

72. Paul Nizan, qui fut le camarade de Sartre au lycée Henri-IV et son cothurne à l'École normale, communiste repenti et romancier adulé des étudiants parisiens, est notamment l'auteur de *La Conspiration* (1938).

73. Voir H. Nizan, *Libres Mémoires, op. cit.*, p. 312 et 336.

74. H. Nizan, « Quand la jeunesse », art. cité, p. 45-50.

75. À l'été de 1947, Claude suivit les cours du Wellesley Institute for Foreign Students, avant de passer l'année universitaire 1947-1948 à Mount Holyoke comme enseignante de français.

II. JACQUELINE BOUVIER, LE RETOUR

1. Le programme de Jacqueline, ce semestre-là, comportait une série de lectures, pour la plupart en français, un cours de sociologie intitulé, dans l'esprit de l'époque, « L'Homme dans la société moderne », et un cours sur l'évolution de la civilisation européenne.

2. Ces précisions sur le programme d'études de Jacqueline Bouvier pour sa dernière année proviennent du *George Washington University Bulletin*, vol. II, n° 5, 1950, The George Washington Bulletin Records, Special Collections Research Center, Gelman Library, Washington, DC.

3. Voir ci-dessous la correspondance de Jacqueline avec le magazine *Vogue*.

4. Les Seven Sisters, sept universités féminines d'élite (Vassar, Smith, Wellesley, Mount Holyoke, Radcliffe, Bryn Mawr et Barnard) forment le pendant des huit établissements masculins de l'Ivy League.

5. Virginia Lyon Paige, entretien avec l'auteur, 1er avril 2009.

6. Jacqueline Bouvier Kennedy Onassis, documents soumis par les candidates au prix de Paris, archives 1951, John F. Kennedy Presidential Library and Museum, Boston.

7. Carol Feisenthal, *Citizen Newhouse : Portrait of a Media Merchant*, New York, Seven Stories Press, 1998 ; Gigi Mahon, « S. I. Newhouse and Condé Nast : Taking Off the White Gloves », *New York Times Magazine*, 10 septembre 1989.

8. André Malraux, *Le Musée imaginaire*, première partie des *Voix du silence*, Paris, Gallimard, 1951, p. 11-14.

9. CIA, communication écrite avec l'auteur, 6 mars 2009 ; Virginia Lyon-Paige, entretien ; Martha Rusk Sutphen, entretien. Martha Rusk travailla pour la CIA de 1951 à 1953, Virginia Lyon-Paige de 1951 à 1964.

10. S. Bradford (*America's Queen, op. cit.*, p. 68) souscrit à la théorie selon laquelle Jacqueline recherchait un milieu professionnel où elle pût rencontrer un mari ; selon E. Klein (*John et Jackie, op. cit.*, p. 61-62), la décision en revient exclusivement à Janet Auchincloss.

11. En 1974, les deux sœurs publièrent leurs carnets sous le titre *One Special Summer*, écrit et illustré par Jacqueline et Lee Bouvier, New York, Rizzoli, 1974.

12. *Ibid.*, p. 20.

13. Arthur M. Schlesinger, Jr., *Journals, 1952-2000*, New York, Houghton Mifflin, 2000, p. 56.

14. John Kenneth Galbraith, *Name-Dropping : From F.D.R. On*, New York, Houghton Mifflin, p. 129 et suiv.

15. Saint Simon, *Mémoires*, Paris, Gallimard, 1983-1988, 8 volumes, t. V, p. 537-528.

16. S. Bradford, *America's Queen, op. cit.*, p. 177-179.

17. Norman Mailer, « An Evening with Jackie Kennedy », *Esquire*, juillet 1962, p. 57-61, repris *in* Norman Mailer, *The Presidential Papers*, New York, Putnam, 1963, p. 84.

18. A. M. Schlesinger, Jr., « Jacqueline Bouvier Kennedy in the White House », *in* H. Bowles (dir.), *Les Années Maison-Blanche, op. cit.*, p. 3.

19. Cité dans les mémoires de John Fairchild, *The Fashionable Savages*, New York, Doubleday, 1965, p. 118 ; le chapitre consacré à Jacqueline Kennedy s'intitule « Son Élégance ».

20. H. Bowles (dir.), *Les Années Maison-Blanche, op. cit.*, p. 31.

21. Oleg Cassini, *A Thousand Days of Magic*, New York, Rizzoli, 1996, p. 18 : « J'avais créé un concept pour elle [Jacqueline Kennedy]. Je m'adressais à elle comme à une star de cinéma, lui répétant qu'il lui fallait une histoire, un scénario digne d'une première dame. »

22. Jacqueline Kennedy à Oleg Cassini, 13 décembre 1960, *in* O. Cassini, *A Thousand Days of Magic, op. cit.*, p. 29-30.

23. *Ibid.*

24. *Ibid.*

25. Sur l'histoire de la cocarde dans la France révolutionnaire, voir Richard Wrigley, « Cockades : Badge Culture and its Discontents », *The Politics of Appearances : Representations of Dress in Revolutionary France*, Oxford, Berg, 2002, p. 97-134 ; sur son évolution, ses diverses couleurs et sa signification politique, voir Caroline Weber, *Queen of Fashion : What Marie Antoinette Wore to the Revolution*, New York, Holt, 2006.

26. Jacqueline Kennedy à Charles de Gaulle, 3 juin 1961, voyage officiel en France de personnalités étrangères, 5AGI 579/1AGV, Archives nationales.

27. « Parisians Await Mrs. Kennedy : They Talk the Same Language. Television Interview Ends Doubts on Her Fluency — Curiosity Rises », *New York Times*, 31 mai 1961.

28. Pierre Crenesse, entretien en français avec Jacqueline Kennedy, à la Maison-Blanche, pour la télévision française (compte rendu dans le *New York Times* du 31 mai ; voir note précédente), diffusé le 30 juin 1961, ORTF, journal de 20 heures, première chaîne, RTR002, Inathèque, Bibliothèque nationale de France, Paris. « Il ne relaxe [*sic*] pas dans une chaise à bascule, il ne se détend jamais », confie-t-elle à la caméra. Crenesse lui ayant demandé si le couple parlait parfois politique, Jacqueline répond avec grâce qu'elle préfère que son mari ne rapporte pas de travail à la maison : « Si je peux lui le faire oublier [*sic*]… Ce n'est pas un type qui aime se détendre. »

29. Stéphane Groueff, portrait du couple présidentiel, *Paris-Match*, 3 juin 1961, p. 77.

30. Mme Kennedy à l'attaché du général de Gaulle, 10 avril 1961 ; Mme Kennedy, télégramme comportant la liste de ses amis, 10 mai 1961, voyage officiel en France de personnalités étrangères, 5AGI 579/1AGV, Archives nationales.

31. Smith College News Bulletin, dossier Jeanne Saleil, boîte 995, Smith College Archives : « Smith College sera représenté au dîner organisé à la Maison-Blanche, le 11 mai, par le Président et Mme John F. Kennedy. Mlle Jeanne Saleil, professeur de français, a été priée de rencontrer André Malraux, célèbre romancier actuellement ministre d'État chargé des Affaires culturelles, ainsi que son épouse. Mlle Saleil a été directrice du programme d'études en France de Smith College, et cela à de nombreuses reprises ; elle occupait ce poste lors du séjour de Mme Kennedy, alors étudiante à Vassar College, qui accompagnait le groupe de Smith College à Paris. »

32. Martha Rusk Sutphen, entretien.

33. Plan de table, AG/5(1)579, Archives nationales.

34. La scène est dépeinte dans une délicieuse aquarelle de Jacqueline Duhême parue dans *Elle*, puis reproduite dans un livre pour enfants, *Jacqueline Kennedy et Jacqueline Duhême partent en voyage*, préface de John Kenneth Galbraith, Paris, Gallimard Jeunesse, 1988, p. 27.

35. Olivier Todd, *Malraux. Une vie*, Paris, Gallimard, nouvelle éd. 2002, p. 642. Sur la riche bibliothèque de Jacqueline, voir « Sale Set for Treasures Left by Jackie Onassis », *New York Times*, 15 décembre 1995. Sur sa carrière dans l'édition, voir Greg Lawrence, *Jackie as Editor : The Literary Life of Jacqueline Kennedy Onassis*, New York, St. Martin's Press, 2001, et William Kuhn, *Reading Jackie : Her Autobiography in Books*, New York, Doubleday, 2010.

36. Voir Herman Lebovics, *Mona Lisa's Escort : André Malraux and the Reinvention of French Culture*, Ithaca, Cornell University Press, 1999, et Charles-Louis Foulon, *André Malraux, ministre de l'irrationnel*, Paris, Gallimard, 2005. Voir également Marguerite Leslie Davis, *Mona Lisa in Camelot*, New York, Da Capo Press, 2008, qui raconte comment Jacqueline Kennedy facilita le prêt de *La Joconde* à Washington.

37. *La Joconde* attira plus de 1 750 000 Américains entre janvier et mars 1963, à Washington puis à New York. Dans son discours de remerciements à Malraux, qui avait prêté ce chef-d'œuvre aux États-Unis, Kennedy déclara que la France était la « première puissance artistique mondiale ». Voir Charles-Louis Foulon, *André Malraux et le rayonnement culturel de la France*, Bruxelles, Complexe, 2004.

38. Nombre de ses biographes laissent entendre que Jacqueline s'échappait de la Maison-Blanche dès que possible en raison des infidélités de son mari. Peu ont imaginé qu'elle ait pu voyager pour des raisons personnelles et positives telles que indépendance, besoin de solitude ou de relations amicales, curiosité intellectuelle et artistique.

39. « Nation : Vacation Time », *Time*, 3 août 1962. Au mois d'août, Jacqueline Kennedy et sa fille retrouvèrent Caroline Lee à la villa Sangro, au-dessus de la baie de Salano.

40. Jacqueline Kennedy à André Malraux, 26 août 1963, lettre à en-tête de l'évêché de Ravello, province de Salerne, avec l'aimable autorisation de Florence Malraux (les erreurs de syntaxe de l'original sont ici respectées). Letitia Baldrige Hollensteiner, secrétaire particulière de Jacqueline Kennedy à la Maison-Blanche, était déroutée par les pratiques épistolaires de la première dame : « Quand quelque chose n'allait pas, elle pouvait envoyer à des chefs d'État des lettres amicales, mondaines, anecdotiques, ce qui suscitait la panique dans toute l'aile Est, bien sûr, car elle n'utilisait pas de copie carbone et personne ne savait ce qu'elle racontait dans ses lettres. Elle écrivait à la main, parfois sur des pages entières, au général de Gaulle, au Premier ministre Nehru, entre autres... Je suis sûre qu'aucune autre première dame n'a jamais agi de la sorte, et je suis sûre qu'aucun autre président n'a accordé une telle liberté à son épouse, et j'espère que ces fameuses lettres seront un jour exhumées par les historiens. » Letitia Baldrige Hollensteiner, entretien donné dans le cadre du John F. Kennedy Oral History Program, 24 avril 1964, p. 70-71, John F. Kennedy Presidential Library and Museum, Boston.

41. S'il est vrai, comme l'affirme L. Baldrige Hollensteiner, qu'il n'existe ni brouillon ni copie de lettres telles que celle-ci, il est peu probable de les voir resurgir en nombre du côté américain. Les documents personnels du général de Gaulle postérieurs à 1958 ne sont pas encore accessibles aux chercheurs, et la lettre de remerciements que lui adressa Jacqueline après sa visite à Paris est conservée dans un dossier des Archives nationales du palais de l'Élysée relatif aux visites de chefs d'État étrangers. S'ils espèrent retrouver les lettres de Jacqueline Kennedy à de Gaulle, les historiens devront s'armer de patience et de persévérance.

42. A. M. Schlesinger analyse les conflits entre ces divers conseillers *in* H. Bowles (dir.), *Les Années Maison-Blanche*, *op. cit.*, p. 4.

43. Dans *The Bouviers*, *op. cit.*, p. 346, John Davis évoque « une console ayant appartenu à Joseph Bonaparte à Breeze Point » et, offerts par Mr et Mme Henry T. MacNeil, deux fauteuils Empire réalisés par Michel Bouvier en 1820, « rachetés par eux à un arrière-petit-fils de Michel, John Vernou

Bouvier Patterson ». Ces fauteuils meublaient les appartements privés du président à la Maison-Blanche.

44. Pierre Crenesse, entretien en français avec Jacqueline Kennedy, à la Maison-Blanche, pour la télévision française, diffusé le 30 juin 1961, ORTF, journal de 20 heures, première chaîne, RTR002, Inathèque, Bibliothèque nationale de France, Paris.

45. Jacqueline et John F. Kennedy, « Cinq Colonnes chez les Kennedy », entretien avec Étienne Lalou et Igor Barrère, septembre 1960, accessible sur le site web de l'Ina.

46. L. Baldrige Hollensteiner, entretien.

47. *Ibid.*

48. N. Mailer, « An Evening with Jackie Kennedy », art. cité, p. 97.

49. *Ibid.*

50. A. M. Schlesinger, « Jacqueline Bouvier Kennedy », art. cité, p. 97.

51. J'ai tenté de retrouver la source de la fameuse déclaration du général de Gaulle, qui apparaît dans la quasi-totalité des ouvrages américains consacrés à Jacqueline Kennedy mais dans aucun livre français sur de Gaulle. Je sais gré à Carl Sferrazza Anthony de m'avoir confirmé que la phrase fut rapportée par Jacqueline Onassis, par l'intermédiaire de Nancy Tuckerman, dans une lettre du 3 décembre 1989. La formule « Andromaque d'un jour » et l'anecdote de la marguerite blanche sont citées par Jean Lacouture, *De Gaulle*, Paris, Le Seuil, 1984-1986, 3 volumes, t. III : *Le Souverain*, p. 369-370. Voir notre note sur les sources, en fin de volume, pour plus de détails sur la traque de cette insaisissable citation et sur le dialogue imaginaire entre Malraux et de Gaulle à propos de Jacqueline Kennedy.

52. Jacqueline Kennedy, *Avec John F. Kennedy : Conversations inédites avec Arthur M. Schlesinger, 1964*, trad. fr. Laurent Bury et Cécile Dutheil de La Rochère, Paris, Flammarion, 2011, p. 274-282.

53. Carolyn Heilbrun, *Writing a Woman's Life*, New York, Norton, 1989, p. 120.

54. Truman Capote, « La Côte basque 1965 », *Esquire*, novembre 1975, p. 113, à propos des travestis imitant Audrey Hepburn, Marilyn Monroe et Jackie Kennedy : « C'est ainsi qu'elle m'est apparue dans la vraie vie : non comme une femme au sens strict du terme, mais comme une habile transformiste jouant à être Mme Kennedy. »

55. Gloria Steinem, *Outrageous Acts and Everyday Rebellions*, New York, Holt, 1983, p. 206.

56. Marly Rusoff, ancienne collègue de Jacqueline Onassis chez Doubleday, entretien avec l'auteur, 15 mars 2009.

57. Louis Auchincloss, *Quest Magazine*, mai 1997, cité *in* S. Bradford, *America's Queen, op. cit.*, p. 549.

58. Louis Auchincloss, *Women in the Age of the Sun King*, New York, Doubleday, 1984, p. 142.

59. Jacqueline Onassis, « Introduction », *in* William Howard Adams, *Atget's Gardens*, New York, Doubleday, 1979, p. 7.

60. Antony Beevor et Artemis Cooper, *Paris libéré, Paris retrouvé*, trad. fr.

Frank Straschitz, Paris, Perrin, 2004. Les journaux de Duff Cooper furent publiés une dizaine d'années plus tard par John Julius Norwich, le père d'Artemis Cooper, sous le titre *The Duff Cooper Diaries*, Londres, Weidenfeld and Nicolson, 2007.

61. Danuta Kean, « Antony Beevor, On the Joys of History », *The Independent*, 21 mai 2006.

62. Le *New York Times* du 27 novembre 1988 précise que Jacqueline Kennedy Onassis est l'une des premières femmes du XXe siècle à avoir été admises au Century Club, à l'instar de Beverly Sills et de Brooke Astor.

63. Jean-Paul Sartre, *Les Mots*, Paris, Gallimard, 1964, p. 171.

64. Jacqueline Onassis à Claude du Granrut, 17 juillet 1993, lettre écrite à bord du Concorde. Avec l'aimable autorisation de Claude du Granrut.

65. *In Memoriam : Jacqueline Bouvier Kennedy Onassis*, service funèbre, église Saint-Ignace-de-Loyola, New York, Doubleday, 1995, p. 31.

66. Valéry Giscard d'Estaing, France Inter, 20 mai 1994. Sur les propos très critiques de Jacqueline Kennedy à l'égard du général de Gaulle, voir Jacqueline Kennedy, *Avec John F. Kennedy, op. cit.*, p. 274-280.

67. S. Bradford, *America's Queen, op. cit.*, p. 590, d'après un entretien avec Frederic Papert, président de la Municipal Art Society en 1994.

68. Catalogue de vente aux enchères, *op. cit.*, p. 122. Sur le prix de cette vente, voir « At Miss Porter's School, Miss Bouvier is Just Not for Sale », *New York Times*, 27 avril 1966.

III. SUSAN SONTAG, 1957-1958

1. Susan Sontag, *Renaître. Journaux et carnets, 1947-1963*, trad. fr. Anne Wicke, Paris, Christian Bourgois, 2010, p. 175.

2. Djuna Barnes, *L'Arbre de la nuit* [1937], trad. fr. Pierre Leyris, Paris, Le Seuil, 1957, p. 107.

3. S. Sontag, *Renaître, op. cit.*, p. 213-214.

4. Susan Sontag, « Vies plurielles : les années de formation », entretien avec Chantal Thomas, « À voix nue, grands entretiens », 1re émission, France Culture, 1er janvier 2001, département Audiovisuel, Bibliothèque nationale de France.

5. Valentina Polukhina, « He Landed among Us Like a Missile : An Interview with Susan Sontag », 11 novembre 2003, in *Brodsky Through the Eyes of His Contemporaries*, Lancaster, Academic Studies Press, 2010, 2 volumes, t. II, p. 324 et suiv.

6. Nancy Kates, entretien avec Harriet Sohmers dans le cadre d'un film documentaire en cours de préparation, *Regarding Susan Sontag*.

7. S. Sontag, *Renaître, op. cit.*, p. 72.

8. *Ibid.*, p. 36.

9. *Ibid.*

10. Voir Molly McQuade, « A Gluttonous Reader : Susan Sontag », *in* M. McQuade, *An Unsentimental Education : Writers and Chicago*, Chicago, University of Chicago Press, 1995, p. 161-168.

11. S. Sontag, *Renaître, op. cit.*, p. 54-55. Les italiques suivis d'un astérisque signalent les mots ou expressions figurant en français dans le texte original.

12. Georges Perec, *Tentative d'épuisement d'un lieu parisien*, Paris, Christian Bourgois, 1983.

13. S. Sontag, *Renaître, op. cit.*, p. 54-55.

14. *Ibid.*, p. 98.

15. *Ibid.*, p. 242.

16. S. Sontag, « The Letter Scene », *The New Yorker*, 18 août 1986, p. 24-32.

17. Leslie Garis, « Susan Sontag Finds Romance », *New York Times*, 2 août 1992, p. 20-23, 31 et 43.

18. S. Sontag, *Renaître, op. cit.*, p. 99.

19. Susan Sontag à « Merrill », brouillon de lettre inséré dans son Journal, entrée du 23 mars 1950, boîte 123, dossier 8, Susan Sontag Papers, Charles E. Young Library, université de Californie à Los Angeles (UCLA). C'est Daniel Horowitz qui signale cette lettre dans son article sur les journaux de Susan Sontag (« I am alive... I am beautiful... what else is there ? », *Chronicle of Higher Education*, 19 décembre 2008). Il reproche à David Rieff de ne pas avoir inclus la lettre dans *Renaître*, car il estime qu'elle offre un éclairage utile sur ce mariage surprenant. Il est vrai que le statut du passage en question peut sembler ambigu : il s'agit non pas d'une entrée de journal mais du brouillon d'une lettre à un ami.

20. S. Sontag, Journal 1949-1950, Susan Sontag Papers, Charles E. Young Library, UCLA.

21. Liste des passagers de New York, 1820-1957. Susan et Philip Rieff rentrèrent à New York (au départ du Havre, avec escale à Southampton) le 24 août 1951 (site consulté le 15 juin 2012).

22. Djuna Barnes, *Nightwood*, préface de T. S. Eliot, New York, New Direction, 1936, avec notes marginales de Susan Sontag et de Philip Rieff, Susan Sontag Papers, boîte 217, dossier 2, Charles E. Young Library, UCLA.

23. S. Sontag, « The Dialectic of Decay », 15 mai 1950, p. 1-2, dissertation sur *L'Arbre de la nuit* de Djuna Barnes, Susan Sontag Papers, boîte 147, dossier 5, *ibid.* Le document porte la mention « mémoire de licence ». En réalité, il s'agit d'un devoir composé au printemps de sa première année à Chicago (soit sa troisième année de licence), en remplacement de l'examen final du cours « Humanités 3B » obligatoire dans le cursus de culture générale de la licence.

24. J'emprunte à Michael Denning cette plaisante épithète.

25. Carl Rollyson et Lisa Paddock, *Susan Sontag : The Making of an Icon*, New York, Norton, 2000, p. 32 ; M. McQuade, *An Unsentimental Education*, *op. cit.*

26. S. Sontag, analyse de diverses œuvres de Joseph Conrad, Susan Sontag Papers, boîte 147, dossier 4, Charles E. Young Library, UCLA.

27. S. Sontag, « The Dialectic of Decay », art. cité, p. 20.

28. Pour ses inconditionnels, *L'Arbre de la nuit* conserve son statut de chef-d'œuvre avant-gardiste de la fiction homosexuelle ; la langue de Barnes, pourtant, y apparaît souvent prétentieuse et désorganisée, et, hors contexte, certaines phrases perdent une part de leur charme enivrant — par exemple : « Vous vous lavez avec chaque pensée, chaque geste, avec tous les émollients et tous les savons concevables, et vous vous attendez à retrouver votre chemin. » S'il est vrai que telle ou telle phrase tirée de son contexte peut sembler obscure, le roman fonctionne malgré tout et plonge son lecteur dans un état quasi hallucinatoire.

29. S. Sontag, *Renaître, op. cit.*, p. 95.

30. Wallace Fowlie, *The Clown's Grail : A Study in Love in Its Literary Expression*, Londres, Dobson, 1947.

31. S. Sontag, *Renaître, op. cit.*, p. 95.

32. Susan Sontag avait entamé un doctorat d'anglais à l'université du Connecticut, à Storrs, avant de renoncer au bout d'un an ; à Harvard, elle avait suivi des cours de littérature en qualité d'auditrice libre avant d'opter pour une thèse de philosophie.

33. S. Sontag, *Renaître, op. cit.*, p. 242.

34. *Ibid.*, p. 215.

35. Cahier à spirale Oxford, notes de voyage pour la France et l'Angleterre, Susan Sontag Papers, boîte 152, dossier 3, Charles E. Young Library, UCLA.

36. Susan Sontag et Chantal Thomas, « À voix nue, grands entretiens », deuxième émission, France Culture, 2 janvier 2001, département Audiovisuel, Bibliothèque nationale de France.

37. L'architecture moderne connut son heure de gloire après le retour au pouvoir du général de Gaulle, en 1958, avec le siège de l'Unesco, la Maison de la Radio et, sous Pompidou, la tour Montparnasse, bâtiments qui, par leur échelle notamment, constituaient une rupture avec la tradition. La même année furent mis en place plusieurs projets ambitieux de rénovation urbaine en « zone prioritaire ». Pour l'heure, cependant, Paris était la même ville silencieuse et noire que dans l'immédiat après-guerre.

38. Rosemary Wakeman, *The Heroic City : Paris 1945-1958*, Chicago, University of Chicago Press, 2009, p. 173.

39. S. Sontag, *Renaître, op. cit.*, p. 202-203.

40. Jean-Paul Sartre, *Qu'est-ce que la littérature ?*, Paris, Gallimard, 1985, p. 207.

41. Courrier de Harriet Sohmers Zwerling à l'auteur, 27 janvier 2011.

42. Annette Michelson, entretien avec l'auteur, 19 octobre 2009.

43. Pour une histoire détaillée de l'hôtel de la rue Gît-le-Cœur et de ses résidents célèbres, voir Barry Miles, *Beat Hotel : Allen Ginsberg, William Burroughs et Gregory Corso à Paris, 1957-1963*, trad. fr. Alice Volatron, Marseille, Le Mot et le Reste, 2011.

44. Harriet Daimler (pseudonyme), *The Woman Thing*, Paris, Olympia Press, 1958, p. 69. Iris Owen est mentionnée dans le Journal de Sontag : « La fille la plus intelligente de sa classe à Barnard pensait aller faire son doctorat à Columbia + travailler avec [Lionel] Trilling » (S. Sontag, *Renaître, op. cit.*, p. 205). Au lieu de quoi Iris partit pour Paris au début des années 1950 et, pour subsister, publia des romans pornographiques chez Girodias. *The Woman Thing* narre les relations érotiques entre une Américaine et son amant écossais — dont le modèle est peut-être un autre pornographe de la *beat generation*, Alexander Trocchi, rédacteur en chef de la revue d'avant-garde *Merlin*, qui présenta de nombreux auteurs à Girodias.

45. B. Miles, *Beat Hotel, op. cit.*, p. 20.

46. University of Chicago Official Announcements of the College, 1950-1951, p. 25 ; Susan Sontag, université de Chicago, dossier scolaire, service des admissions, septembre 1949 ; diplôme de « Bachelor of Arts » accordé en décembre 1951. Entre 1942 et 1954, les diplômes de 1er cycle étaient délivrés au terme d'un examen général, et non pas sur la base des travaux dirigés suivis par l'étudiant pour préparer cet examen. Sontag suivit les TD suivants : « French 1a » à l'automne de 1949, « French 1b » au semestre d'hiver de 1950 ; et « French 1c » au semestre de printemps de la même année. À l'examen général (« French 1 ») de juin 1950, à la fin du semestre de printemps, elle obtint A en français.

47. S. Sontag, dossier scolaire.

48. Allen Ginsberg, *Journals Mid Fifties*, New York, Harper Collins, 1995, p. 340.

49. Tristan Renaud, entretien avec Susan Sontag à propos de son roman *Le Bienfaiteur* (traduction française de *The Benefactor*, 1963), *Les Lettres françaises*, 3 septembre 1965.

50. Edward Field, *The Man Who Would Marry Susan Sontag, and Other Intimate Portraits of the Bohemian Era*, Madison, University of Wisconsin Press, 2005, p. 160. L'homme en question était un écrivain du nom d'Alfred Chester. Proche de Sontag, de Sohmers et d'Irène Fornès, à Paris comme à New York, ce personnage excentrique mourut en 1971, en proie à la schizophrénie.

51. Sontag vit deux fois *À bout de souffle* en 1961, à New York, le 26 avril et le 21 novembre (archives Sontag, UCLA, boîte 124, dossier 9, listes de films). Un premier texte sur Godard parut dans le recueil *Against Interpretation* (1966), et un second dans *Styles of Radical Will* (1969) ; le premier a été traduit en français : Susan Sontag, « "Vivre sa vie" de Godard », *L'œuvre parle*, trad. fr. Guy Durand, Paris, Christian Bourgois, 1968, rééd. 2010, p. 291-308. Parmi les archives conservées à UCLA se trouve un long fax envoyé en 2002 par Jean-Luc Godard (boîte 86, dossier 36). Le cinéaste l'invite à jouer un rôle (de premier plan) dans un film qu'il s'apprêtait à tourner, un film politique dont l'action devait se dérouler dans un appartement en Palestine. Après la mort de Sontag en 2004, il réalisa sans elle *Notre musique*. Les hasards de la vie présentent parfois une étonnante symétrie : à vingt-quatre ans, Susan Sontag avait joué les figurantes (une dizaine de secondes à

l'écran) dans un film mineur de la Nouvelle Vague ; à soixante-neuf ans, elle se voyait offrir de jouer son propre rôle dans un film du maître de la Nouvelle Vague.

52. Comparer par exemple : « Et l'objet de ces lois, qu'on trouve si sages, n'est-il pas le sacrifice d'un pour en sauver mille ? » et sa traduction très littérale par Sohmers : « *And is not the object of this so wise law the sacrifice of one to save a thousand ?* » Marquis de Sade, *The Misfortunes of Virtue*, trad. angl. Harriet Sohmers, Paris, Obelisk Press, 1953.

53. Marquis de Sade, *Justine, or Good Conduct Well Chastised*, trad. angl. Pieralessandro Casavini, Paris, Olympia Press, 1953.

54. Sade a publié trois versions de *Justine* : d'abord *Justine, ou Les Infortunes de la vertu* (1787) ; puis *Justine, ou les Malheurs de la vertu* (1791) ; enfin *La Nouvelle Justine, ou Les Malheurs de la vertu, suivie de Juliette, ou Les Prospérités du vice* (1797). De cette dernière version, la plus longue, il n'existe pas à ce jour de traduction en anglais. Je remercie Anne Garréta pour ses lumières sur ce sujet complexe.

55. La traduction revue et corrigée, *Justine, or Good Conduct Well Chastised*, fut publiée en 1965 par Grove Press, à New York, avec mention de deux traducteurs : Austryn Wainhouse et Richard Seaver. Tous deux avaient collaboré à *Merlin*, revue littéraire pour expatriés dont les auteurs devaient fournir à Girodias plus d'un ouvrage érotique. Tout comme les écrivains noirs américains et la petite bande de la *Paris Review* — qui jouissait d'un bureau aux Éditions de la Table Ronde, à quelques pas de là — ils fréquentaient assidûment le Café de Tournon.

56. Au début des années 1950, Harriet Sohmers publia trois nouvelles dans *New Story : The Monthly Magazine for the Short Story* (publié à Paris) : « The Nearest Exit », *New Story*, n° 2, avril 1951, p. 82-87, juste après un récit de James Baldwin, « The Outing », p. 52-81 ; « Snow White », *New Story*, n° 8, novembre 1951, p. 59-68 ; et « Money in the Sun », *New Story*, n° 12, novembre 1952, p. 27-34.

57. Joyce Johnson, *Personnages secondaires*, trad. fr. Brice Matthieussent, Paris, Messinger, 1984 — ce récit concerne surtout la période 1957-1958 à New York.

58. B. Miles, *Beat Hotel, op. cit.*

59. S. Sontag, *Renaître, op. cit.*, p. 224-225.

60. *Ibid.*, p. 230.

61. Alice Kaplan, « On Language Memoir », *in* Angelika Bammer (dir.), *Displacements : Cultural Identities in Question*, Bloomington, Indiana University Press, 1994. Mon propre ouvrage *French Lessons* (Chicago, University of Chicago Press, 1993) relève également de ce genre littéraire.

62. S. Sontag, notes de voyage (France), Susan Sontag Papers, boîte 124, dossier 4, Charles E. Young Library, UCLA : listes de vocabulaire français et d'expressions idiomatiques.

63. S. Sontag, *Renaître, op. cit.*, p. 229.

64. Rapport de l'Association des universitaires américaines (American

Association of University Women) sur les boursières, « Susan Sontag (1957, Philosophy) », avec l'aimable autorisation de l'AAUW.

65. Nancy Kates, entretien avec Harriet Sohmers Zwerling, mai 2010, New York, transcrit par Nancy Kates.

66. Christopher Benfey et Karen Remmler, *Artists, Intellectuals and World War II : The Pontigny Encounters at Mount Holyoke College, 1942-1944*, Amherst, University of Massachusetts Press, 2006.

67. S. Sontag, *Renaître, op. cit.*, p. 243-244.

68. S. Sontag, « Un siècle de cinéma », *Temps forts*, trad. fr. Anne Wicke, Paris, Christian Bourgois, 2005, p. 135.

69. S. Sontag, *Renaître, op. cit.*, p. 228.

70. Pascal Baudry, *Français et Américains, l'autre rive*, Paris, Pearson Education France, 2007.

71. Jean Guignebert, *Libération*, 6 décembre 1957, cité *in* André Blanc, « Britannicus à la scène », *Revue d'histoire du théâtre*, n° 4, 1999, p. 347-365. Je remercie Volker Schröder pour m'avoir signalé que le fameux « Dire Racine » de Barthes (repris dans *Sur Racine*, Paris, Le Seuil, 1963), avec ses réflexions sur la diction, fut écrit en réaction à la mise en scène de *Britannicus* par Jean Vilar au TNP, en mars 1958.

72. Je remercie Noël Burch pour m'avoir signalé cette figuration de Susan Sontag. Le tournage eut lieu dans la galerie Steph Simon, au 145 boulevard Saint-Germain ; inaugurée en 1956, celle-ci exposait les meubles des plus grands noms du design moderne.

73. De Gaulle fit la couverture de *Time* après son retour au pouvoir (28 mai 1958) et le général Salan, après son putsch manqué et son procès pour trahison en 1962, sous le titre : « Le terroriste Salan » (26 janvier 1962).

74. A. Ginsberg, *Journals, op. cit.*, p. 447.

75. « Kennedy : U.S. Should Sway Paris », *Herald Tribune*, 1er avril 1958.

76. Dans J. Kennedy, *Avec John F. Kennedy, op. cit.*, p. 103-104, Jacqueline se rappelle avoir traduit ou résumé au moins une dizaine de livres sur l'Indochine, notamment des textes de Hô Chi Minh et du haut-commissaire Georges d'Argenlieu, dont les manœuvres agressives devaient déclencher la première guerre d'Indochine. Michael O'Brien, dans *John F. Kennedy : A Biography*, New York, St. Martin's Press, 2005, cite une lettre sardonique adressée par Jacqueline à ses beaux-parents, Joe et Rose Kennedy, au lendemain des déclarations très critiques de son mari vis-à-vis de la politique de la France : « Nous ne serons plus invités aux bals de l'ambassade de France, Dior nous fera expulser de ses cabines d'essayage, mais qu'importe : nous pourrons toujours aller déguster des yeux de mouton avec les Arabes » (p. 359).

77. « Memories of Sontag : From an Ex-Pat's Diary », *Brooklyn Rail*, novembre 2006.

78. S. Sontag, *Renaître, op. cit.*, p. 257.

79. Ce qui choqua surtout dans le film, c'est sa manière indirecte mais assez explicite de représenter l'orgasme féminin par un gros plan sur la main frissonnante de Jeanne sur les draps. *Les Amants* fit l'objet d'un procès

pour pornographie aux États-Unis, jusque devant la Cour suprême ; une déclaration du juge Potter Stewart, incapable de définir précisément la pornographie, est restée célèbre : « Quand je vois de la pornographie, je sais la reconnaître. »

80. Sur le cinéma de la Nouvelle Vague et son rapport à l'histoire et à la problématique du genre, voir Geneviève Sellier, « Images de femmes dans le cinéma de la Nouvelle Vague », *Clio*, n° 10, 1999, et *La Nouvelle Vague, un cinéma au masculin singulier*, Paris, CNRS Éditions, 2005.

IV. SUSAN SONTAG, LE RETOUR

1. S. Sontag, « The Letter Scene », *The New Yorker*, 18 août 1986 : « Je ne pouvais pas lui dire que je voulais divorcer — pas dans une lettre, en tout cas. Mes lettres devaient rester tendres. Cela ne pourrait se faire qu'à mon retour. À l'aéroport, où il était venu m'accueillir, il s'est échappé de la zone d'attente pour me rejoindre sur le tarmac alors que je descendais de l'avion. Il m'a serrée dans ses bras ; nous avons récupéré ma valise, puis regagné le parking. Dans la voiture, alors qu'il tenait encore la clé de contact à la main, je lui ai tout dit. Nous sommes restés sur place pour parler ; nous avons pleuré. » Cette nouvelle est souvent considérée comme le récit à peine déguisé de la séparation du couple après le retour de Sontag en Europe, hypothèse étayée par le fait que la narratrice se sent obligée de mentir dans ses lettres : c'est bien ce qui se dégage, en effet, de la lecture du journal de Sontag à Paris en 1957-1958 (voir par exemple *Renaître, op. cit.*, p. 242).

2. S. Sontag, *Renaître, op. cit.*, p. 274.

3. E. Field, *The Man Who Would Marry Susan Sontag, op. cit.*, p. 162 ; et Harriet Sohmers Zwerling, *Notes of a Nude Model*, New York, Spuyten Duyvil, 2003, p. 61.

4. E. Field, *The Man Who Would Marry Susan Sontag, op. cit.*, p. 162.

5. Épisode rapporté par Alfred Chester, *ibid.*

6. Milan Kundera, *Une rencontre*, Paris, Gallimard, 2009, p. 80.

7. S. Sontag, « *Muriel* de Resnais », *L'œuvre parle, op. cit.*, p. 283.

8. S. Sontag, « Nathalie Sarraute and the Novel », *Against Interpretation*, New York, Farrar, Straus & Giroux, 1966, p. 100-111 (ce chapitre n'est pas repris dans l'édition française, intitulée *L'œuvre parle*).

9. S. Sontag, *L'œuvre parle, op. cit.*

10. Rapport de l'Association des universitaires américaines (AAUW) sur les boursières, « Susan Sontag (1957, Philosophy) », avec l'aimable autorisation de l'AAUW.

11. Susan Sontag, Journals 1963-1965, Susan Sontag Papers, boîte 123, dossier 11, Charles E. Young Library, UCLA. Sartre, dans son essai sur *L'Étranger* de Camus — traduit en 1962 par une amie de Sontag, Annette Michelson [« Explication de *L'Étranger* », *Situations I*, Paris, Gallimard, 1947,

traduit en anglais dans *Literary and Philosophical Essays*, New York, Collier, 1962] —, inscrit le roman de Camus dans cette tradition : « un court roman de moraliste [...] qui [...] reste très proche, au fond, d'un conte de Voltaire » (*Situations I, op. cit.*, p. 112).

12. S. Sontag, *Le Bienfaiteur*, trad. fr. Guy et Gérard Durand, Paris, Christian Bourgois, 1967, rééd. 2010, p. 16-17.

13. Alain Robbe-Grillet, *Pour un Nouveau Roman*, Paris, Minuit, 1963, p. 39 : « Au lieu d'être de nature politique, l'engagement c'est pour l'écrivain la pleine conscience des problèmes actuels de son propre langage, la conviction de leur extrême importance, la volonté de les résoudre de l'intérieur. »

14. Stephen Koch, « Imagination in the Abstract », *Antioch Review*, vol. XVII, nº 2, 1964, p. 257.

15. « Identifiable as Prose », *Time*, 13 septembre 1963.

16. S. Sontag, Journals 1963-1965, entrée du 20 avril 1965, boîte 124, dossier 11, Charles E. Young Library, UCLA.

17. Le premier texte publié par Susan Sontag, durant sa dernière année d'études à Chicago, est un compte rendu d'un roman de Harold Kaplan intitulé *The Plenipotentiaries* pour la *Chicago Review* (hiver 1951). Cet expatrié, natif de Newark, ancien étudiant de français à l'université de Chicago, était alors proche de la gauche antistalinienne à Paris.

18. S. Sontag, *Renaître, op. cit.*, p. 213-214. Nancy Miller signale une coïncidence à ce propos : Sontag avait sans doute lu dans la *Hudson Review*, nº 12, 1959, p. 454-459, un article de Harvey Swado qui avait suscité la controverse en suggérant que Roth et Paley se distinguaient par leur « prose musculeuse » ; voir Nancy Miller, « Starting Out in the Fifties : Grace Paley, Philip Roth and the Making of a Literary Career », *Contemporary Women's Writing*, nº 3, 8 septembre 2009, p. 135-142.

19. Philip Roth, *Goodbye, Columbus*, trad. fr. Céline Zins, Paris, Gallimard, 1980, p. 119-120. Willie Mays est un célèbre joueur de baseball noir des années 1950 et 1960.

20. S. Sontag, *Le Bienfaiteur, op. cit.*, p. 20.

21. S. Sontag, entretien avec Sylvain Bourmeau, *Les Inrockuptibles*, 15 décembre 2000.

22. La liste ne s'arrête pas là : William Styron, expatrié à Paris dans les années 1950, écrivait des romans situés en Virginie dans la grande tradition sudiste ; Irving Shaw, cannois d'adoption, écrivait des romans classiques pourvus d'une solide intrigue ; James Jones, qui s'installa à Paris dans les années 1960, utilisa la France, de manière très américaine, comme décor de son *Joli Mois de mai*.

23. Rockwell Gary *et al.*, « Interview with Saul Bellow », *TriQuarterly*, nº 60, 1984, p. 12-37.

24. E. Field, *The Man Who Would Marry Susan Sontag, op. cit.*, p. 162.

25. S. Sontag, *Renaître, op. cit.*, p. 385.

26. S. Sontag, *Le Bienfaiteur, op. cit.*, p. 88.

27. Gloria L. Cronin et Ben Siegel (dir.), *Conversations with Saul Bellow*, Jackson, University Press of Mississippi, 1995, p. 217.

28. Michel Mohrt, « Vivre ses songes », *Le Figaro littéraire*, 21 octobre 1965 ; Naïm Kattan, « Une apologie de l'inaction », *Le Devoir*, Montréal, 13 novembre 1965.

29. Annie Brierre, « Un apôtre de l'avant-garde : Susan Sontag », *Les Nouvelles littéraires*, 15 octobre 1966.

30. Les archives Sontag comportent une fascinante lettre de Mary McCarthy où l'on voit la romancière expérimentée, familière de la vie à l'étranger, prodiguant ses conseils à une jeune écrivaine prometteuse effectuant son premier voyage en France. Ainsi la « dame ténébreuse » des lettres américaines (tel était le surnom de McCarthy) passe-t-elle le relais. Rédigée dans sa résidence d'été du Maine, la lettre est adressée à « Sontag c/o The American Express in Paris » et datée du 11 août 1964, soit un an avant la parution du *Bienfaiteur* en français ; McCarthy y commente la liste des gens que son éditeur suggère à Sontag de rencontrer durant sa tournée promotionnelle. McCarthy indique à Sontag les personnes à connaître à Paris, explique qu'elle vient d'écrire à Sonia Orwell pour la prier de présenter Sontag au couple Leiris, à Marguerite Duras, à André Masson et à son épouse, aux rédacteurs en chef de *L'Œil* et à l'essayiste Jean-François Revel. Parmi les expatriés, McCarthy avait contacté pour elle Stanley et Eileen Geist : « Eileen connaît toute la bohème américaine de Paris. [...] Si elle est là, elle donnera sans doute en votre honneur une réception à la new-yorkaise. » La lettre se termine sur une invitation à dîner, probablement à Paris, dès que McCarthy aurait quitté sa villégiature (Mary McCarthy à Susan Sontag, 11 août 1964, Susan Sontag Papers, boîte 91, dossier 26, Charles E. Young Library, UCLA). L'intérêt que manifeste McCarthy pour la carrière naissante de Sontag dément les rumeurs faisant état d'une féroce concurrence entre les deux femmes. On est loin de la version de Frances Kiernan, qui note, dans sa biographie de McCarthy : « Si elle ne comptait pas ignorer les écrits [de Sontag] ni l'éviter quand elle la croisait chez des amis communs, elle jugeait inutile de faire plus ample connaissance » (Frances Kiernan, *Seeing Mary Plain*, New York, Norton, 2000, p. 538). Elle rapporte également ce mot de Sontag : « Mary est entrée dans la pièce comme un porte-avions » (*ibid.*).

31. S. Sontag, *Against Interpretation*, *op. cit.*, p. x.

32. S. Sontag, *Renaître*, *op. cit.*, p. 293, 305, 313 et 315.

33. S. Sontag, Journal 1964, Susan Sontag Papers, boîte 125, dossier 1, Charles E. Young Library, UCLA.

34. S. Sontag, Journal 1964, Susan Sontag Papers, boîte 124, dossier 11, Charles E. Young Library, UCLA.

35. Roger Grenier, *Les Larmes d'Ulysse*, Paris, Gallimard, 1998, p. 42.

36. Florence Malraux à Susan Sontag, à propos du ménage dans leur appartement, Susan Sontag Papers, boîte 91, dossier 10, Charles E. Young Library, UCLA.

37. Richard Howard à Susan Sontag, 7 juillet 1966, Susan Sontag Papers, boîte 88, dossier 210, Charles E. Young Library, UCLA. *Les Mots et les Choses* (1966) fut traduit en anglais par Alan Sheridan sous le titre *The Order of Things* (New York, Random House, 1970). C'est Raymond Queneau qui fit publier, sous le titre *Introduction à la lecture de Hegel*, les notes prises entre 1933 et 1939 au séminaire de Kojève à l'École pratique des hautes études.

38. Richard Howard a traduit de nombreux textes de Barthes : les *Essais critiques* (en 1972), *Sur Racine* (1977), *Fragments d'un discours amoureux* (1978), *Mythologies* (1979), les *Nouveaux Essais critiques* (1980), *L'Empire des signes* (1982) ; *Système de la mode* (avec Matthew Ward, 1983), *Michelet* (1987), *L'Aventure sémiologique* (1988), *Incidents* (1992), ainsi que la plupart des essais recueillis dans *The Roland Barthes Reader*, anthologie publiée par Sontag en 1982. Sontag écrivit une préface à l'édition américaine du *Degré zéro de l'écriture* (1968), publia *The Roland Barthes Reader* et deux essais sur Barthes : « Remembering Barthes », un panégyrique repris dans *Under the Sign of Saturn* (1972) et *L'Écriture même : à propos de Roland Barthes* (trad. fr. Philippe Blanchard, Paris, Christian Bourgois, 1982).

39. Jacques Derrida à Susan Sontag, 6 janvier 1966, Susan Sontag Papers, boîte 84, dossier 13, Charles E. Young Library, UCLA.

40. Jacques Derrida à Susan Sontag, 19 février 1967, *ibid.* Les deux articles furent en effet repris dans *De la grammatologie* (1967), dont la traduction anglaise ne parut qu'en 1976.

41. S. Sontag, *L'Amant du volcan*, Paris, Christian Bourgois, 1995, p. 30.

42. S. Sontag, Journal 1963-1965, Susan Sontag Papers, boîte 124, dossier 11, Charles E. Young Library, UCLA.

43. Susan Sontag à Fredric Jameson (brouillon de lettre), 11 septembre 1976, Susan Sontag Papers, boîte 124, dossier 11, Charles E. Young Library, UCLA.

44. *New York Times*, 12 janvier 1900.

45. Susan Sontag, James Baldwin, Norman Mailer et LeRoi Jones, lettre au rédacteur en chef, *New York Times*, 6 mai 1968, p. 40. Le même jour, la *New York Review of Books* publia une lettre ouverte assortie d'une liste (provisoire) de quatre-vingt-cinq signatures, dont celles de Sontag, Baldwin, Mailer, John Marquand, et d'autres.

46. Steven Shapiro to Susan Sontag, 9 octobre 1969, Susan Sontag Papers, boîte 142, dossier 9, Charles E. Young Library, UCLA.

47. S. Sontag, *Partisan Review*, hiver 1967, p. 57, en réponse à un questionnaire adressé par le rédacteur en chef ; repris *in* S. Sontag, « What's Happening to America », *Styles of Radical Will*, New York, Farrar, Straus and Giroux, 1967 : « La race blanche est bel et bien un cancer qui affecte l'histoire de l'humanité : c'est la race blanche, et elle seule — avec ses idéologies et ses inventions — qui éradique des civilisations autonomes partout où elle va, qui a bouleversé l'équilibre écologique de la planète, et qui menace aujourd'hui l'existence même de la vie » (p. 203).

48. Communication de Nancy Kates d'après une question soumise à Don Eric Levine. La première rencontre entre Sontag et Stéphane remonte sans doute à 1971, alors que Sontag avait rompu avec Carlotta del Pezzo (dédicataire de son film *Brother Carl*), mais il est possible que les deux femmes se soient croisées à Cannes dès 1969.

49. Établie en 1965, cette liste de films comporte notamment *Les Enfants terribles* (Susan Sontag Papers, boîte 124, dossier 11, Charles E. Young Library, UCLA).

50. Dans un carnet de 1970, Sontag dresse une liste bilingue de vocabulaire technique (par exemple : « *boom* = la perche ») et une autre de producteurs français, dans laquelle figure Nicole Stéphane (Susan Sontag, Journal, « Films 1970 », Susan Sontag Papers, boîte 126, dossier 8, Charles E. Young Library, UCLA).

51. Voir les mémoires de la sœur de Nicole Stéphane : Monique de Rothschild, *Si j'ai bonne mémoire*, Saint-Rémy-en-l'Eau, Monelle Hayot, 2001.

52. Le premier essai de Sontag consacré à Walter Benjamin, « The Last Intellectual », parut dans la *New York Review of Books*, vol. XXV, n° 15, 12 octobre 1978 ; il est repris (sous une forme remaniée et intitulé « Sous le signe de Saturne ») dans S. Sontag, *Sous le signe de Saturne*, trad. fr. Philippe Blanchard, Paris, Le Seuil, 1985, p. 21-46. Dans une lettre du 16 octobre 1933, Benjamin annonce à Scholem que la baronne Goldschmidt-Rothschild lui propose un logement réservé aux intellectuels juifs réfugiés ; Walter Benjamin et Gershom Scholem, *Théologie et utopie. Correspondance 1933-1940*, trad. fr. Didier Renault et Pierre Rusch, Paris, L'Éclat, 2010, p. 96.

53. Dans *Mort d'une inconsolée : les derniers jours de Susan Sontag*, trad. fr. Marc Weitzmann, Paris, Climats, 2008, David Rieff décrit la chimiothérapie radicale prescrite à sa mère dans les années 1970 par le cancérologue Lucien Israël, auquel Nicole Stéphane avait adressé Sontag à un moment où ses chances de survie semblaient infimes.

54. Noël Burch, courrier électronique à l'auteur, 28 juin 2009.

55. Susan Sontag Papers, boîte 53, dossier 9, Charles E. Young Library, UCLA.

56. Susan Sontag à Andrew Wylie, 30 septembre 1991 (à propos de problèmes de traduction dans la première édition française de *Sur la photographie*, qu'elle n'avait pu relire pour des raisons de santé), Susan Sontag Papers, boîte 61, dossier 9, Charles E. Young Library, UCLA.

57. Susan Sontag à Sophie Bastide-Fotz (à propos d'une phrase, puis du titre de ce qui allait devenir *L'Amant du volcan*, *op. cit.*), 16 décembre 1994, Susan Sontag Papers, boîte 16, dossier 6, Charles E. Young Library, UCLA.

58. Susan Sontag à Philippe Blanchard, 19 juillet 1987, Susan Sontag Papers, boîte 53, dossier 9, Charles E. Young Library, UCLA.

59. Philippe Blanchard à Susan Sontag, 2 août 1987, *ibid.*

60. Susan Sontag, entretien avec Stefan Jonsson, 1988, *in* Leland Poague (éd.), *Conversations with Susan Sontag*, Jackson, University Press of Mississippi, 1995, p. 243.

61. Son texte « 9.11.01 » parut dans une version abrégée dans la rubrique « Talk of the Town » du *New Yorker*, le 24 septembre 2001 ; la version originale en est reprise dans un ouvrage posthume : Susan Sontag, *Garder le sens mais altérer la forme. Essais et discours*, trad. fr. Anne Wicke, Paris, Christian Bourgois, 2008 : « Où est la reconnaissance que ce n'était pas une "lâche" attaque contre la "civilisation," la "liberté," l'"humanité" ou le "monde libre," mais une attaque contre ce qui s'est autoproclamé première superpuissance mondiale, attaque entreprise à la suite d'alliances et d'actions américaines spécifiques » (p. 135).

62. La plainte formulée par Sontag à propos de son manque de sens visuel se trouve dans une entrée de son journal, à la date du 20 avril 1965 : « Je voudrais voir davantage — (d'œuvres). Par exemple : les couleurs, les rapports spatiaux, la lumière. Ma vision manque de raffinement, de sensibilité ; c'est tout mon problème avec la peinture (Susan Sontag, Journals 1963-1965, Susan Sontag Papers, boîte 124, dossier 11, Charles E. Young Library, UCLA).

63. S. Sontag, Journals 1964, *ibid.* L'entrée du journal se poursuit ainsi : « Si je pouvais avoir l'impression d'être le véhicule, le support, l'instrument d'une force qui me dépasse ! »

64. Denis Roche à Susan Sontag, 1er juin 1980, Susan Sontag Papers, boîte 01, dossier 11, Charles E. Young Library, UCLA.

65. Roger W. Straus à Jacqueline Onassis, 20 mai 1980, Susan Sontag Papers, boîte 139, dossier 19, Charles E. Young Library, UCLA.

66. Frédéric de Towarnicki, portrait de Susan Sontag dans *Le Magazine littéraire*, novembre 1995 : « Figure de proue la plus célèbre de l'intelligentsia nord-américaine, Susan Sontag est venue à Paris pour la sortie de son roman *L'Amant du volcan*, best-seller aux États-Unis. »

67. Jacqueline Kennedy Onassis à Susan Sontag, 16 décembre, année inconnue, Susan Sontag Papers, boîte 139, dossier 19, Charles E. Young Library, UCLA.

68. Cette phrase a été citée maintes fois, notamment par Odile Hellier, propriétaire de la librairie parisienne Village Voice Bookshop.

69. Daniel Mendelsohn, « The Collector », *The New Republic*, 1er avril 2009.

70. Susan Sontag, « Vies plurielles : New York/Paris », entretien avec Chantal Thomas, « À voix nue, grands entretiens », 2e émission, France Culture, 9 janvier 2001, département Audiovisuel, Bibliothèque nationale de France.

71. Susan Sontag, entretien avec Bernard Pivot, « Le monde de la photographie », *Apostrophes*, Antenne 2, émission du 8 juin 1979. Invités : Susan Sontag, Robert Doisneau, Marc Riboud, Helmut Newton, Hans Silvester.

V. ANGELA DAVIS, 1963-1964

1. W. Walton, *Internationalism, op. cit.*, p. 151.

2. Gertrude Stein, « An American and France » [1936], repris dans *What Are Masterpieces*, New York, Pitman Publishing, 1970, p. 70.

3. Angela Y. Davis, préface de la traduction anglaise du roman de Maryse Condé *I, Tituba, Black Witch of Salem*, trad. angl. Richard Philcox, Charlottesville, University Press of Virginia, 1992, p. XI-XIII.

4. Albert Burton Moore, *History of Alabama*, Tuscaloosa, Alabama Book Store, 1951, p. 81. Voir aussi la description très romanesque des exilés napoléoniens à Philadelphie, de la création d'une Association des émigrés français pour la culture du vin et de l'olive, et des petites communautés établies dans le futur comté de Marengo : « Avec leur joyeuse insouciance, les Français redonnaient de l'énergie aux fermiers américains croisés en chemin ; ils leur enseignaient de nouveaux divertissements comme le tournoi et la danse en cercle. Ils eurent ainsi sur les pratiques sociales de leurs voisins américains — avec lesquels ils nouaient parfois des liens conjugaux — une influence durable. Marengo, Demopolis, Linden : ces noms, chers aux habitants de l'Alabama, perpétuent le souvenir de la romantique expérience des pionniers. »

5. Fania Davis, entretien avec l'auteur, 23 septembre 2010.

6. *Freed by the People : The Closing Defense Statement Made in the Angela Davis Case*, fascicule imprimé par le Comité national unitaire pour la libération d'Angela Davis, 1er juin 1972.

7. Patricia Williams, « On Being the Object of Property », *Signs*, vol. XIV, n° 11, 1988, p. 6-7.

8. Fania Davis, entretien.

9. Sallye Marguerite Bell Davis, « Reflections of a Life », American Council on Education.

10. Sur les persécutions infligées au Congrès de la jeunesse noire du Sud dans les années 1940, sur son leader à Birmingham, Louis Burnham, sur l'amitié de celui-ci avec Sallye Davis, et sur cette ville dans les années 1950 et 1960, voir Diane McWhorter, *Carry Me Home : Birmingham, Alabama. The Climactic Battle of the Civil Rights Revolution*, New York, Simon and Schuster, 2001.

11. Angela Davis, *Autobiographie*, trad. fr. Cathy Bernheim, Paris, Albin Michel, 1975, p. 90-92.

12. Yves Bonnefoy, communication électronique à l'auteur, 14 juin 2010 : « Elle m'avait expliqué que, dans le collège noir où elle avait étudié, l'enseignement du français n'étant pas assuré, elle avait improvisé une classe où elle enseignait elle-même, en apprenant. »

13. Albert Moore, *History of Alabama*, Chicago et New York, The American Historical Society, 1927, rééd. 1954. Par exemple : « Le traitement des esclaves variait grandement selon les cas. Il était aussi diversifié que le

traitement que l'éleveur réserve à ses différents animaux. […] Les esclaves étaient souvent têtus et improductifs » ; « Le témoignage de contemporains, les archives des plantations, les journaux intimes, les manuels, les consignes des planteurs, les essais sur l'esclavage, les observations des voyageurs venus du Nord ou de l'étranger, tout cela confirme le règne de la paresse et de la bonté dans les plantations » (p. 360) ; « Dans la plupart des cas, il était interdit aux contremaîtres d'épuiser les esclaves au travail ou de leur imposer un traitement inhumain » (p. 361) ; « Le peuple nègre n'aimait rien tant que faire la fête, et les occasions de s'amuser ne manquaient pas » (p. 366) ; « La plupart des esclaves semblaient heureux et insouciants ; ils étaient attachés à leurs maîtres et à leur plantation par des liens affectifs » (p. 367).

14. Jim Crow est le nom d'un personnage folklorique du XIXe siècle lié à une chanson populaire. Dans certains spectacles, les comédiens se barbouillaient le visage de noir et se livraient à une succession de chants comiques et de danses qui se moquaient le plus souvent des Noirs. Le nom de Jim Crow a fini par désigner toute loi qui renforce la ségrégation et vise à empêcher les citoyens noirs de jouir des droits civiques garantis par la Constitution. Les lois Jim Crow étaient très présentes dans les États du Sud : chaque WC public, chaque salle de cinéma, chaque fontaine portaient la mention « *White* » ou « *Colored* ». La discrimination raciale n'était pas l'apanage des seuls États du Sud. De la Californie au Michigan et à New York, lois, règlements et contrats restreignaient sévèrement les conditions de vie des Noirs. La loi fédérale elle-même soutenait l'emprise des lois Jim Crow. Par exemple, quand la Louisiane instaura une loi pour séparer passagers noirs et passagers blancs dans les wagons de train, en 1890, le cas d'un créole à la peau claire, Homer Plessy, qui s'était assis délibérément dans un wagon réservé aux Blancs, remonta jusqu'à la Cour suprême. La décision rendue par la plus haute instance juridique, en 1896 (*Plessy v. Ferguson* 163 U.S. 537), affirma la constitutionnalité de la loi de Louisiane, dont elle reprit une formule devenue célèbre, véritable mot d'ordre justifiant toute mesure légale de ségrégation : « séparés mais égaux ».

15. Fania Davis, entretien téléphonique avec l'auteur, 28 août 2010.

16. A. Davis, *Autobiographie, op. cit.*, p. 84-85.

17. *Ibid.*

18. Bernard Pivot, « Sur le racisme », *Apostrophes*, Antenne 2, émission du 16 mai 1975.

19. A. Davis, *Autobiographie, op. cit.*, p. 86.

20. Frantz Fanon, *Peau noire, masques blancs*, Paris, Le Seuil, 1971, p. 36.

21. Amy Jaffe, ancienne élève du lycée Elisabeth-Irwin, entretien avec l'auteur, 1er octobre 2009 ; dossiers militaires et archives du recensement, consultés en ligne. Sur les cours de français à Elisabeth-Irwin, voir également Regina Nadelson, *Who Is Angela Davis*, New York, Wyden, 1972, p. 59-62.

22. Fania Davis, entretien.

23. A. Davis, *Autobiographie, op. cit.*, p. 87-88.

24. *Ibid.*, p. 116-117.

25. *Ibid.*, p. 117.

26. Sur le statut des musulmans en Algérie avant 1962, voir Patrick Weil, *Qu'est-ce qu'un Français ? Histoire de la nationalité française depuis la Révolution*, Paris, Gallimard, 2005.

27. Pap Ndiaye, *La Condition noire. Essai sur une minorité française*, Paris, Gallimard, 2009, p. 1-90. Sur la face cachée de la modernisation, voir Kristin Ross, *Rouler plus vite, laver plus blanc : modernisation de la France et décolonisation au tournant des années soixante*, trad. fr. Sylvie Durastanti, Paris, Flammarion, 2006.

28. P. Ndiaye, *La Condition noire, op. cit.*, p. 192.

29. A. Davis, *Autobiographie, op. cit.*, p. 117.

30. « Two Muslims Killed, 9 Wounded in Paris », *Paris Herald Tribune*, 17 juin 1962.

31. *Paris Herald Tribune*, 31 mai 1962.

32. Voir par exemple, à la une du *Paris Herald Tribune* du 25 juin 1962, une photographie de Jacqueline Kennedy sur un canapé Duncan Phyfe, dans la bibliothèque restaurée de la Maison-Blanche.

33. *Paris Herald Tribune*, 3 juillet 1962.

34. Tyler Stovall, *Paris Noir : African Americans in the City of Light*, New York, Houghton Mifflin, 1996.

35. Simone de Beauvoir, lectrice de *An American Dilemma* de Gunnar Myrdal, conteste l'idée d'un éternel féminin au profit d'une féminité culturellement construite ; de même, les Noirs américains se définissaient aussi bien par leur situation culturelle que par la couleur de leur peau.

36. Sidney Bechet s'installa en France en 1949 ; il y composa des standards du jazz tels *Dans les rues d'Antibes*, *Les Oignons*, *Petite Fleur*, qu'il interpréta avec Claude Luter et son orchestre.

37. Rapporté par Rebecca Ruquist, « Non, nous ne jouons pas de la trompette : Richard Wright in Paris », *Contemporary French and Francophone Studies* [anciennement *Sites*], vol. VIII, nᵒ 3, été 2004, p. 285-304.

38. Cité par Tyler Stovall, « The Fire This Time : Black Expatriates and the Algerian War », *in* Susan Weiner (dir.), numéro spécial « The French Fifties », *Yale French Studies*, nᵒ 98, 2000, p. 182-200.

39. Dans un roman resté inachevé, « The Island of Hallucinations ». Voir R. Ruquist, « Non, nous ne jouons pas de la trompette », art. cité.

40. William Gardner Smith, *The Stone Face*, New York, Farrar, Straus & Giroux, 1963. Voir Tyler Stovall, « The Fire This Time », art. cité ; et Kristin Ross, *Mai 68 et ses vies ultérieures*, trad. fr. Anne-Laure Vignaux, Marseille, Agone, 2010.

41. En juillet 1942, après une rafle massive, la police française avait cantonné près de treize mille Juifs au Vélodrome d'hiver, dans le XVᵉ arrondissement de Paris ; par la suite, tous ces prisonniers avaient été déportés à Auschwitz-Birkenau.

42. W. Gardner Smith, *The Stone Face, op. cit.*, p. 208.

43. Sur Richard Wright, voir Tyler Stovall, « The Fire This Time », art.

cité ; et Hazel Rowley, *Richard Wright : The Life and Times*, New York, Holt, 2001.

44. James Baldwin, « No Name in the Street » (1972), in *The Price of the Ticket : Collected Nonfiction, 1948-1985*, New York, St. Martin's Press, 1985, p. 463.

45. Voir Chester Himes, *My Life of Absurdity : The Autobiography of Chester Himes*, New York, Thunder's Mouth Press, 1995.

46. A. Davis, *Autobiographie, op. cit.*, p. 117.

47. *Ibid.*

48. Yves Bonnefoy, communication électronique à l'auteur, 14 juin 2010 : « Angela Davis, j'en ai quelques souvenirs, à cause de la particularité de sa présence à Brandeis (et nous en parlions avec Herbert Marcuse, un ami, dont elle suivait les cours avec un intérêt plus poussé qu'en aucune autre discipline). Ce n'est pas qu'elle ne s'intéressât à la littérature française. Je l'ai eue comme étudiante au moins au cours d'un semestre, mais je dirais même deux, ou alors dans deux cours différents — je me souviens qu'elle trouvait sens à, en effet, Baudelaire et Rimbaud, et qu'elle m'avait expliqué que, dans le collège noir où elle avait étudié, l'enseignement du français n'étant pas assuré, elle avait improvisé une classe où elle enseignait elle-même, en apprenant. On ne pouvait pas ne pas éprouver une grande sympathie pour elle à cause de son intelligence, de son courage, de sa belle humeur. Elle était clairement, au moins dans cette classe, la figure centrale du petit groupe. Nous pressentions bien qu'elle accomplirait d'une façon ou d'une autre des choses remarquables, j'imaginais en philosophie, voyant l'influence sur elle d'Herbert Marcuse. [...] Je parlais beaucoup de Rimbaud, parce que sa poésie, et sa vie, s'apparentaient aux vœux et même souvent aux actions des jeunes Américains du moment, engagés dans la lutte pour l'extension dans le Sud des droits civiques. »

49. Milton Hindus, *A Reader's Guide to Marcel Proust*, Londres, Thames and Hudson, 1962.

50. A. Davis, *Autobiographie, op. cit.*, p. 120.

51. Marcel Proust, *Le Temps retrouvé*, dans *À la recherche du temps perdu*, Paris, Gallimard, « Bibliothèque de la Pléiade », 1989, 4 volumes, t. IV, p. 619.

52. Barbara Zurer, entretien avec l'auteur, 10 janvier 2010.

53. Howard Bloch, entretien avec l'auteur, 10 juillet 2009.

54. Christie Stagg à ses parents, 12 septembre 1963, avec l'aimable autorisation de Christie Stagg Austin.

55. Vivian Goldberg Auslander, communication électronique à l'auteur, 17 mai 2010.

56. Jane Chaplin Jordan, entretiens avec l'auteur, 29 avril et 27 mai 2010.

57. *Birmingham World*, 6 avril 1963.

58. Selon le magazine *Ebony* (janvier 1962), Frontiers International, « seul club de services à l'intention des Noirs », comparable au Rotary Club,

comportait soixante-treize sections en 1962. Le club existe toujours. Sa devise : « Le progrès par le service. »

59. A. Davis, *Autobiographie, op. cit.*, p. 121-122.

60. Le programme d'études à Paris de l'université de New York date de 1969 ; celui de la Wesleyan fut mis en place à la fin des années 1960, et Vassar s'y associa à la fin des années 1990.

61. Les informations relatives au programme de 1963-1964 m'ont été aimablement fournies par les archives de Hamilton College et par Cheryl Morgan, professeur à Hamilton College.

62. Christie Stagg à ses parents, 15 octobre 1963.

63. A. Davis, *Autobiographie, op. cit.*, p. 123-125.

64. *L'Humanité*, 16 septembre 1963.

65. Paul Mathias, *Paris-Match*, n° 755, 28 septembre 1963, p. 42-47.

66. John Simon, entretien avec l'auteur, 15 mars 2010.

67. Les informations sur les cursus assignés aux étudiants sont fournies avec l'aimable autorisation des archives de Hamilton College.

68. Patsy Martin Lightbown, entretien avec l'auteur, 28 juin 2010.

69. Paula Durbin, communication électronique à l'auteur, 1er et 3 mai 2010.

70. B. Pivot, « Sur le racisme », émission citée.

71. Je remercie Vivian Goldberg Auslander qui m'a fait parvenir les *Pages commentées d'auteurs contemporains* de Pierre Cunier (Paris, Larousse, 1962), dont un chapitre est consacré aux *Amers* de Saint-John Perse étudiés dans le cours de littérature contemporaine.

72. Barbara Zurer, lettre à ses parents, 2 février 1964.

73. J. Chaplin Jordan, entretiens.

74. Micheline Lamotte, entretien avec l'auteur, 7 mars 2010.

75. Par la suite, les groupuscules fascistes accusèrent les Croix-de-Feu d'avoir fait échouer l'opération, La Rocque ayant dispersé ses troupes au moment de l'assaut.

76. Camille Lamotte, communication électronique à l'auteur, 24 juillet 2010.

77. J. Chaplin Jordan, entretiens.

78. Jeffrey Mehlman, *Legs de l'antisémitisme en France*, trad. fr. par l'auteur, Paris, Denoël, 1984, p. 35-36.

79. Sallye Davis, entretien réalisé dans le cadre d'un documentaire de Jean-Daniel Simon, *L'Enchaînement* (1977), avec l'aimable autorisation de Jean-Daniel Simon.

80. Christie Stagg, journal, entrée du 14 septembre 1963.

81. Entretien avec Christie Stagg Austin, 4 mai 2010.

82. A. Davis, *Autobiographie, op. cit.*, p. 126, et Christie Stagg à ses parents, 23 novembre 1963.

83. Angela Davis prit aussi l'habitude d'ajouter un tiret en travers du chiffre 7, à l'européenne ; plus tard, les tribunaux se serviraient de ce détail pour identifier son écriture.

84. Extrait d'une intervention inédite d'Angela Davis au colloque de

l'Odéon, organisé les 25, 26 et 27 mai 1991 par Albert Dichy, directeur littéraire de l'Institut Mémoire de l'Édition contemporaine.

VI. ANGELA DAVIS, LE RETOUR

1. A. Davis, *Autobiographie, op. cit.*, p. 127-128.
2. Angela Yvonne Davis, « The Novels of Robbe-Grillet : A Study of Method and Meaning », LD571.B66D385, Robert D. Farber University Archive and Special Collections Department, université Brandeis.
3. Alain Robbe-Grillet, *Pour un Nouveau Roman*, Paris, Minuit, 1961. *La Princesse de Clèves* (1678) de Mme de La Fayette est généralement tenu pour le premier roman de tradition française.
4. Vivian Goldberg Auslander, communication électronique à l'auteur, 17 mai 2010.
5. Bruce Morrissette, *Les Romans de Robbe-Grillet*, préface de Roland Barthes, Paris, Minuit, 1963.
6. A. Davis, « The Novels of Robbe-Grillet », *op. cit.*, p. 8.
7. J. Chaplin Jordan, entretiens.
8. Jacqueline Piatier, entretien sur *Les Mots* avec Jean-Paul Sartre, *Le Monde*, 18 avril 1964 ; Alain Robbe-Grillet, « Littérature engagée, littérature réactionnaire », *L'Express*, 20 décembre 1955, p. 11.
9. Maurice Merleau-Ponty, *Phénoménologie de la perception*, Paris, Gallimard, 1945, p. XVI.
10. C'est Richard Howard, le grand ami de Susan Sontag, qui prit en charge la traduction de *La Jalousie* en 1959 ; il estimait que *Jealousy* faisait un très mauvais titre en anglais, et lui préférait *The Blind* (le contrevent), mais son éditeur en décida autrement. Richard Howard, intervention au cours de la journée d'étude « A Salute to Alain Robbe-Grillet », université de New York, 2 octobre 2009.
11. Olivier Corpet et Emmanuelle Lambert, *Alain Robbe-Grillet, le voyageur du Nouvea Roman. Chronologie illustrée 1922-2002*, Paris, Éditions de l'Imec, 2002, p. 18. La maison de *La Jalousie* a pour modèle une maison de la Martinique qu'a habitée Robbe-Grillet dans les années 1950, quand il était ingénieur à l'Institut des fruits et agrumes coloniaux.
12. A. Davis, « The Novels of Robbe-Grillet », *op. cit.*, p. 122-123.
13. J. Onassis, « Introduction », *in* W. H. Adams, *Atget's Gardens, op. cit.*
14. S. Sontag, « *Muriel* de Resnais », *L'œuvre parle, op. cit.*, p. 276.
15. A. Robbe-Grillet, *Pour un Nouveau Roman, op. cit.*, p. 39.
16. Dans un chapitre de *Against Interpretation* portant sur une œuvre de la cinéaste pronazie Leni Riefenstahl, par exemple, Susan Sontag semble disposée à en défendre les qualités esthétiques ; dans un essai de 1975 pour la *New York Review of Books*, en revanche, elle a renoncé au formalisme pur

au profit d'une critique de l'esthétique fasciste qui caractérise le volume de photographies de Leni Riefenstahl consacré aux Noubas du Soudan.

17. Y. Bonnefoy, communication électronique.

18. A. Davis, *Autobiographie, op. cit.*, p. 131-132.

19. Daniel Guérin ne fut traduit en anglais qu'après 1970. Le prestige particulier des études françaises finit par s'estomper avec la publication en anglais d'auteurs tels que Fanon ; leurs textes furent dès lors repris dans le débat critique sur la littérature du Commonwealth.

20. Cynthia Young, *Soul Power*, Durham, Duke University Press, 2006, p. 202.

21. A. Davis, *Autobiographie, op. cit.*, p. 193.

22. William Divale, dans le *Daily Bruin* du 1ᵉʳ juillet 1969, révèle la présence d'une communiste au département de philosophie ; Ed Montgomery, dans le *San Francisco Examiner* du 9 juillet 1969, fournit le nom de l'enseignante en question.

23. A. Davis, *Autobiographie, op. cit.*, p. 197. L'article 5 de la Constitution des États-Unis protège les citoyens contre d'éventuels abus de l'État ; il leur permet notamment de refuser de témoigner contre eux-mêmes dans une affaire pénale.

24. Sur les lettristes, précurseurs des situationnistes, voir Guillaume Robin, *Lettrisme : le bouleversement des arts*, Paris, Hermann, 2010.

25. Yolande du Luart, *Angela Davis. Portrait d'une révolutionnaire*, moyen métrage documentaire, France, 1971. Il ne subsiste de ce film qu'une seule copie au format 16 mm, en très mauvais état, conservée à la Library for Performing Arts, annexe de la New York Public Library.

26. Cointelpro : tel était le nom de code donné par le FBI aux opérations visant à briser les individus et mouvements dissidents ; tous les moyens étaient mis en œuvre, de la désinformation au meurtre pur et simple.

27. *Newsweek*, 24 août 1970. La rumeur était apparue dans le *Los Angeles Times*, et fut reprise par *Newsweek*.

28. A. Davis, « La Dialectique de l'oppression et de la libération », *Angela Davis parle*, trad. fr. Maurice Cling *et al.*, Paris, Éditions sociales, 1971, p. 65-66.

29. « Introduction to the 1970 Pamphlet by UCLA Professors », *in* Angela Davis (dir.), *A Narrative of the Life of Frederick Douglass, an American Slave, Written by Himself*, San Francisco, City Lights Publishers, 2009.

30. Angela Davis a évoqué cet épisode lors du colloque de 1991 en hommage à Jean Genet ; voir ci-dessus, chap. v, n. 84. L'intervention de Genet à UCLA fait l'objet d'un compte rendu dans le *Daily Bruin* du 28 avril 1970. Voir aussi Robert Sandarg, « Jean Genet and the Black Panther Party », *Journal of Black Studies*, vol. XVI, nᵒ 3, mars 1986, p. 269-282.

31. La prison comme substitut de la plantation, ou avatar moderne de l'esclavage, est un thème récurrent dans les travaux d'Angela Davis depuis les années 1970.

32. George Jackson est décrit comme un truand sociopathe par Eric Cummins, *The Rise and Fall of California's Radical Prison Movement*, Palo Alto,

Stanford University Press, 1994 ; et comme un grand théoricien de la révolution par Brady Heiner, « Foucault and the Black Panthers », *City*, vol. XI, n° 3, décembre 2007, p. 313-256.

33. Dossier éditorial des *Frères de Soledad*, avec l'aimable autorisation de Pierre Nora. On note une différence sensible entre l'écriture de la lettre et la graphie de la signature ; il est très possible qu'elle ait été rédigée par un francophone.

34. « Jean Genet et les Frères de Soledad », *Le Monde*, 2 avril 1971.

35. Jean Genet, « Introduction », *in* George Jackson, *Les Frères de Soledad*, trad. fr. Catherine Roux, Paris, Gallimard, 1971, p. 25-26. Je remercie Albert Dichy, de l'Imec, pour avoir bien voulu évoquer avec moi la période Black Panthers de Genet. Pour une mise en contexte de cette période dans la carrière de l'écrivain, voir Edmund White, *Jean Genet*, Paris, Gallimard, 1993.

36. G. Jackson, *Les Frères de Soledad*, *op. cit.*, p. 237. Selon Jackson, « des hommes qui lisent Lénine, Fanon et Che ne perdent pas leur temps en vaine agitation ; ils s'unissent, se déchaînent et creusent des tombes » (p. 77).

37. *Ibid.*, p. 195.

38. « Jonathan Jackson Bright Student : His Principal », *Afro-American*, 29 août 1970.

39. Mary Timothy, *Jury Woman*, Palo Alto, Glide Publications, Emty Press, 1974, p. 122.

40. Archives radio *in* J.-D. Simon, *L'Enchaînement*, *op. cit.*

41. Archives de la préfecture de police de Paris, série G, étrangers, carton 12, « Angela Davis, membre des Panthères noires » ; rapport de police judiciaire, 25 août 1970 ; fichiers des garnis et fiche B, opposition à l'entrée en France, 28 août 1970.

42. Jane Chaplin Jordan, entretiens.

43. John Simon, entretien.

44. Claudine La Haye, « J'ai vu Angela Davis dans sa prison », *L'Express*, 8-14 novembre 1971, p. 32.

45. « Appel pour la création d'un comité de soutien », *L'Humanité*, 25 mars 1971.

46. Maxwell Adereth, *The French Communist Party : A Critical History (1920-1984)*, Manchester, Manchester University Press, p. 304. La devise du PCF « Le parti des 75 000 fusillés » renvoie à une pratique courante des nazis, qui exécutaient des otages communistes français en représailles de tout acte de résistance. Le chiffre réel se situe plutôt autour de 5 000. Selon le *Quid* (Paris, Plon, 1972), le PCF comptait 459 600 membres à l'automne de 1970. Les chiffres du Parti communiste américain sont moins faciles à dénicher. Selon le *World Almanac* (dir. George E. Delury, New York, Newspaper Enterprise Association, p. 764), Gus Hall obtint 25 595 voix à l'élection de 1972, mais ce chiffre ne recoupe pas nécessairement celui des membres affiliés.

47. Jean Genet, *L'Ennemi déclaré*, Paris, Gallimard, 1991, notamment

« Angela et ses frères » (publié dans *Le Nouvel Observateur*, 31 août 1970), p. 19-21.

48. Katharina von Bülow, entretien avec l'auteur, 2 juillet 2010.

49. « L'Assassinat de George Jackson », *Intolérable*, n° 3, Paris, Gallimard, 1971. La préface est attribuée à Genet, les autres textes au Groupe d'information sur les prisons.

50. Brady Heiner, « Foucault and the Black Panthers », *City*, vol. XI, n° 3, décembre 2007, p. 313-356.

51. Lettre datée du 19 novembre 1970, publiée dans la *New York Review of Books*, 7 janvier 1971.

52. James Baldwin à propos d'Angela Davis, entretien avec Joe Walker et George Cain, 1972, KPFA, BC0642, archives Pacifica Radio, North Hollywood, Californie.

53. Comité national unitaire pour la libération d'Angela Davis, communiqué de presse, 25 avril 1972, microfilm XII.33.

54. « Et je crois utile de rappeler aujourd'hui que les opérations du FBI ayant conduit à la capture d'Angela Davis — arrestation remarquable, qui fait suite à tant d'autres dans l'histoire du FBI — montrent bien que, lorsque le gouvernement fédéral s'engage dans une affaire, tous ceux qui se livrent à de telles activités doivent savoir qu'ils finiront par être arrêtés. En signant ce décret, je les mets donc en garde : nous allons fournir les outils nécessaires aux hommes du ministère de la Justice, aux hommes du FBI, et nous veillerons à ce que tous ceux qui se livrent à des actes terroristes soient traduits en justice », Richard Nixon, Remarques préliminaires avant signature du décret de 1970 relatif au contrôle du crime organisé, 15 octobre 1970, cité dans John T. Wolley et Gerhard Peters, *The American Presidency Project*.

55. James Baldwin *et al.*, « Violence in Oakland », *The New York Review of Books*, 9 mai 1968.

56. Bettina Aptheker, entretien, 18 mai 2010.

57. Jules Borker, entretien avec l'auteur, 24 juin 2010.

58. *Ibid.*

59. Par la suite, le correspondant du *New York Times* fut inculpé pour possession de marijuana, et acquitté.

60. Les autres livres étaient les suivants : Edward Hallett Carr, *Studies in Revolution : A Review of Current Literature*, New York, Grosset and Dunlap, 1964 ; Henry Bienen, *Violence and Social Change : A Review of Current Literature*, Chicago, University of Chicago Press, 1968 ; Carl Leiden et Karl M. Schmitt, *The Politics of Violence : Revolution in the Modern World*, Upper Saddle River, Prentice Hall, 1968.

61. Déclaration préliminaire, *The People of the State of California v. Angela Y. Davis*, n° 52613, cour supérieure de Santa Clara, Californie, 1972. Minutes du procès sur microfilm : « La sacoche bleue contenait six livres de poche. Ils servaient à dissimuler le fusil, le ruban adhésif et le fil de fer, pour le cas où l'on aurait jeté un œil dans la sacoche. Ce jeune homme de dix-sept ans, tout juste sorti de sa troisième année de lycée, transportait

trois livres écrits en français. » Pour une analyse du microfilm, voir Ann Fagan Ginger, « The Angela Davis Case Collection », Berkeley, Meiklejohn Civil Liberties Institute, 1974. Les citations qui suivent renvoient à la pagination de la transcription de ce microfilm. Le microfilm Meikeljohn contient divers éléments réunis par la défense (mémorandums, abrégés, analyses). Ces documents supplémentaires ne sont pas numérotés.

62. Dianne Moore, Blair High School, formation des étudiants, communication électronique avec l'auteur, 12 août 2010.

63. Déclarée anticonstitutionnelle le 18 février 1972, la peine de mort fut réinstaurée en 1994.

64. « Opening Defense Statement Presented by Angela Y. Davis », *in* Joy James (dir.), *The Angela Y. Davis Reader*, Londres, Blackwell, 1998, p. 329-346.

65. *Ibid.*, p. 340-341.

66. Remarques préliminaires de l'accusation, *The People of the State of California v. Angela Y. Davis*, p. 2189.

67. *Ibid.*, p. 4949.

68. *Ibid.*, p. 6459 et suiv., déposition de Jamala Broadnax.

69. Voir Mary Timothy, *Jury Woman : By the Foreperson of the Angela Davis Jury*, Palo Alto, Emty Press, 1974, p. 235-243.

70. Cité d'après une version abrégée d'une lettre journal de dix-huit pages envoyée par Angela Davis à George Jackson, datée du 8 juillet 1971, évoquant la rencontre de Davis et Jackson à San Quentin (document produit comme élément à charge au procès de Davis, pièces 126a et b). Voir aussi Bettina Aptheker, *The Morning Breaks : The Trial of Angela Davis*, Ithaca, Cornell University Press, 1999, p. 235.

71. Albert Camus, *Le Mythe de Sisyphe*, dans *Œuvres complètes*, Paris, Gallimard, « Bibliothèque de la Pléiade », 2006-2008, 4 volumes, t. I, p. 229.

72. L'expression figure dans le journal intime de dix-huit pages, à la date du 10 juillet 1971 : « Cette lettre tout entière relève plutôt du flux de conscience. »

73. Selon Leo Branton, les lettres en question illustraient seulement « une relation profonde, chaleureuse, personnelle et émouvante entre deux êtres humains » ; *People v. Davis*, p. 6287.

74. Mémorandum de Leonard Michaels sur l'« Épître d'Héloïse à Abélard » d'Alexander Pope ; *People v. Davis*, éléments supplémentaires pour la défense, sans pagination.

75. Kathy Kalin, recherches sur la poésie amoureuse ; *People v. Davis*, éléments supplémentaires pour la défense, sans pagination.

76. Plaidoirie finale, *People v. Davis*, reproduite dans *Freed by the People*, *op. cit.*

77. *People v. Davis*, p. 4973.

78. La rue Hamelin est située à deux pas de la place de l'Étoile, comme la rue Duret qu'habita Angela Davis. Proust signa une pétition d'intellectuels en faveur de Dreyfus et assista au procès en diffamation de Zola, qui dans une célèbre lettre ouverte au président de la République intitulée

« J'accuse ! » prenait le parti de Dreyfus. Dans sa déclaration de soutien à Angela Davis, Georg Lukács évoque le procès de Zola et le compare à celui de Davis. Voir Angela Davis, *S'ils frappent à l'aube*, trad. fr. René Baldy, Paris, Gallimard, 1972.

79. B. Aptheker, *The Morning Breaks, op. cit.*, p. 237.

80. Comité national unitaire pour la libération d'Angela Davis, *Freed by the People, op. cit.*, p. 1.

81. Charles L. Sanders, « The Radicalization of Angela Davis », *Ebony*, vol. XXVI, n° 9, juillet 1971, p. 114 et 120. Il est fort possible que Sanders ait vu dans le parcours d'Angela Davis le reflet de sa propre expérience à Paris.

82. C. La Haye, « J'ai vu Angela Davis », art. cité.

83. Edmonde Charles-Roux, « Ce bien cette liberté… », *L'Humanité dimanche*, 1er mars 1972.

84. « N'oublions pas que quand je suis entrée à *Vogue*, on était en plein maccarthysme. Là-dessus, je mets cette mannequin noire en couverture. Mon téléphone a sonné à 5 heures du matin et une voix peu amicale me dit qu'il faut changer la couverture de *Vogue*. C'est ainsi qu'on m'a virée de *Vogue* », Edmonde Charles-Roux, *Vogue*, février 2011.

85. Jacques Prévert, « Angela Davis », *Choses et autres*, Paris, Gallimard, 1975.

86. « Worldwide Cry to Free Angela Davis Grows », *People's World*, New York, Schomburg Center for Research in Black Culture, sd.

87. Université de Californie à Santa Cruz, collections spéciales, documents de Bettina Aptheker relatifs au procès d'Angela Davis, série 6, Angela Y. Davis Trial, dossier 50, p. 4-6.

88. Fania Davis, entretien téléphonique avec l'auteur, 3 octobre 2010.

89. Boîte 168 MO 262, Stanford Special Collections, hors catalogue, carte datée du 11 novembre 1970 ; lettre adressée à Angela Davis/Women's House of Detention/6th Avenue New York, NY (transmise à San Rafael, 30 janvier 1971). Les autres lettres sont conservées dans la même boîte.

90. France-Inter, entretien du 15 mai 1975, archives audiovisuelles, Inathèque, Bibliothèque nationale de France.

91. Gaston Monnerville, *Témoignages*, t. I : *De la France équinoxiale au palais du Luxembourg*, Paris, Plon, 1975.

92. À cette occasion, l'hebdomadaire du Parti socialiste publia le texte d'une conférence de presse qu'Angela Davis donna aux côtés de Jean Genet. Voir Angela Davis, « Sauver les "dix" de Wilmington du Ku Klux Klan », *L'Unité*, n° 249, 6-12 mai 1977, p. 18-19.

93. C'est dans le sillage de Mai 68 que Jean-Daniel Simon créa la Quinzaine des réalisateurs ; cette sélection indépendante, présentée en marge du festival de Cannes, joue un rôle primordial en faisant découvrir de nouveaux réalisateurs.

94. Michel-Antoine Burnier *et al.*, *C'est demain la veille* (entretiens avec Michel Foucault, Herbert Marcuse, Gilles Deleuze, Félix Guattari…), Paris,

Le Seuil, 1973, p. 137-161. Cet argument est en réalité celui de l'accusation, non du juge.

95. La rencontre a également inspiré une pièce au dramaturge français Alain Foix, neveu de Gertrude Archimède : *Pas de prison pour le vent. Angela Davis, Gerty Archimède, sœur Suzanne dans la tourmente*, Pointe-à-Pitre, Jasor, 2006.

96. Selon la critique littéraire Anne Donadey, Daniel Maximin mêle l'histoire de la Guadeloupe à celle des Frères de Soledad pour suggérer une continuité dans l'expérience des Noirs par-delà les frontières nationales, afin de réunir tous les peuples d'origine africaine dispersés par la traite atlantique. Le personnage d'Angela lui permet de figurer ce que Paul Gilroy nomme l'«Atlantique noir». Voir Anne Donadey, «Beyond Departmentalization : Feminist Black Atlantic Reformulations of Outremer in Daniel Maximin's *L'Isolé soleil* », *International Journal of Francophone Studies*, vol. XI, nº 1-2, juin 2008, p. 49-65.

97. Philip Roth, *Pastorale américaine*, trad. fr. Josée Kamoun, Paris, Gallimard, 1999, p. 225.

98. Yasmina Khadra, écrivain algérien, actuellement directeur du Centre culturel algérien à Paris, se verrait confier l'écriture du scénario.

99. Rachid Bouchareb (*El Watan*, 2 octobre 2009) évoque plusieurs films témoignant des rapports entre la culture arabe et la culture américaine. Le projet de film a été annoncé par le ministre algérien de la Culture dans un communiqué de presse du 17 novembre 2010.

CONCLUSION

1. La maternelle Angela-Davis fut inaugurée en 2007.

2. Susan Sontag, Journals, 1950, boîte 123, dossier 8, Susan Sontag Papers, Charles E. Young Library, UCLA.

3. Alors que Nicole Stéphane multipliait les tractations avec divers scénaristes possibles, Sontag lui adressa ce télégramme depuis la Chine : «Optimistique pour Proust, *miss you my Love.*» Le néologisme (*optimistic* orthographié à la française) est typique des échanges bilingues entre les deux femmes.

4. Harriet Sohmers Zwerling, conversation avec l'auteur, 20 janvier 2011.

5. A. Davis, *Autobiographie, op. cit.*, p. 125.

6. Deux ouvrages récents consacrés à son travail dans l'édition illustrent bien, par exemple à travers une liste des livres édités par ses soins, l'influence de la France sur Jacqueline Kennedy Onassis : William M. Kuhn, *Reading Jackie : Her Autobiography in Books*, New York, Nan A. Talese/Doubleday, 2010 ; et Greg Lawrence, *Jackie as Editor : The Literary Life of Jacqueline Kennedy Onassis*, New York, Thomas Dunne, 2011.

REMERCIEMENTS

Je souhaite exprimer ma reconnaissance à toutes les personnes qui ont bien voulu m'accorder un entretien, me permettre de consulter divers documents, ou répondre à mes courriers.

Pour les documents relatifs au Paris de Jacqueline Bouvier Kennedy, je remercie Carl Sferrazza Anthony, Johanna Barasz, Jacqueline Duhême, Marjorie Flory, Paul de Ganay, Brenda Gilchrist, Claude du Granrut, Rosamée Henrion, Mary Ann Freedman Hoberman, Mary Ann Peyser Horenstein, Florence Malraux, Michael McBride, Christian Oppetit, Virginia Lyon Paige, Louann Plough, Cordelia Ruffin Richards, Marly Rusoff et Martha Rusk Sutphen.

Pour les documents relatifs au Paris de Susan Sontag, je remercie Noël Bürch, John W. Boyer, Jan Goldstein, Daniel Horowitz, Nancy Kates, Sydney Leach, Annette Michelson, Panivong Norindr, David Rieff, Geneviève Sellier et Harriet Sohmers Zwerling.

Pour les documents relatifs au Paris d'Angela Davis, je remercie Walter Albert, Bettina Aptheker, Vivian Goldberg Auslander, Christie Stagg Austin, Howard Bloch, Yves Bonnefoy, Jules Borker, Anne-Marie Bourgnon, Katharina von Bülow, Fania Davis, Albert Dichy, Paula Durbin, Erica Mendelson Eisinger, Amy Jaffe, Jane Chaplin Jordan, Barbara Zurer Pearson, Micheline Lamotte, Camille Lamotte, Jean-Pierre Lamotte, Patsy Martin Lightbown, Yolande du Luart, Roland du Luart, Jane Tucker Mitchell, Dianne T. Moore, Cheryl Morgan, Simon Pleasance, Jean-Daniel Simon, John Simon, Alexis Spire et Patrick Weil.

Pour m'avoir donné accès à diverses collections, je remercie les personnes et les institutions suivantes : Ann Befroy, Miss Porter's School Archives ; Bibliothèque historique des postes et des télécommunications, Ivry-sur-Seine ; Carrie Cadwell Brown, Alumni Association of Smith College ; David Callahan, New York Public Library for the Performing Arts ;

Alice Château, archives de la Sorbonne; Albert Dichy, Imec, Institut mémoires de l'édition contemporaine, archives Genet; Kathleen Dickson, British Film Institute; Julia Gardner, University of Chicago Special Collections; Françoise Gicquel, archives de la préfecture de police de Paris; Luisa Haddad, McHenry Special Collections, University of California, Santa Cruz, Bettina Aptheker Papers; L'Inathèque, archives de la radio-télévision française à la Bibliothèque nationale de France; Maggie McNeely, Brandeis University Special Collections; Roberto Montoya et Genie Guerard, UCLA, Susan Sontag Papers; Antoine Perraud, « Jeux d'archives », France Culture; Stephen Plotkin, John F. Kennedy Presidential Museum and Library; Daniele Haase-Dubosc, directrice de Reid Hall, Reid Hall Archives; Cheryl Morgan, Hamilton College à Paris; Pierre Nora, Éditions Gallimard; Liza Sacks, Alumni Relations, lycée Elizabeth-Irwin; Paul A. Ryan, Alumni Relations, Hamilton College; Charles Trueheart, directeur de l'American Library in Paris; et Nanci Young, Smith College Archives and Special Collections.

Pour m'avoir assistée dans mes recherches, je remercie Gerry Canavan et Marissa Vincenti, Duke University; Elena Goldblatt et Laura Marris, Yale University; Kadzi Mutizwa, New York; et Nathalie Segeral, UCLA. Je dois beaucoup au regard expert de Laura Marris, chargée de la révision finale du manuscrit. Au département de français de Yale, j'ai bénéficié des savants conseils d'Agnes Bolton en matière d'administration. Sur un plan financier, je suis redevable au Frederick W. Hilles Publication Fund de Yale University. Je remercie également la chancellerie de Yale, et particulièrement Emily Bakemeier. Pour avoir lu et relu mon manuscrit, je remercie vivement Laurel Goldman, Anne Garréta et Roger Grenier. Pour avoir lu et commenté mon manuscrit à divers stades d'avancement, et pour leurs critiques, leurs encouragements et leur expertise, je remercie Évelyne Bloch-Dano, Rachel M. Brownstein, Bruno Cabanes, Cathy N. Davidson, Mary Feidt, les membres de l'atelier d'écriture du mardi de Laurel Goldman, Nancy L. Green, Dolores Hayden, Eddie Lewis, Michèle Longino, Helen Solterer, Jacqueline Cerquiglini-Toulet et Terry Vance. Je remercie Michèle Longino et Monique Middleton pour leur précieuse perspective sur les études à l'étranger, Melissa Goldman et Stephen Serge pour leur inspiration, Marly Rusoff et Michael Radulescu, à la Rusoff Agency, pour leur soutien. Aux Presses universitaires de Chicago, je remercie Randy Petilos, Levi T. Stahl, Anita Samen et Margaret Mahan, et notamment mon éditeur Alan Thomas, dont le regard affûté m'indique la voie à suivre.

CRÉDITS PHOTOGRAPHIQUES

INDEX

Ce volume a été composé
par IGS-CP à L'Isle-d'Espagnac (Charente).
Achevé d'imprimer
sur Timson en octobre 2012
par Normandie Roto Impression s.a.s.
61250 Lonrai.
Dépôt légal : octobre 2012
Numéro d'imprimeur : 123772

ISBN 978-2-07-013665-0 / Imprimé en France

239121